第2版

入管関係法大全

立法経緯・判例・実務運用

在留資格

（技能実習及び特定技能を除く）

出入国管理法令研究会　編著

日本加除出版株式会社

は し が き

本書は，「入管関係法大全」の第２部を第２巻として刊行するものである。平成27年に多賀谷一照先生との共著で「入管法大全」を刊行したが，それから，６年以上の歳月が経過し，その間に，何回かの重要な入管法の改正が行われたことから，改訂が急務となっていた。

「入管法大全」は，Ⅰを「逐条解説」とし，Ⅱを「在留資格」として出入国管理及び難民認定法（入管法）及びその関係法令の詳細な解説を試みた著作であった。しかし，「入管法大全」発刊後，関係法として「外国人の技能実習の適正な実施及び技能実習生の保護に関する法律」（技能実習法）が制定された。また，国家戦略特別区域法の改正で特定家事支援活動や特定農業支援活動が定められるとともに，「特定活動」の在留資格に係る告示には，国土交通省告示や経済産業省告示に係る活動が定められた。さらに，法務省設置法の改正により入管行政を担当する行政組織として新たに出入国在留管理庁が設置された。

もともと入管法には関係する政省令・告示が多く，しかも，重要な内容を有する。また，関係する条約等の国際約束も多い。このため，これら政省令・告示や条約等の国際約束に関することを含めて記述しなければ，入管法制の全体像が分からないという特徴があったが，「入管法大全」発刊後，関係する入管法以外の法律や入管法に基づくものではない関係政省令・告示等の範囲が拡大した。

そこで，「入管法大全」も，そのままの題名で改訂するのではなく，拡大した入管法制全体を可能な限り詳細に記述するという趣旨で「入管関係法大全」として再出発することとなった。また，この困難な作業を実施するために，入管法大全の著者に何人かの有志を加えて出入国管理法令研究会を組織し，「入管関係法大全」をこの新たに組織された出入国管理法令研究会の最初の著作として刊行することとした。

「入管関係法大全」は，４部構成とし，第１部を「逐条解説」，第２部を「在留資格（技能実習及び特定技能を除く）」，第３部を「技能実習」，第４部を「特定技能」とすることとした。「技能実習」と「特定技能」の２つの在留資格を独立させたのは，前者は，技能実習法という入管法とは別の法律の解説が一体として行われることが必要であるからであり，後者も，別の法律ではないが，入管法に様々な関連条文があり，これらの条文に係る解説と一体の記述が必要であると考えるからである。

そこで，本書，すなわち，第２部の内容は，入管法別表の定める在留資格のうち「技能実習」と「特定技能」以外のものの解説となる。なお，本来は，第１部の「逐条解説」から刊行するのが自然であるかもしれないが，退去強制令書の執行，在留特別許可及び庇護に関する制度の整備等を内容とする入管法の改正が検討されており，「入管関係法大全」の発刊は，第２部の在留資格からとした。本書を，研究者，実務家をはじめ広く入管法制に関心を有する方々の役に立てていただければ幸いである。

なお，本書の刊行に当たっては，日本加除出版株式会社編集部の宮崎貴之氏に多大のご尽力をいただいた。ここに厚く御礼申し上げたい。

2021年９月

出入国管理法令研究会
副会長　髙宅　　茂

凡　例

［法令等の略称］

入管法	出入国管理及び難民認定法（昭和26年政令第319号）
入管特例法	日本国との平和条約に基づき日本の国籍を離脱した者等の出入国管理に関する特例法（平成３年法律第71号）
技能実習法	外国人の技能実習の適正な実施及び技能実習生の保護に関する法律（平成28年法律第89号）
平和条約	日本国との平和条約（昭和27年条約第５号）
難民条約	難民の地位に関する条約（昭和56年条約第21号）
難民議定書	難民の地位に関する議定書（昭和57年条約第１号）
インドネシア協定	経済上の連携に関する日本国とインドネシア共和国との間の協定（平成20年条約第２号）
フィリピン協定	経済上の連携に関する日本国とフィリピン共和国との間の協定（平成20年条約第16号）
ベトナム交換公文	平成二十四年四月十八日にベトナム社会主義共和国政府との間で交換が完了した看護師及び介護福祉士の入国及び一時的な滞在に関する書簡のうち日本側書簡
入管法施行令	出入国管理及び難民認定法施行令（平成10年政令第178号）
入管特例法施行令	日本国との平和条約に基づき日本の国籍を離脱した者等の出入国管理に関する特例法施行令（平成23年政令第420号）
技能実習法施行令	外国人の技能実習の適正な実施及び技能実習生の保護に関する法律施行令（平成29年政令第136号）
入管法施行規則	出入国管理及び難民認定法施行規則（昭和56年法務省令第54号）
入管特例法施行規則	日本国との平和条約に基づき日本の国籍を離脱した者等の出入国管理に関する特例法施行規則（平成23年法務省令第44号）
技能実習法施行規則	外国人の技能実習の適正な実施及び技能実習生の保護に関する法律施行規則（平成28年法務省・厚生労働省令第３号）
基準省令	出入国管理及び難民認定法第七条第一項第二号の基準を定める省令（平成２年法務省令第16号）
変更基準省令	出入国管理及び難民認定法第二十条の二第二項の基準を定める省令（平成21年法務省令第51号）

高度専門職省令	出入国管理及び難民認定法別表第一の二の表の高度専門職の項の下欄の基準を定める省令（平成26年法務省令第37号）
特定活動の告示	出入国管理及び難民認定法第七条第一項第二号の規定に基づき同法別表第一の五の表の下欄に掲げる活動を定める件（平成２年法務省告示第131号）
定住者の告示	出入国管理及び難民認定法第七条第一項第二号の規定に基づき同法別表第二の定住者の項の下欄に掲げる地位を定める件（平成２年法務省告示第132号）
高度人材告示	出入国管理及び難民認定法第七条第一項第二号の規定に基づき高度人材外国人等に係る同法別表第一の五の表の下欄に掲げる活動を定める件（平成24年法務省告示第126号）
インドネシア人看護師等に関する指針	経済上の連携に関する日本国とインドネシア共和国との間の協定の適用を受けるインドネシア人看護師等の出入国管理上の取扱いに関する指針（平成20年法務省告示第278号）
フィリピン人看護師等に関する指針	経済上の連携に関する日本国とフィリピン共和国との間の協定の適用を受けるフィリピン人看護師等の出入国管理上の取扱いに関する指針（平成20年法務省告示第506号）
ベトナム人看護師等に関する指針	平成二十四年四月十八日にベトナム社会主義共和国政府との間で交換が完了した看護師及び介護福祉士の入国及び一時的滞在に関する書簡の適用を受けるベトナム人看護師等の出入国管理上の取扱いに関する指針（平成24年法務省告示第411号）

[入管法における略語等]（注１）（注２）

船舶等	船舶又は航空機（第２条第３号）
上陸の許可等	上陸許可の証印若しくは第９条第４項の規定による記録又は上陸の許可（第３条第１項第２号）
国際競技会等	国際的規模若しくはこれに準ずる規模で開催される競技会若しくは国際的規模で開催される会議（第５条第１項第５号の２）
第26条第１項の規定により再入国の許可を受けている者	第26条の２第１項又は第26条の３第１項の規定により再入国の許可を受けたものとみなされる者を含む（第６条第１項）
電磁的方式	電子的方式，磁気的方式その他人の知覚によっては認識することができない方式（第６条第３項）
個人識別情報	指紋，写真その他の個人を識別することができる情報として法務省令で定めるもの（第６条第３項）

特別永住者	入管特例法に定める特別永住者（第６条第３項第１号）
第５条第１項各号のいずれにも該当しないこと	第５条の２の規定の適用を受ける外国人にあっては，当該外国人が同条に規定する特定の事由によって第５条第１項第４号，第５号，第７号，第９号又は第９号の２に該当する場合であって，当該事由以外の事由によっては同項各号のいずれにも該当しないこと（第７条第１項第４号）
第５条第１項各号のいずれかに該当する者	第５条の２の規定の適用を受ける者にあっては，同条に規定する特定の事由のみによって第５条第１項各号のいずれかに該当する場合を除く（第14条第１項）
報　酬	業として行うものではない講演に対する謝金，日常生活に伴う臨時の報酬その他の法務省令で定めるものを除く（第19条第１項第１号）
中長期在留者	本邦に在留資格をもって在留する外国人のうち，第19条の３の各号に掲げる者以外の者（第19条の３）
住居地	本邦における主たる住居の所在地（第19条の４第１項第２号）
誕生日	当該外国人の誕生日が２月29日であるときは，当該外国人のうるう年以外の年における誕生日は２月28日であるものとみなす（第19条の５第１項第２号）
市町村	特別区を含むものとし，地方自治法第252条の19第１項の指定都市にあっては，区又は総合区（第19条の７第１項）
永住者等	永住者の在留資格をもって在留する者又は特別永住者（第19条の16第３号）
特別養子	民法（明治29年法律第89号）第817条の２の規定による特別養子（第22条の４第１項第７号）
不法就労活動	第19条第１項の規定に違反する活動又は第70条第１項第１号，第２号，第３号から第３号の３まで，第５号，第７号から第７号の３まで若しくは第８号の２から第８号の４までに掲げる者が行う活動であって報酬その他の収入を伴うもの（第24条第３号の４イ）
特別永住者証明書	入管特例法第７条第１項に規定する特別永住者証明書（第24条第３号の５イ）
出国命令対象者	第24条第２号の４，第４号ロ又は第６号から第７号までのいずれかに該当する外国人で第24条の３の各号のいずれにも該当するもの（第24条の３）
退去強制対象者	第24条各号のいずれかに該当し，かつ，出国命令対象者に該当しない外国人（第45条第１項）
在留資格未取得外国人	別表第一又は別表第二の上欄の在留資格をもって本邦に在留する者，一時庇護のための上陸の許可を受けた者で当該許可書に記載された期間を経過していないもの及び特別永住者以外の者（第61条の２の２第１項）

入国者収容所等	入国者収容所又は収容場（第61条の７第１項）
被収容者	入国者収容所等に収容されている者（第61条の７第１項）
入国者収容所長等	入国者収容所長又は地方出入国在留管理局長（第61条の７第４項）
委員会	入国者収容所等視察委員会（第61条の７の２第１項）
信書便	民間事業者による信書の送達に関する法律（平成14年法律第99号）第２条第６項に規定する一般信書便事業者若しくは同条第９項に規定する特定信書便事業者による同条第２項に規定する信書便（第61条の９の２第１項）
出入国在留管理基本計画	外国人の入国及び在留の管理に関する施策の基本となるべき計画（第61条の10第１項）
集団密航者	入国審査官から上陸の許可等を受けないで，又は偽りその他不正の手段により入国審査官から上陸の許可等を受けて本邦に上陸する目的を有する集合した外国人（第74条第１項）
不法入国等	第70条第１項第１号若しくは第２号に規定する行為（第74条の６）
技能等	技能，技術又は知識（別表第一の二の表の技能実習の項の下欄第１号イ）

（注）１　入管法の条項等において括弧書の規定によりこれらの法令において使用される場合の意味について定められている用語で，「以下同じ」又は「以下「○○」という。」のように定められているもののうち本文の記述との関係で重要なものを掲載した。ただし，当該用語の意味を定める規定の適用が一回限り又は特定の条項等に限られるもの及び法令の略称などは，原則として掲載していない。

　なお，上記の意味での用語の使用は当該条項等において括弧書により「以下同じ」又は「以下「○○」という。」のように規定されているものであり，当該規定以降に使用された場合に適用される。

２　右欄の末尾の括弧書内は，当該規定の置かれている条項等を意味する。

［本書において使用している主な用語・略語の意味］

入国	外国人が本邦の領域（領土，領海，領空）に入ることをいう。
上陸	外国人が本邦の領土に入ることをいう。ただし，入管法では，「上陸」が在留も含めた意味で使われている場合もある。
出国	外国人が本邦の領域から出ることをいう。
一般上陸の申請	入管法第６条第２項の上陸の申請をいう。
一般上陸の許可	一般上陸の申請に基づいて行われる上陸の許可を一般上陸の許可という。
一般上陸	外国人が一般上陸の許可を受けて上陸することを一般上陸という。

特例上陸の許可　入管法第２章第４節の規定による上陸の許可を特例上陸の許可という。特例上陸の許可には，寄港地上陸の許可，船舶観光上陸の許可（入管法第14条の２第１項の船舶観光上陸の許可のほか同条第２項の数次船舶観光上陸の許可がある），通過上陸の許可（入管法第15条１項の観光通過上陸の許可と同条第２項の周辺通過上陸の許可がある），乗員上陸の許可（入管法第16条第１項の乗員上陸の許可のほか同条第２項の数字乗員上陸の許可がある），緊急上陸の許可，遭難による上陸の許可，一時庇護のための上陸許可がある。

特例上陸　外国人が特例上陸の許可を受けて上陸することを特例上陸という。

再入国上陸許可　入管法第26条第１項の規定により再入国許可を受けている者（第26条の２第１項若しくは第26条の３第１項の規定により再入国許可を受けたものとみなされる者を含む）又は入管法第61条の２の12第１項の規定より交付を受けた難民旅行証明書を所持している者に対する一般上陸の許可を再入国上陸の許可という。

再入国上陸　再入国上陸許可を受けて上陸することを再入国上陸という。

上陸特別許可　入管法第12条第１項の規定により法務大臣が行う許可をいう。一般上陸に係る上陸手続において，法務大臣に対する異議の申出を経て行われる。

新規入国　本邦に在留していない外国人が，日本の領域に入ることをいう。ただし，通常は，本邦に上陸して本邦における在留を開始する意図をもって日本の領域に入ることをいう。

新規入国者　新規入国し，上陸の許可を受けて本邦における在留を開始した外国人をいう。

上陸のための条件　入管法第７条第１項の定める上陸のための条件をいう。同項には第１号から第４号までの４つの上陸のための条件が定められており，上陸特別許可を除く一般上陸の許可を受けるためには，これら４つの条件に適合することが必要である。ただし，再入国の許可を受けている者（再入国の許可を受けたものとみなされる者を含む）又は難民旅行証明書を所持している者の場合は，第１号と第４号の２つの条件に，さらに，再入国の許可を受けている特別永住者（再入国の許可を受けたものとみなされる特別永住者を含む）の場合は，第１号の条件に適合すれば足りる。

なお，上陸特別許可は，上陸のための条件に適合しない者に対して行われる。

在留活動　本邦に在留する外国人が本邦に在留する目的として行う活動をいう。

本邦において行おうとする活動	在留資格の決定を受けて当該在留資格をもって本邦に在留しようとする外国人が在留活動として行うことを予定している活動をいう。
在留資格	外国人が本邦に在留することができる法的地位をいう。在留資格は，入管法の別表（別表第一の一から五までの各表及び別表第二）の上欄に定められている。ただし，「高度専門職」の在留資格は，同法別表第一の二の表の高度専門職の項の下欄の第１号のイ，ロ，ハ及び第２号の区分が在留資格に含まれるものとされており，したがって，それぞれの区分が独立した在留資格として扱われる。また，「特定技能」の在留資格も同法別表第一の二の表の特定技能の項の下欄の第１号及び第２号の区分が，「技能実習」の在留資格も，同法別表第一の二の表の技能実習の項の下欄の第１号イ，第１号ロ，第２号イ，第２号ロ，第３号イ，第３号ロの区分が在留資格に含まれる。
別表第一の在留資格	入管法の別表第一（一の表から五の表まで）の上欄（「在留資格」の欄）に掲げられている在留資格をいう。
別表第二の在留資格	入管法の別表第二の上欄（「在留資格」の欄）に掲げられている在留資格をいう。
就労活動	収入を伴う事業を運営する活動又は報酬を受ける活動をいう。ただし，ここにおける「報酬」からは，業として行うものではない講演に対する謝金，日常生活に伴う臨時の報酬その他の法務省令で定めるものは除かれる。それゆえ，入管法施行規則第19条の３の第１号から第３号までに定められている報酬（なお，第１号にはイからニまでの４つの報酬が定められている）を受ける活動は，就労活動ではない。
活動資格	入管法別表第一の上欄に掲げられている在留資格をいう。これらの在留資格に対応する別表の下欄には，「本邦において行おうとする活動」が掲げられているからである。
居住資格	入管法別表第二の上欄に掲げられている在留資格をいう。これらの在留資格に対応する別表の下欄には，「本邦において有する身分又は地位」が掲げられており，これらの身分又は地位を有する者は，相当期間在留するのが通常であるからである。
指定活動	別表第一の五の表の上欄に掲げられている「特定活動」の在留資格に対応する活動は，「法務大臣が個々の外国人について特に指定する活動」であるところ，この指定された活動をいう。
就労資格	入管法別表第一の一の表及び二の表の上欄に掲げられている在留資格をいう。これらの在留資格に対応する活動は，基本的に就労活動であるからである。

非就労資格　入管法別表第一の三の表及び四の表の上欄に掲げられている在留資格をいう。これらの在留資格に対応する活動は，就労活動以外の活動であるからである。

高度専門職１号イ　入管法別表第一の二の表の高度専門職の項の下欄の第１号のイに係る「高度専門職」の在留資格をいう。

高度専門職１号ロ　入管法別表第一の二の表の高度専門職の項の下欄の第１号のロに係る「高度専門職」の在留資格をいう。

高度専門職１号ハ　入管法別表第一の二の表の高度専門職の項の下欄の第１号のハに係る「高度専門職」の在留資格をいう。

高度専門職１号　「高度専門職第１号イ」，「高度専門職第１号ロ」及び「高度専門職第１号ハ」の３つの在留資格をいう。

高度専門職２号　入管法別表第一の二の表の高度専門職の項の下欄の第２号に係る「高度専門職」の在留資格をいう。

特定技能職１号　入管法別表第一の二の表の特定技能の項の下欄の第１号に係る「特定技能」の在留資格をいう。

特定技能職２号　入管法別表第一の二の表の特定技能の項の下欄の第２号に係る「特定技能」の在留資格をいう。

技能実習職１号イ　入管法別表第一の二の表の技能実習の項の下欄の第１号のイに係る「技能実習」の在留資格をいう。

技能実習職１号ロ　入管法別表第一の二の表の技能実習の項の下欄の第１号のロに係る「技能実習」の在留資格をいう。

技能実習職２号イ　入管法別表第一の二の表の技能実習の項の下欄の第２号のイに係る「技能実習」の在留資格をいう。

技能実習職２号ロ　入管法別表第一の二の表の技能実習の項の下欄の第２号のロに係る「技能実習」の在留資格をいう。

技能実習職３号イ　入管法別表第一の二の表の技能実習の項の下欄の第３号のイに係る「技能実習」の在留資格をいう。

技能実習職３号ロ　入管法別表第一の二の表の技能実習の項の下欄の第３号のロに係る「技能実習」の在留資格をいう。

在留資格に対応する活動　別表第一の在留資格については，当該在留資格に対応する別表の下欄に掲げられている活動（「本邦において行おうとする活動」の欄に定められている活動）をいい，別表第二の在留資格については，当該在留資格に対応する別表の下欄に掲げられている身分又は地位（「本邦において有する身分又は地位」の欄に定められている身分又は地位）を有する者としての活動をいう。

在留資格に該当する　本邦において入管法の定めるいずれかの在留資格をもって在留しようとする外国人又は在留する外国人の本邦において行おうとする活動又は在留活動が当該在留資格に対応する活動に含まれる（属する）ことをいう。

在留資格該当性　本邦において入管法の定めるいずれかの在留資格をもって在留しようとする外国人又は在留する外国人について，

	その本邦において行おうとする活動又は在留活動が，当該在留資格に該当することをいう。
在留資格の決定	外国人に対して在留資格を与えることをいう。在留資格の決定を受けた外国人は，以後，当該在留資格に基づいて，当該在留資格に対応する活動を行って本邦に在留することができる。在留資格の決定は，決定を受ける外国人の側から見れば，在留資格の取得である。
在留資格の決定を伴う許可	在留資格の決定は，再入国上陸許可を除く一般上陸許可など入管法の定める一定の許可に際して行われるが，このような許可に際して在留資格の決定が行われる許可をいう。
在留期間	在留資格をもって在留する外国人が，現に有する在留資格に基づいて本邦に在留することができる期間をいう。在留期間の決定は在留資格の決定と共に行われる。
(上陸許可）基準	入管法に基づき様々な基準が法務省令で定められるが，本書では，入管法第７条第１項第２号の規定に基づいてわが国の産業及び国民生活に与える影響その他の事情を勘案して法務省令で定める基準を上陸許可基準又は基準という。この上陸許可基準は，一般上陸の申請を行った新規入国した外国人の当該申請に係る本邦において行おうとする活動が，同法別表第一の二の表又は四の表の上欄に掲げられている在留資格に対応する活動である場合に，この基準に適合することが同法第７条第１項第２号の上陸のための条件に適合する要件となる。このことにより，上陸許可基準は，当該在留資格による外国人の受入れを調整する役割を有する。
在留資格の変更許可	入管法第20条第３項本文の規定による許可をいう。在留資格を有する外国人が現に有する在留資格とは別の在留資格に対応する活動を在留活動として行おうとする場合に受けなければならない許可である。ただし，「永住者」の在留資格への変更を希望する場合には，在留資格の変更ではなく永住許可を申請する必要がある。当該外国人は，在留資格の変更許可を受けることにより，従前有していた在留資格を失い新たな在留資格を取得する。 　なお，「高度専門職第１号」を有する外国人については，法務大臣が指定する本邦の公私の機関の変更が，「特定技能」の在留資格を有する者については，法務大臣が指定する本邦の公私の機関の変更及び特定産業分野の変更が，「特定活動」の在留資格を有する者については，指定活動の変更が，それぞれ在留資格の変更に含まれる。 　また，「高度専門職第２号」の在留資格への変更は「高度専門職第１号」の在留資格をもって本邦に在留していた外国人でなければ受けることができない。
変更許可基準	「高度専門職第１号」の在留資格をもって本邦に在留していた外国人が「高度専門職第２号」の在留資格への変

更の許可を受けるために適合しなければならない基準をいう。

高度専門職基準　入管法別表第一の高度専門職の項の下欄第1号により，「高度専門職第1号」の在留資格に対応する活動は，「高度の専門的な能力を有する人材として法務省令で定める基準に適合する者が行う」ことが要件とされている。また，入管法別表第一の高度専門職の項の下欄第2号により，「高度専門職第2号」の在留資格に対応する活動は，「その在留が我が国の利益に資するものとして法務省令で定める基準に適合するものが行う」ことが要件とされている。これらの基準を高度専門職基準という。高度専門職基準は，在留資格に該当することとは別の要件とされている上陸許可基準とは異なり，在留資格に対応する活動そのものの要件となっている。

在留期間の更新許可　入管法第21条第3項の規定による許可をいう。在留資格をもって在留する外国人が，現に有する在留資格を変更することなく，現に有する在留期間の満了後も在留を継続するために受けなければならない許可である。

経過滞在　入管法第22条の2第1項の規定により日本の国籍を離脱した者又は出生その他の事由により入管法第3章に規定する上陸の手続を経ることなく本邦に在留することとなる外国人は，それぞれ日本の国籍を離脱した日又は出生その他当該事由が生じた日から60日を限り，引き続き在留資格を有することなく本邦に在留することができる。この入管法第22条の2第1項の規定による在留を経過滞在という。同法第2条の2第1項の「出入国管理及び難民認定法に特別の規定がある場合」として，同項の規定により本邦に在留する外国人は在留資格をもって在留するとされていることの例外の1つである。

国籍喪失による経過滞在者　日本の国籍を失った者のうち経過滞在をすることができるものをいう。

出生による経過滞在者　日本国内において出生した日本国籍を有しない者のうち経過滞在をすることができるものをいう。

経過滞在者　経過滞在をしている外国人をいう。

経過滞在期間　経過滞在者が経過滞在をすることができる期間をいう。日本の国籍を離脱した外国人の場合は日本の国籍を離脱した日から，出生その他の事由により入管法第3章に規定する上陸の手続を経ることなく本邦に在留することとなる外国人の場合は，出生その他当該事由が生じた日から60日である。

永住許可　入管法第22条第2項の規定による許可をいう。在留資格をもって在留する外国人が在留資格を「永住者」の在留資格に変更するために受けなければならない許可である。

	また，経過滞在者で経過滞在期間を超えて在留しようとするものが，「永住者」の在留資格を取得するためにも，永住許可を受けなければならない。
在留資格の取得許可	入管法第22条の２第３項（同法第22条の３において準用する場合を含む）において準用する同法第20条第３項本文の規定による許可をいう。経過滞在者が経過滞在期間を超えて本邦に在留しようとする場合及び一時庇護のための上陸許可を受けた外国人が在留資格をもって在留しようとする場合に受けなければならない許可である。ただし，「永住者」の在留資格を取得しようとする場合には，永住許可を申請する必要がある。
本邦にある外国人	外国人が日本の領域内に存在する状態を「本邦にある」又は「本邦にいる」という。したがって，「本邦にある外国人」とは，現に日本の領域内にいる外国人をいう。
本邦に在留する	「在留」は，法的な概念であり，基本的には外国人が本邦にいる状態を意味するが，本邦外の地域に赴く意図を有することなく本邦の領域外の地域以外の場所にいる場合及び再入国許可を受けて（再入国許可を受けたものとみなされる場合を含む）本邦の領域外にいる状態も含まれる。
企業内転勤の形態	本邦に本店，支店その他の事業所のある公私の機関の外国にある事業所の職員が本邦にある事業所に期間を定めて転勤する異動の形態をいう。
難民の認定	本邦にある外国人からの入管法第61条の２第１項の申請に基づいて法務大臣が当該申請を行った外国人が難民の地位に関する条約（難民条約）第１条の規定又は難民の地位に関する議定書（難民議定書）第１条の規定により難民条約の適用を受ける難民であることを認定することをいう。
第三国定住難民	平成20年12月16日の閣議了解「第三国定住による難民の受入れに関するパイロットケースの実施について」，平成26年１月24日の閣議了解「第三国定住による難民の受入れの実施について」及び平成26年１月24日の閣議了解「第三国定住による難民の受入れの実施について」（令和元年６月28日一部変更）に基づき，「定住者」の在留資格で受け入れられた者をいう。
定住難民	インドシナ難民（昭和53年４月28日の閣議了解（ヴィエトナム難民の定住許可について）等に基づき，ベトナム，ラオス，カンボジアにおける政治体制の変革等に伴い周辺地域へ逃れた者及び昭和55年６月17日の閣議了解（インドシナ難民の定住対策について）の３の定める呼寄せ家族でわが国への定住を認めたもの）及び第三国定住難民をいう。なお，定住難民には，難民の認定を受けている者と受けていない者がいる。

[国会会議録の略称]

第○回国会衆議院法務委員会議録第○号　→　**○回衆法○号**
第○回国会衆議院外務委員会議録第○号　→　**○回衆外○号**
第○回国会衆議院総務委員会議録第○号　→　**○回衆総○号**
第○回国会衆議院予算委員会議録第○号　→　**○回衆予○号**
第○回国会参議院法務委員会会議録第○号　→　**○回参法○号**
第○回国会参議院外交防衛委員会会議録第○号　→　**○回参外○号**

[主要参考文献]

法務省入国管理局編「出入国管理」，出入国在留管理庁編「出入国在留管理」 → **入管白書**

旅券法研究会著「逐条解説　旅券法」（大蔵省印刷局）

出入国管理法令研究会編「出入国管理実務六法令和２年版」（日本加除出版，2020）

経済法令研究会編，池田茂穂，倉田靖司ほか共著「Q&A改正入管法―外国人雇用をめぐる諸問題―」（立花書房，1990）

外国人登録事務協議会全国連合会法令研究会編著「改訂外国人登録事務必携」（日本加除出版，1993）

山田利行，中川潤一，木川和広，中本次昭，本針和幸著「新しい入管法　2009年改正の解説」（有斐閣，2010）

坂中英徳，齋藤利男共著「出入国管理及び難民認定法逐条解説　改訂第四版」（日本加除出版，2012）

藤永幸治編集代表「国際・外国人犯罪（３訂版）」（東京法令出版，2007）

下中奈美「難民条約31条の意義（広島地裁および広島高裁の判決を素材として）―庇護を求めた不法入国者に刑罰は科せられるか」（法と民主主義372号24頁）

多賀谷一照「公的機関による外国人の把握」（公法研究75号141頁）

大橋真由美「日本人と内縁関係にある不法残留外国人に対する在留特別許可の義務付け」（ジュリスト臨時増刊1376号54頁）

尾崎久仁子「迫害国から「直接本邦に入った」不法入国難民の刑の免除」（判例時報1814号161頁）

吉野内謙志「平成20年度主要民事判例解説」（判例タイムズ別冊25号280頁）

野口貴公美「「在留特別許可に係るガイドライン」の裁判上の位置づけについて」（法学新報）

高宅茂「高度人材ポイント制　高度専門職の資格と高度専門職外国人の生活」（日本加除出版，2016）

高宅茂，瀧川修吾共著「外国人の受入れと日本社会」（日本加除出版，2018）

高宅茂「入管法概説」（有斐閣，2020）

［出典］括弧書きは略称

ジュリスト

判例タイムズ

判例時報

裁判所時報

訟務月報

法律時報

法曹時報

刑事裁判月報（刑裁月報）

行政事件裁判例集（行集）

最高裁判所民事判例集（民集）

最高裁判所裁判集民事（集民）

最高裁判所刑事判例集（刑集）

高等裁判所刑事判例集（高刑集）

高等裁判所刑事判決時報（高刑判決時報）

東京高等裁判所民事判決時報（東高民時報）

東京高等裁判所刑事判決時報（東高刑時報）

第一審刑事裁判例集（一審刑集）

公法研究

法学新報

東北法学

関西大学法学論集

目　次

第2部　在留資格（技能実習及び特定技能を除く）

第２部　在留資格（技能実習及び特定技能を除く）

本書は，令和３年８月１日現在までに施行された法令に基づいて執筆した。

著　者

第1章　総　論

Ⅰ　在留資格制度

[外国人の受入れに関する政策と在留資格]

在留資格制度は，出入国管理及び難民認定法（昭和26年政令第319号。以下「入管法」という。）における外国人の管理の基本となる制度である。

入管法は，わが国の外国人の受入れに関する政策に基づいて，入国・在留を認める外国人を，本邦に在留する外国人が本邦に在留する目的として行う活動（以下「在留活動」という。）の観点から類型化して定めている。すなわち，わが国が入国・在留を認める対象となる外国人が行う在留活動を類型化し，その類型化された活動のそれぞれについて，本邦に在留して当該活動を行うことができる資格としての在留資格を定めている。[1)]

そして，外国人は，入管法及び他の法律に特別の規定がある場合を除き在留資格を有しなければ本邦に在留することができず（入管法２条の２第１項），外国人が本邦において行うことを予定している在留活動が，この類型化された活動のいずれかに該当する場合でなければ，在留資格の決定を受ける（在留資格を取得する）ことができないものとしている。

この意味で，在留資格は，わが国が受け入れる外国人の大枠を定めるものであり，その時点でのわが国の外国人の受入れに係る政策を制度化したものである。

[改正の経緯等]

在留資格制度は，入管法の制定時から定められているが，平成元年法律第

1）在留資格について，「平成４年版入管白書」には，次のように記載されている。「外国人が我が国に入国・在留するための基本的な枠組みは，入管法に基づく在留資格制度である。在留資格とは，外国人が本邦に在留中に行うことのできる活動又はその身分・地位を有する者としての活動を行うことができる資格を類型化したものである。すなわち，外国人の入国・在留が認められる場合は，入管法に定めるいずれかの在留資格が付与され，その在留資格ごとに定められた活動のみを行うことができることになっている。」（２頁）

79号により大幅に改正された。

個々の在留資格についてはその後も次のとおり何回か改正が行われている（実質的な改正のみ）。

① 平成３年の日本国との平和条約に基づき日本の国籍を離脱した者等の出入国管理に関する特例法（平成３年法律第71号。以下「入管特例法」という。）の制定により，「平和条約関連国籍離脱者の子」の在留資格が削られた。

② 平成18年法律第43号による改正により，「特定活動」の在留資格が改正され，特定活動イ，ロ及びハが新設された。

③ 平成21年法律第79号による改正により，「技能実習」（１号イ，ロ及び２号イ，ロ）の在留資格が新設された。また，「就学」の在留資格が「留学」の在留資格に統合される形で削られた。

④ 平成26年法律第74号による改正により，「高度専門職」（１号イ，ロ，ハ及び２号）の在留資格が新設されるとともに，平成18年改正で新設された特定活動のイ，ロ及びハの区分が削られた。

「投資・経営」の在留資格が改正され，在留資格の名称が「経営・管理」となった。

「技術」の在留資格及び「人文知識・国際業務」の在留資格が統合される形で「技術・人文知識・国際業務」の在留資格が新設された。

「留学」の在留資格が改正された。

⑤ 平成28年法律第88号による改正により，「介護」の在留資格が新設された。

⑥ 平成28年の外国人の技能実習の適正な実施及び技能実習生の保護に関する法律（平成28年法律第89号。以下「技能実習法」という。）の制定により，「技能実習」の在留資格が改正され，技能実習３号イ及びロが新設された。

⑦ 平成30年法律第102号による改正により，「特定技能」（１号及び２号）の在留資格が新設された。

しかしながら，在留資格制度の基本的な考え方は，平成元年法律第79号による入管法の改正で定められたものが，現行法においてもその基本となっている。なお，入管法における在留資格に関する規定の改正の経緯については，入管関係法大全第１部の第２条の２及び第４条の解説等を参照。

［入管法別表と在留資格に対応する活動］

現行入管法は，第２条の２第２項で，「在留資格は，別表第一の上欄（高度専門職の在留資格にあつては二の表の高度専門職の項の下欄に掲げる第一号イからハまで又は第二号の区分を含み，特定技能の在留資格にあつては同表の特定技能の項の下欄に掲げる第一号又が第二号の区分を含み，技能実習の在留資格にあつては，同表の技能実習の項の下欄に掲げる第一号イ若しくはロ，第二号イ若しくはロ又は第三号イ若しくはロの区分を含む。以下同じ。）又は別表第二の上欄に掲げるとおり」とするとし，別表の上欄において在留資格を定めている。

在留資格を定める別表は第一と第二に分かれ，別表第一は，上欄に在留資格を，下欄に各在留資格に対応する「本邦において行うことができる活動」を定めている。一方，別表第二は，上欄に在留資格を，下欄に「本邦において有する身分又は地位」を定めている。このように，それぞれの在留資格について別表の下欄に定められていることが異なる。

ただし，別表第一の在留資格及び別表第二の在留資格のいずれについても，在留資格には，そのそれぞれについて１対１で対応する活動が存在する。第２条の２第２項は，「別表第一の上欄の在留資格をもって在留する者は当該在留資格に応じそれぞれ本邦において同表の下欄に掲げる活動を行うことができ，別表第二の上欄の在留資格をもって在留する者は当該在留資格に応じそれぞれ本邦において同表の下欄に掲げる身分若しくは地位を有する者としての活動を行うことができる。」と定めている。別表第二の在留資格については，そのそれぞれの在留資格に対応する別表の下欄には「本邦において有する身分又は地位」が定められているが，この場合にも，当該身分又は地位を有する者としての活動が，当該在留資格に対応する。

なお，別表第一の在留資格をもって在留する者の場合は，行うことができる収入を伴う事業を運営する活動又は報酬を受ける活動（以下「就労活動」という。）が，当該在留資格に対応する活動に属する活動に限定されるのに対し，別表第二の在留資格をもって在留する者の場合には，就労活動を含めて行うことができる活動について入管法上の制限がない。これは，別表第一の在留資格は，特定の目的のための短期間の滞在者及び一定の経済的，社会的活動等を行うために本邦において生活する外国人を対象とするのに対し，別表第二の在留資格は，一定の身分や地位を有する者として本邦に居住する外国人を対象とすることから，活動の観点よりも身分や地位の継続性や身分や地位に基づく在留の必要性の観点からの管理に重点が置かれていることによる。

[別表下欄の区分に基づく在留資格]

別表第一の在留資格には，当該在留資格に対応する別表の下欄に掲げられている活動が対応すると説明したが，在留資格の中には，当該在留資格に対応する別表の下欄に掲げられている活動がいくつかに区分され，そのそれぞれの区分を在留資格とするものがある。

具体的には，「高度専門職」の在留資格の場合は，当該在留資格に対応する別表下欄の活動に１号と２号が定められ，更に１号にはイからハまでの三つの活動が，２号にはイからニまでの四つの活動が定められている。

そして，１号のイからハまで又は２号の区分が在留資格に含まれるものとされている（入管法２条の２第１項）。

このため，「高度専門職」の在留資格には，実際には，１号イ，１号ロ，１号ハ，２号の四つの区分ごとに四つの在留資格があることになり，「高度専門職」は，これら四つの在留資格の総称となっている。

そこで，本書では，「高度専門職」の在留資格に対応する別表下欄に掲げられている活動のうち１号イの区分に対応する在留資格を「高度専門職１号イ」，１号ロの区分に対応する在留資格を「高度専門職１号ロ」，１号ハの区分に対応する在留資格を「高度専門職１号ハ」，２号の区分に対応する在留資格を「高度専門職２号」ということとする。また，このうち「高度専門職１号イ」「高度専門職１号ロ」及び「高度専門職１号ハ」を総称して「高度専門職１号」ということとする。

同様に，「特定技能」の在留資格についても，当該在留資格に対応する別表下欄に掲げられている活動の１号又は２号の区分が在留資格に含まれるものとされている（２条の２第１項）。したがって，「特定技能」も，これら二つの区分に係る在留資格の総称である。本書では，このうち１号の区分に対応する在留資格を「特定技能１号」といい，２号の区分に対応する在留資格を「特定技能２号」ということとする。

次に，「技能実習」の在留資格についても，当該在留資格に対応する別表下欄に掲げられている活動の１号イ若しくはロ，２号イ若しくはロ又は３号イ若しくはロの区分が在留資格に含まれるものとされている（２条の２第１項）ので，「技能実習」もこれら六つの区分に係る在留資格の総称である。本書では，このうち１号イの区分に対応する在留資格を「技能実習１号イ」，１号ロの区分に対応する在留資格を「技能実習１号ロ」，２号イの区分に対応する在留資格を「技能実習２号イ」，２号ロの区分に対応する在留資格を「技能実習２号ロ」，３号イの区分に対応する在留資格を「技能実習３号イ」，３号ロの区分に対応する在留資格を「技能実習３号ロ」ということとする。

［許可の要件としての在留資格］

本邦に在留する外国人は，入管法及び他の法律に特別の規定がある場合を除き，在留資格をもって在留しなければならない（入管法２条の２第１項）。

外国人が在留資格を有するに至る場合について，入管法第２条の２第１項は，「外国人に対する上陸許可」，「外国人の取得」，それらの在留資格の「変更」をあげる。

このうち「上陸許可」は，新規入国した外国人からの申請に基づく一般上陸の許可を意味する。

次に，「取得」については，入管法第22条の２第１項の規定により日本の国籍を離脱した者又は出生その他の事由により入管法第３章に規定する上陸の手続を経ることなく本邦に在留する外国人は，それぞれ日本の国籍を離脱した日又は出生その他当該事由が生じた日から60日を限り，引き続き在留資格を有することなく本邦に在留することができるとされている（この入管法22条の２第１項の規定による在留を，以下「経過滞在」という。）ところ，経過滞在をしている外国人（以下「経過滞在者」という。）は，経過滞在をすることができる期間（以下「経過滞在期間」という。）をこえて本邦に在留しようとするときは，日本の国籍を離脱した日その他当該事由が生じた日から30日以内に在留資格の取得を申請しなければならない（入管法22条の２第２項）とされている。

経過滞在者が経過滞在期間をこえて引き続き本邦に在留するためには，在留資格の取得を申請して，当該申請に対する許可を受けなければならないとされているのであり，この許可（在留資格の取得許可）が，入管法第２条の２第１項の取得である。

ただし，在留資格を有することなく本邦に在留する外国人が在留資格を取得（この場合の「取得」は，上記入管法第２条の２第１項の「取得」よりも広い意味，すなわち，外国人が在留資格（変更の場合は，新たな在留資格）を有するに至ることをいう意味で使っている）する場合としては，このほかにも，入管法第22条の３による一時庇護のための上陸許可を受けた外国人が在留資格をもって在留しようとする場合に受けなければならない在留資格の取得許可があるほか，退去強制手続や難民認定手続における許可により在留資格を取得する場合がある。

次に「変更」は，本邦に在留資格をもって在留する外国人が，現に有する在留資格とは別の在留資格を取得することを意味し，入管法第20条第３項本文の規定による在留資格の変更許可のほか，入管法第22条第２項の規定による永住許可がある。

本邦において入管法の定めるいずれかの在留資格をもって在留しようとする外国人は，上記のいずれかの許可を受けて在留資格（変更の場合は，新たな在留資格）を取得して，当該在留資格をもって在留しなければならない。

なお，入管法は，上記の許可を受けた外国人による在留資格の取得について，当該許可をする者がこれらの許可をする場合に在留資格（及び在留期間）を決定するとしている。本邦に在留資格をもって在留しようとする外国人は，この「在留資格（及び在留期間）の決定」により在留資格（変更の場合は，新たな在留資格）を取得し，当該在留資格をもって在留することとなる（９条３項，19条の３，50条２項参照。）。

ところで前述したように，在留資格は，外国人の受入れに関する日本政府の政策に基づいて，外国人が本邦において行う在留活動の観点から，入国・在留を認める外国人の大枠を定めるものであり，いずれの場合においても，外国人が在留資格の決定を受けるためには，その外国人が本邦において行うことを予定している在留活動が，別表に定められているいずれかの在留資格に対応する活動に含まれるものでなければならない。

この点について，入管法は，新規入国した外国人に対する一般上陸の許可について，第７条第１項第２号で，一般上陸の申請を行った外国人の申請に係る「本邦において行おうとする活動」が，在留資格（「高度専門職２号」及び「永住者」を除く。）に対応する活動（ただし，「特定活動」の在留資格に対応する活動については，法務大臣があらかじめ告示をもって定める活動であることが，また，「定住者」の在留資格に対応する活動については，法務大臣があらかじめ告示をもって定める地位を有する者としての活動であることが必要とされている。）に該当することを同号の上陸のための条件に適合するための要件として定めている。上陸のための条件は上陸特別許可を除く一般上陸の許可の要件であり，新規入国者の場合，一般上陸の許可に際して在留資格が決定され，一般上陸許可を受けた外国人は，当該許可に際して決定された在留資格をもって本邦に在留することができる。

ところで，外国人の在留活動に着目してその外国人の在留を認める在留資格制度の下では，在留資格の決定（取得）に関して重要なのは，在留資格の決定を受けようとする外国人が本邦において行うことを予定している活動のうち当該外国人が在留活動として行うことを予定している活動である。したがって，上記入管法第７条第１項第２号における「本邦において行おうとする活動」は，新規入国して一般上陸の許可を申請した外国人が本邦において在留活動として行うことを予定している活動を意味するものと解される。

そして，在留資格の決定を受けて当該在留資格をもって本邦に在留しようとする外国人が在留活動として行うことを予定している活動が，当該在留資格に対応する活動に含まれる（属する）ものであることが要件となるのは，新規入国者に対する一般上陸の許可に限られない。

もちろん，その外国人の本邦において行おうとする活動が別表第一又は別表第二のいずれかの在留資格に該当することは，当該在留資格の決定を受けるために必要な要件の一つであり，実際に，在留資格の決定を伴う許可を受けるためには，それぞれの許可に係る他の要件にも適合することが必要であるが，本邦において行うことを予定している活動がいずれかの在留資格に該当することは，在留資格の決定を伴う許可に共通の要件である。

別表第二の在留資格の場合も，前述したように，在留資格の決定を受けるための要件となるのは，外国人が本邦において行おうとする活動が当該在留資格に対応する別表第二の下欄に定められている「身分又は地位」を有する者としての活動に該当することである。別表第二の下欄には，「本邦において有する身分又は地位」が定められているが，これらの身分又は地位を有する者としての活動がそれぞれの在留資格に対応するものとされており，在留資格の決定を受けるためには，単に別表第二の下欄に定められた身分又は地位を有するということだけでは足りない。

なお，本書においては，在留資格の決定を受けて当該在留資格をもって本邦に在留しようとする外国人が在留活動として行うことを予定している活動を「本邦において行おうとする活動」ということとする。また，前述した入管法第７条第１項第２号は，本邦において行おうとする活動が，当該在留資格に対応する活動に含まれる（属する）ことを，本邦において行おうとする活動が当該在留資格に対応する活動に「該当」すると表現していることから，本邦において入管法の定めるいずれかの在留資格をもって在留しようとする外国人又は在留する外国人の本邦において行おうとする活動又は在留活動が当該在留資格に対応する活動に含まれる（属する）ことを「在留資格に該当する」といい，本邦において入管法の定めるいずれかの在留資格をもって在留しようとする外国人又は在留する外国人について，その本邦において行おうとする活動又は在留活動が，当該在留資格に該当することを，「在留資格該当性」を有するということとする。

上記のとおり，各在留資格に対応する活動（別表第一の在留資格の場合は，同表の当該在留資格の項の下欄に掲げられている活動をいい，別表第二の在留資格の場合は，同表の当該在留資格の項の下欄に掲げられている身分又は地位を有する者としての活動をいう。）は，わが国が外国人を受け入れる許可の要件となるが，許可の要件としての観点からは，以下のことも必要であると解される。

第１に，各在留資格に対応する活動は，適法に行われるものでなければならない。日本において行おうとする活動それ自体が犯罪など違法な活動である場合はもちろん，その活動が違法な条件の下で行われる場合やその活動が行われることにより法に違反した状態が生じる場合も，その活動は各在留資格に対応する活動には含まれず，そのような活動を行う外国人は，在留資格の決定を伴う許可の対象とはならないものと解される。例えば，違法な取引や営業を行っている会社に雇用されてその違法な取引や営業に係る業務に従事する活動や労働関係法令に違反する条件の下で行われる労働は，形式的には在留資格に対応する活動に含まれるものであっても，在留資格の決定を伴う許可の対象とはならないと解される。

第２に，各在留資格に対応する活動は，当該在留資格をもって在留する外国人が，当該在留資格に伴うものとして決定された在留期間中，継続して行うことが予定され，また，そのことが客観的に見て可能であるものでなければならないと解される。

このため，その外国人が本邦において行う活動が，特定の本邦の公私の機関に所属して行う場合には，その外国人が当該機関に所属して活動を行うことを予定している期間中は，当該所属機関が継続して存在し，かつ，当該外国人が当該活動を継続して行うことができる体制を有していることが見込まれなければならない。

また，在留資格をもって在留する外国人が，在留期間中継続して当該在留資格に対応する活動を行うことが可能であるといえるためには，当該外国人が，その在留期間中，安定した生活を営むことが可能であることも必要と解される。別表第一の在留資格をもって在留する外国人のうち，当該在留資格に対応する活動が就労活動である者の場合は，その活動を行うことにより得られる収入によって日本において生計を維持できることが必要となる。一方，当該在留資格に対応する活動が非就労活動である者の場合は，その活動を行うこと自体により収入を得ることはできないので，在留を継続するために必要となる経費を支弁する何らかの手段の存在が必要となる。また，別表第二の在留資格をもって在留する外国人の場合も，当該外国人自身が就労するなどして生計を維持するか，あるいは，日本人又は他の外国人の扶養を受けるなどして生計を維持するかは別として，何らかの生計維持の手段が確保されていることが必要となる。

これらの点については，入管関係法大全第１部の第７条，第20条及び第21条の解説を参照。

[在留の継続の条件としての在留資格]

上記のように，在留資格は，ある外国人が本邦において行おうとする活動が当該在留資格に該当することが当該在留資格の決定を伴う許可を受ける要件となることによって，わが国が入国・在留を認める外国人の範囲を限定する機能を有するが，これとは別に，在留資格は，当該在留資格をもって在留する外国人が，在留を継続するための条件としての機能をも有する。

在留資格をもって在留する外国人は，在留中，その在留資格に対応する活動の範囲内の活動（在留資格の決定を伴う許可を受けるための申請で申し立てた具体的在留活動ではなく，各在留資格に対応する活動に属する活動）を在留の目的として行うことが必要であり，このような活動を行っていない場合には，在留期間の更新を受けることができないほか，在留資格の取消事由となることがある（22条の４第１項５号，６号及び７号）。

また，別表第一の在留資格の場合は，当該在留資格をもって在留する外国人は，当該在留資格に対応する活動に属さない就労活動を行うことはできない。これを行うためには，資格外活動の許可を受けるか，在留資格の変更の許可を受けなければならない（19条）。そして，これに違反した場合には，退去強制や罰則の適用の対象ともなり得る（24条４号イ，70条１項４号，73条）。

これらの点については，入管関係法大全第１部の第19条，第20条，第21条及び第22条の４の解説を参照。

Ⅱ　在留資格の種類

[別表第一の在留資格]

別表第一は，五つの表に分かれている。このうち一の表と二の表は，各在留資格に対応する活動，すなわち，これらの表の下欄に定められている「本邦において行うことができる活動」が就労活動である。一方，三の表と四の表は，各在留資格に対応する活動，すなわち，各在留資格に対応するこれらの表の下欄に定められている「本邦において行うことができる活動」が非就労活動である。

そこで，以下，本書では，別表第一の一の表と二の表の上欄に定められている在留資格を「就労資格」と，別表第一の三の表と四の表の上欄に定められている在留資格を「非就労資格」ということとする。

就労資格が一の表と二の表とに分けて規定されているのは，後述する許可基準（上陸許可基準及び変更許可基準）制度の適用の有無による。一の表の在留資格には許可基準制度が適用されず，二の表の在留資格には許可基準制度が適用される。

非就労資格が三の表と四の表に分けて規定されているのも同様で，三の表の在留資格には許可基準制度は適用されず，四の表の在留資格には許可基準制度が適用される。

別表第一の五の表には「特定活動」の在留資格が定められている。「特定活動」の在留資格に対応する活動は，法務大臣が個々の外国人について特に指定する活動であり，外国人が本邦において行おうとする活動がこの在留資格に対応する活動に該当するためには，活動の指定という法務大臣の特別な行為が行われることが必要である。

「特定活動」の在留資格は，入国・在留を認められる外国人の大枠を明定する在留資格の例外的なものとして，別表第一の一から四までの表の在留資格に対応する活動の類型に含まれない活動を行う外国人について，法務大臣が，その外国人の入国・在留を認めることが相当であるとの個別の判断に基づき，その外国人について一定の活動を指定して決定される在留資格である。

ただし，「特定活動」の在留資格が決定される場合でも，全ての場合に個々の外国人についての個別の判断に基づいてその決定が行われるものではなく，法務大臣があらかじめ告示をもって定めている活動の類型に該当する活動を行う外国人の場合には，通常の在留資格の場合と同様に，「特定活動」の在留資格が決定され得る。この告示は，法務大臣の有する権限を入国審査官限りで行使することができることとするものであるが，告示をもって活動が定められた場合には，事実上，その活動に対応する在留資格が新設されたのと同様の結果となる。

このように個々の外国人について活動を指定する「特定活動」の在留資格は，一つの在留資格ではなく，個々の外国人について活動を指定する都度創設される在留資格である。それゆえ，「特定活動」の在留資格については，法務大臣が個々の外国人について特に指定する活動の変更は，在留資格の変更に含まれる（20条1項）。

また，他の別表第一の在留資格のうち，高度専門職1号イ，ロ及びハ及び「特定技能」については，次のとおり，それぞれ公私の機関，特定産業分野が法務大臣により指定される。

①　高度専門職1号イ，ロ，ハ　本邦の公私の機関

②「特定技能」の在留資格　契約の相手方である本邦の公私の機関及び特定産業分野

これらの在留資格にあっては，公私の機関，特定産業分野（特定産業分野は「特定技能」の在留資格のみ）の変更は，在留資格の変更となる（20条1項）。

［別表第二の在留資格］

別表第二の在留資格の場合は，当該在留資格に対応する別表の下欄には，「本邦において行うことができる活動」ではなく，「本邦において有する身分又は地位」が掲げられているが，前述したとおり，入国・在留の許可において実際に意味を持つのは下欄に掲げられた身分又は地位を有する者としての活動である。もちろん，このような活動を行うといえるためには，その身分又は地位を有することが前提となるが，ある外国人がその身分又は地位を有するからといって，その外国人の活動が当然にその身分又は地位を有する者としての活動であるということにはならない。

例えば，日本人の配偶者である外国人が日本に入国し在留する場合でも，その外国人は日本人である配偶者とともに外国に住んでいて，今回日本に来たのは，日本人である配偶者の両親を訪問するためであったり，純粋な観光をするためであったりする場合は，その活動は，日本人の配偶者の身分を有する者としての活動とは評価されない。このような場合，在留資格としては，

「日本人の配偶者等」ではなく，「短期滞在」に該当すると考えられる。したがって，仮に当該外国人の国籍国との間で「短期滞在」の在留資格に対応する活動に係る査証免除取決めがある場合には，査証を取得することなく入国し在留することが可能である。

別表第二の在留資格のうち，「永住者」と「定住者」の二つの在留資格は，同表のそれぞれの下欄に掲げられている地位を取得するために，法務大臣の一定の行為が必要である。

このうち「永住者」の在留資格については永住許可という特別な許可制度が定められていることから，この永住許可を受けている者という意味で，別表下欄には，「法務大臣が永住を認める者」と規定されている。

「定住者」の在留資格については，「永住者」の在留資格における永住許可のような特別の許可制度は定められていないが，外国人が「定住者」の在留資格に対応する別表下欄の「本邦において有する身分又は地位」を有するためには，その外国人について「特別な理由を考慮し一定の在留期間を指定して居住を認める」という法務大臣の行為の存在が前提として必要となる。

これは，「定住者」の在留資格が，別表第二の在留資格について，別表第一の在留資格における「特定活動」の在留資格と同様の役割を有する在留資格であるからである。すなわち，「定住者」の在留資格は，法務大臣が，別表第二の他のいずれの在留資格にも該当しない活動を行う外国人について，特別な理由から，その入国・在留を認めることを相当と判断する場合に，決定される補完的在留資格である。

ただし，「定住者」の在留資格の場合，法務大臣が個々の外国人について特別な理由を考慮して居住を認めることとされているが，「特定活動」の在留資格の場合のように，在留資格の決定に際して個々の外国人に対して特定の活動や地位が指定されるわけではない。そのため「定住者」の在留資格の決定に際して考慮された特別の理由について事情が変更しても，在留資格の変更の許可を受けることが必要とされるものではない。

しかし，「定住者」の在留資格の決定に際しては，一定の在留期間が指定されることとされており，当該在留期間の満了後も在留を継続するためには，在留期間の更新の許可を受けることが必要であり，その時点において，考慮された特別の事情がなくなっている場合には，在留期間の更新の許可を受けることができない。もっとも，新たな特別の事情を考慮して引き続き在留することが認められることはあり得る。

なお，「定住者」の在留資格も，当該在留資格の決定に際して，個々の外国人について一定の在留期間を指定して居住を認める者としての地位が創設されると考えるべきであり，したがって，「定住者」の在留資格も，法務大臣が，別表第二の他の在留資格に該当しない活動を行う外国人に対してその在留を認めることを相当と判断する場合に，その都度，創設される在留資格の総称としてとらえるべきである。ただ，「特定活動」の在留資格とは異なり一旦創設されれば，「特別な理由」が異なることとなっても，異なる在留資格としては扱われない。新たな特別の事情を考慮してその者の居住が引き続き認められる場合にも，在留資格の変更ではなく在留期間の更新の許可を受けることとなる。

「定住者」の在留資格の場合も，法務大臣があらかじめ告示をもって定めている地位を有する者については，通常の別表第二の在留資格の場合と同様に入国審査官限りで「定住者」の在留資格が決定され得る。この告示も，前述した「特定活動」の在留資格に係る告示と同様，法務大臣の有する権限を入国審査官限りで行使することができることとするものであるが，告示をもって地位が定められた場合には，事実上，その地位を「本邦において有する身分又は地位」とする在留資格が新設されたのと同様の結果となる。

Ⅲ　基準制度

[上陸許可基準]

基準制度は，平成元年法律第79号による改正で設けられた。ただし，同法による改正で設けられたのは，第7条第1項第2号の規定に基づき法務省令で定める基準（上陸許可基準）の制度である。わが国が受け入れる外国人の大枠を示すのが在留資格であるのに対して，上陸許可基準は，この大枠の中で，わが国の産業及び国民生活に与える影響その他の事情を勘案して，外国人の受入れ範囲の調整を行うものである。[2] 上陸許可基準については，第７条の解説を参照。

この上陸許可基準制度が適用されるのは，別表第一の二の表及び四の表の在留資格であり，他の在留資格には適用されない。これは，上陸許可基準制度は，上記のような調整を行うことが必要な場合に限って適用されるからである。[3]

上陸許可基準は，同制度の適用の対象となる在留資格それぞれについて定められているが，在留資格に対応する活動を定める別表の下欄の活動の内容そのものを規定するものではない。申請に係る本邦において行おうとする活動が在留資格に該当することを前提に，それに加えて当該在留資格に係る上陸許可基準に適合することが上陸のための条件となる。ただし，上陸許可基準は，在留資格の決定を受けて上陸し，在留している外国人が，在留中にそれに適合しないこととなっても，資格外活動とはならない。資格外活動となるのは，別表第一の在留資格をもって在留する外国人が，当該在留資格に対応する活動以外の活動で就労活動に当たるものを行った場合である。上陸許可基準では，外国人本人に係る事項とともに，その外国人の本邦における所属機関に係る事項等外国人本人の意思に基づくことなく変更し得る事項が要件として定められることなどが考慮されたためである。

2）上陸許可基準制度の新設について，後藤法務大臣は，平成元年11月10日の衆議院法務委員会において，その趣旨を次のように説明している。「外国人が入国を認められるために必要とされる要件が明らかとなるよう在留資格に関する審査の基準を省令で定めてこれを公布することによりまして，出入国管理行政のより一層の透明性及び公平性を確保するとともに，この基準に関する省令を通じて，量的，質的な面からの入国の管理を行い得るようにするものであります。」（116回衆法２号１頁）また，就労資格に係る基準について，「平成４年版入管白書」には，第Ⅲ章第２節１の⑵「在留資格の該当範囲内での調整」において，次のように記載されている。「就労することができる在留資格のうち入管法別表第１の２の表の上欄の在留資格を得て入国しようとする者については，外国人の適正な受入れを図る観点からその受入れ範囲の調整を行うため，我が国の産業及び国民生活に与える影響その他の事情を勘案して法務省令（基準省令）で定める基準に適合することが条件となっている（入管法第７条第１項第２号）。基準省令で定める基準については，時代の要請や我が国の経済，社会等の状況の変化に応じて適宜見直しを行うことが予定されている。」（187頁）

3）「平成４年版入管白書」には，基準省令は，「我が国の産業や国民生活に与える影響などの面から質的・量的調整が必要となることもあり得ると考えられる一定の在留資格について，関係行政機関の長との協議を経て定められた」（５頁）と記載されている。

［基準省令の規定］

上陸許可基準は，「出入国管理及び難民認定法第7条第1項第2号の基準を定める省令」（平成2年法務省令第18号。以下「基準省令」という。）により定められている。基準省令はその表で上欄に各在留資格に対応する活動を掲げ，そのそれぞれの下欄に各在留資格に係る上陸許可基準を掲げている。

基準省令の表の下欄は，一つの文章で構成されている場合もあるが，複数の号（一，二などの漢数字が付されている事項）が列記されている場合もある。さらに，号の中がイ，ロ，ハ…などに細分されている場合もある。また，複数の号が定められている場合に，柱書の規定が置かれている場合と置かれていない場合とがある。

柱書の規定がなく複数の号が列記されている場合には，列記された各号のいずれにも適合しなければならない。ただし，号の中には，「…場合は，」と規定されているものがあり，このような号の定める要件は，当該「場合」に該当するときに限って適合することが必要とされる。適合することが必要とされる「場合」が規定されている号と，適合することが必要とされる「場合」が規定されていない号とがあるときには，後者には必ず適合しなければならないが，前者には，当該「場合」に該当するときに限って適合しなければならない。当該「場合」に該当するときには，後者に加えて前者にも適合することが必要とされることとなる。

なお，複数の号に定められているその号に適合することが必要とされる「場合」に該当するときは，それらのいずれにも適合することが必要である。

また，柱書の規定が置かれている場合は，各号の適用は柱書の定めるところによるが，柱書において各号のいずれにも該当することが必要である旨定められている場合は，上記の柱書が置かれていない場合と同様となる。

次に，基準省令には，「…することとされていること」との規定があるが，これは，上陸許可基準制度の性格に基づく。

上陸許可基準は，上陸のための条件の一部であり，上陸の申請を行った外国人の「申請に係る本邦において行おうとする活動」に係る事項が定められる。しかし，「申請に係る本邦において行おうとする活動」は，上陸のための審査あるいは上陸の許可の時点で実際に行われている活動ではなく，上陸の申請を行った外国人が，許可を受けて上陸後に本邦において行うことを予定している将来の活動である。このため，基準省令には，申請人の将来の行為や申請人に係る将来の事実に係る規定が多く定められる。

ところで，上陸の申請を行った外国人の「申請に係る本邦において行おうとする活動」が本邦の公私の機関に所属して行う活動である場合，所属（予定）機関の行動等が当該外国人の本邦において行う活動に大きな影響を及ぼすこととなる。そこで，基準には，所属（予定）機関など許可を受ける当事者ではない者に係る事項も定められているが，その中には，所属（予定）機関の将来における行動に係る事項も含まれる。特に，所属（予定）機関等が将来一定の行為を行うことを要件とする場合があるが，所属（予定）機関等が将来一定の行為を行うことを要件とする場合に，所属（予定）機関等が「…することとされていること」との規定が定められている。

上陸のための審査は，その申請を行った外国人に対して行われるものであり，所属（予定）機関は，上陸のための審査の当事者ではないが，所属（予定）機関等が「…することとされていること」が基準として定められている場合には，上陸のための審査において，そのことが実際に行われるかどうかを確認し，それが確認された場合に，当該外国人の上陸が許可される。基準における所属機関等が「…することとされていること」との規定は単なる予定を定めたものではなく，より積極的に，所属機関等に対して，当該外国人が上陸の許可を受けて上陸し当該許可に際して決定された在留資格に該当する活動を行う場合に，「…することとされていること」を実際に行うことを求める趣旨の規定である。

［変更許可基準］

上陸許可基準とは別に，在留資格の変更の要件となる基準（変更許可基準）の制度が存在する。この制度は，平成21年法律第79号による改正で新設された第20条の２第２項により規定された。在留資格の変更の許可の要件について明確化を図るとともに，基準を定めるに際して関係行政機関の長との協議を行うことによって関係する行政分野との調整を図ることとしたものである。

平成21年法律第79号により変更許可基準が新設された当初は技能実習２号イ又はロへの変更に適用されたが，平成26年法律第74号による改正により高度専門職２号への変更にも適用されることとなった。しかし，技能実習法の制定による改正に伴い，技能実習２号イ又はロへの変更は変更許可基準の適用対象外とされ，現在は高度専門職２号への変更にのみ適用される。変更許可基準は，「出入国管理及び難民認定法第二十条の二第二項の基準を定める省令」（以下「変更基準省令」という。）により定められている。この点については，入管関係法大全第１部の第20条の２の解説を参照。

以下，本書においては，上陸許可基準であるか変更許可基準であるかを特に明示することが必要ではない場合には，これらを合わせた意味において，単に「基準」ということとする。また，基準は，各在留資格について定められていることから，○○の在留資格の決定を受けるために適合することが求められる基準という意味において，当該在留資格について基準省令の表の下欄に掲げられている基準又は変更基準省令に掲げられている基準を，「○○の在留資格に係る基準」又は「○○の基準」ということとする。

Ⅳ　本邦の公私の機関

入管法及び基準省令等の法務省令には，「本邦の公私の機関」という用語が数多く使われているが，その意味は，必ずしも一定ではない。

［公私の機関］

就労資格に係る別表第一の下欄に「本邦の公私の機関との契約に基づいて」という規定が多く存在する。この場合の「公私の機関」は契約の主体となり得るものでなければならない。したがって，外国人の勤務先となる法人が「公私の機関」であるのが一般的であるが，法人格を持たない個人営業の商店や農家のような場合には，その主体となっている個人が「公私の機関」である。また，国や地方公共団体の場合には，国や地方公共団体が，「公私の機関」である。

このように，入管法上，「公私の機関」は，契約の主体となり得る自然人又は法人を意味する場合が多い。

しかしながら，「公私の機関」又は「○○（の）機関」が，自然人又は法人を意味するものでなく，一定の組織を意味する場合がある。

「教授」の在留資格に係る別表下欄の（大学に）「準ずる機関」の場合の「機関」や「教育」の在留資格に係る別表下欄の（各種学校に）「準ずる教育機関」の「機関」等は，設置主体である国，地方公共団体や学校法人ではなく，学校等を意味し，したがって，また，第19条の16の第１号の「別表第一の下欄に掲げる活動を行う本邦の公私の機関」も自然人又は法人には限られないものと解される。

さらに，「公私の機関」が複数の法人を意味する場合がある。「企業内転勤」の在留資格に係る別表の下欄に「本邦に本店，支店その他の事業所のある公私の機関の外国にある事業所の職員が本邦にある事業所に期間を定めて転勤して」という規定があるが，この場合には，「本邦にある事業所」と「外国にある事業所」とが同一の法人に属しない場合でも，それぞれの事業所の属する法人が，親会社，子会社又は関連会社の関係にある場合には，これらの事業所間の異動が，上記の「転勤」に該当すると解されている[4)]。

このような「企業内転勤」の在留資格に係る別表下欄の「転勤」が，親会社，子会社又は関連会社の関係にある二つの法人のうちの一つの法人の外国にある事業所の職員の他の法人の本邦にある事業所への異動として行われる場合には，同欄の「公私の機関」が複数の法人を含む意味で使われているということができる。この点は，「研究」の在留資格に係る基準の第１号のただし書における「公私の機関」も同様である。

このように「公私の機関」という語は，入管法令のそれぞれの規定によって異なる意味を有する場合があるので，それぞれの条文に沿って解釈する必要がある。

4）法務省入国管理局政策課「解説　企業内転勤の在留資格とその基準」（国際人流1991年９月号）には，「いわゆる親会社，子会社または関連会社の関係にある会社間の転勤，例えば，外国の会社の職員がその会社の子会社である本邦の会社に転勤する場合や外国の会社の職員がその会社の関連会社である本邦の会社に転勤する場合等も，この企業内転勤の形態に含まれるものとして扱われています。」（18頁）と記載されている。

[「本邦の」機関と「外国の」機関]

「公私の機関」は,「本邦の公私の機関」というように「本邦の」という語とともに使われる場合が多い。一方で，入管法には,「外国の」という用語も使われている。「宗教」の在留資格に係る別表の下欄では,「外国の宗教団体」という用語が,「報道」の在留資格に係る別表の下欄では,「外国の報道機関」という用語が使われている。さらに技能実習法（2条）では「外国の公私の機関」という用語も使われている。

「本邦の」公私の機関という場合，本邦内に本店，本部等を有する日本法人がこれに該当することは明らかであるが，外国に本社，本店，本部等を有する法人であっても，本邦内に事業所等があれば,「本邦の」公私の機関であると解される。例えば，外国に本社のある会社の日本支店に勤務する場合，雇用契約等の契約の相手方は，当該外国に本社のある会社（法人）であるが，この場合には，この会社は,「本邦の」公私の機関であると解される。外国に本社，本店，本部等がある法人との契約に基づいて活動する場合には,「研究」「技術・人文知識・国際業務」等の在留資格の対象とはならないということではない。

しかし，上記の「外国の宗教団体」や「外国の報道機関」にも，外国と本邦の双方に拠点を有する団体や機関が含まれるものと解されている。そうであるとすると，このような外国の宗教団体や外国の報道機関は,「本邦の」団体や機関ではないのかという疑問が生じる。この点は，団体や機関が事業所等の拠点を本邦と外国の双方に有する場合は,「本邦の」と表現することも「外国の」と表現することも可能であるが,「本邦の」と定められている場合には，事業所等の拠点を外国にのみ有し本邦に有しない団体や機関は含まれず，逆に「外国の」と定められている場合には，事業所等の拠点を本邦にのみ有し外国に有しない団体や機関は含まれないと解される。なお,「外国の」機関と定められている場合には,「外国の報道機関」のように当該機関の本社，本部等が外国にあり，当該機関の中心的活動が外国において行われている場合を意味すると解される場合もあるが外国の宗教団体は，外国に本部等を有するものに限定されないものと解されている。

企業や各種団体等の活動の国際化，さらには多国籍化といった状況の中で，「本邦の」と「外国の」とが相対化してきており，「本邦の」や「外国の」という用語も，それぞれの規定の趣旨を踏まえ，合理的に解釈される必要があると思われる。

V　契約に基づいて

就労資格に係る別表第一の下欄には「本邦の公私の機関との契約に基づいて」行うことが要件として定められているものが多く存在する。

「本邦の公私の機関との契約に基づいて」とは，本邦の公私の機関との間で何らかの契約を締結し，この契約に基づき，一定の活動を行うことを意味する。

この場合の契約としては，雇用である場合が多いと思われるが，必ずしも雇用である必要はなく，委任，委託等の契約も含まれる。ただし，就労資格をもって在留する場合，当該契約に基づいて一定の活動を行うことによって，日本で安定した生活を営めるだけの収入を得られることが必要である。そのため，契約は，通常は，特定の機関との継続的契約でなければならないものと解されている。ただし，例えば，建築士の資格を有する者が，本邦の会社等の公私の機関と契約して建築物を設計する場合に，個々の契約は一回限りの契約でも，継続的にそのような契約の依頼があるときは，その者は，建築物の設計という活動により日本で安定した生活を営むことができるということができる。

日本に事業所等の拠点を有しない公私の機関（したがって本邦の公私の機関ではない。ここでは説明の便宜上「外国機関」ということとする）に雇用等されている外国人が当該機関と本邦の公私の機関との間の契約に基づいて，当該本邦の公私の機関で就労する活動は，「本邦の公私の機関との契約に基づいて」行うものということはできない。ただし，外形上の契約当事者が外国機関と本邦の公私の機関であっても，活動を行う外国人と本邦の公私の機関との間に労働契約が成立していると認められる場合には「本邦の公私の機関との契約に基づいて」活動を行うものということができる。[5)]

Ⅵ 別表の下欄の末尾の括弧書の規定

別表第一の下欄の末尾に括弧書で「…の項の下欄に掲げる活動を除く。」と規定されているものがある。これは，複数の在留資格に係る別表下欄に掲げられている活動が，この括弧書の規定がないとした場合には，重なる部分がある場合に，その重複をなくすための規定である。すなわち，仮に括弧書の規定がないとすると，ある外国人が行おうとする活動が，複数の在留資格に対応する活動のいずれにも該当し得る場合に，括弧書の除外規定によって，いずれか一つの在留資格のみに該当することとするものである。

例えば，外国人が本邦において行おうとする活動が，法律上資格を有する者が行うこととされている医療に係る業務に従事する活動（「医療」の在留資格に対応する活動）に該当するとともに，本邦の公私の機関との契約に基づいて行う自然科学の分野に属する技術又は知識を要する業務に従事する活動（括弧書をないものとした「技術・人文知識・国際業務」の在留資格に係る別表下欄に定められている活動）にも該当する場合，「技術・人文知識・国際業務」の在留資格に対応する別表下欄の末尾の括弧書の規定により「技術・人文知識・国際業務」の在留資格に対応する活動からは「医療」の在留資格に対応する活動が除くこととされているので，この外国人の行う活動は，「技術・人文知識・国際業務」の在留資格には該当せず，「医療」の在留資格に該当するこ

5) この点については，規制改革・民間開放推進３か年計画（再改定）（平成18年３月31日閣議決定）において，「「研究」・「技術」・「人文知識・国際業務」・「技能」の在留資格を得るためには，「(外国人本人と）本邦の公私の機関との契約」が必要となるところ，外形上の契約当事者が「海外企業と本邦の公私の機関」であっても，その内容において外国人本人と本邦の公私の機関との間の契約が成立していることが確認でき，かつ，これらの在留資格に係る他の要件に適合するのであれば，入国・在留が可能である旨，改めて周知する。なお，ここで言う契約からは業として行う労働者供給契約を除き，労働契約を指すものとする。」（196頁）とされ，「平成19年版入管白書」には，「これを受け，通達において，外国人から提出された契約書における確認点（本邦の公私の機関が当該外国人と「労働契約を締結する」旨明示されていることなど）を列挙し，これらの事項が確認されれば，外国の公私の機関と本邦の公私の機関が外形上の契約当事者となっている場合であっても，「外国人本人と本邦の公私の機関との間に労働契約が成立している」ものと認められ，「本邦の公私の機関との契約に基づいて行う」という要件を満たすものとして取り扱うこととした。」（78頁）と記載されている。

ととなる。

このように，別表第一の下欄の末尾の括弧書の規定は，複数の在留資格の間で，そのいずれを適用するかを調整するための規定である。なお，「経営・管理」の在留資格に対応する別表下欄の末尾の括弧書の規定も，規定の仕方が異なるが，同様の趣旨に基づく規定である。

この調整は，基準の適用とは無関係に行われるので，例えば，上記の例で，「医療」の在留資格に係る基準には適合しないが，「技術・人文知識・国際業務」の在留資格に係る基準には適合するとしても，その者に「技術・人文知識・国際業務」の在留資格を決定することはできない。この点は基準制度の適用のある在留資格と基準制度の適用がない在留資格との間でも同じであり，例えば，本邦で公演するオーケストラの指揮者が上陸の申請を行った場合に，その申請に係る本邦において行おうとする活動が，収入を伴う音楽，美術，文学その他の芸術上の活動（括弧書を除いた「芸術」の在留資格に係る別表下欄に定められている活動）に該当するとしても，興行に係る活動にも該当するときには，「芸術」の在留資格に対応する別表下欄の括弧書で「二の表の興行の項の下欄に掲げる活動を除く。」と定められていることにより，該当する在留資格は「芸術」ではなく「興行」であることとなる。したがって，「興行」の在留資格に係る基準に適合することが上陸のための条件となる。

Ⅶ　日本人が従事する場合に受ける報酬と同等額以上の報酬

基準には，「日本人が従事する場合に受ける報酬と同等額以上の報酬を受けること」という規定が多く定められているが，これは，日本人が同じ業務に従事すると仮定した場合に，経歴などの条件が同じであるときにその日本人が受けることとなる報酬と同じ額又はそれ以上の額の報酬を受けることを要件として定めたものである。一般の日本人よりも低い額の報酬しか支給されない就労だけではなく，仮に一般の日本人よりも高い額であるとしても同じ職場内で外国人であることを理由として低い額の報酬しか支給されない就労も，この規定に適合しないものと解されている。

「報酬」とは，役務の給付の対価としての反対給付をいい，名称の如何は問わない。

したがって，このような性格のものであれば，給料，賃金，俸給等のほか手当，賞与等も含まれるが，非課税の通勤手当等実費弁償の性格を有する給付は含まれない。

福利厚生的な給付も含まれないと解されるが，一方で，研究奨励金等の名称の給付であっても，実質的に役務の給付の対価として与えられる反対給付としての性格を有する場合には，ここにいう「報酬」に含まれる。

なお，日本国内で行った活動に対する対価として支払われるものであれば，外国の機関から外国で支払われる場合であっても，ここにいう「報酬」となる。しかし，日本国外で従事する業務が主たるものであって，日本国内では，その主たる業務に付随する業務として一定の業務に従事するような場合には，当該日本国内で従事する業務に対する支払いが，主たる業務に対するものとは区別して支払われるような場合等は別として，通常は，ここにいう「報酬」には当たらないと解される。

第2章　別　表

別表第一

一の表

外　交

日本国政府が接受する外国政府の外交使節団若しくは領事機関の構成員，条約若しくは国際慣行により外交使節と同様の特権及び免除を受ける者又はこれらの者と同一の世帯に属する家族の構成員としての活動

（対象となる者）

「外交」及び「公用」の二つの在留資格は，外国政府及び国際機関の職員等とその家族を対象とする。

日本国政府が接受する外国政府の外交使節団若しくは領事機関の構成員

「日本国政府が接受する」とは，わが国が「外交関係に関するウィーン条約」（昭和39年条約第14号）の接受国となることを意味する。なお，外務省設置法（平成11年法律第94号）第４条第１項第19号は，「外交官及び領事官の接受並びに国際機関の要員の受入れに関すること」を外務省の所掌事務として掲げている。

「外国政府」とは，日本国政府が承認している外国の政府である。

「外交使節団…の構成員」については，外交関係に関するウィーン条約第１条(b)が「「使節団の構成員」とは，使節団の長及び使節団の職員をいう。」と定めている。[6] この「使節団の職員」には，使節団の「外交職員」のほか

6）外交関係に関するウィーン条約は，「「使節団の長」とは，その資格において行動する任務を派遣国により課せられた者をいう。」（同条約１条(a)），また，「「使節団の職員」とは，使節団の外交職員，事務及び技術職員並びに役務職員をいう。」（同条約同条(c)）と定めている。また，「「事

「事務及び技術職員並びに役務職員」が含まれる（同条約同条(c)）。ただし，「外交」の在留資格の対象となるのは，これらの外交使節団の構成員のうち，上記の意味で接受される者に限られる。大使，公使，参事官，書記官等の「外交職員」が「外交」の在留資格の対象となる。一方，「事務及び技術職員並びに役務職員」は，原則として，「外交」の在留資格ではなく「公用」の在留資格の対象となる。

「領事機関の構成員」については，領事関係に関するウィーン条約（昭和58年条約第14号）の第１条１(g)が「「領事機関の構成員」とは，領事官，事務技術職員及び役務職員をいう。」と定めている。[7] ただし，外交使節団の構成員の場合と同様，「外交」の在留資格の対象となるのは，接受される者である。総領事，領事，副領事等の「領事官」が「外交」の在留資格の対象となり，事務技術職員及び役務職員は，原則として，「外交」の在留資格ではなく「公用」の在留資格の対象となる。

なお，旅券の種類として一般旅券とは別に外交旅券及び公用旅券が発給されている国が多いが，このような場合に外交旅券を所持することが「外交」の在留資格を取得する上で必ず必要となるものではない。また，逆に，外交旅券を所持するときは，必ず「外交」の在留資格の対象となるということでもない。公用旅券の場合も同様である。

条約若しくは国際慣行により外交使節と同様の特権及び免除を受ける者

「条約若しくは国際慣行により外交使節と同様の特権及び免除を受ける者」とは，外交関係に関するウィーン条約により外交使節に対して認められている特権及び免除と同様の特権及び免除を条約又は国際慣行によって認められている者である。

務及び技術職員」とは，使節団の職員で使節団の事務的業務又は技術的業務のために雇用されているものをいう。」（同条約同条(f)）と「「役務職員」とは，使節団の職員で使節団の役務に従事するものをいう。」（同条約同条(g)）と定めている。

7）領事関係に関するウィーン条約は，「「領事官」とは，その資格において領事任務を遂行する者（領事機関の長を含む。）をいう。」（同条約１条１(d)）と，「「事務技術職員」とは，領事機関の事務的業務又は技術的業務のために雇用されている者をいう。」（同条約同条１(e)）と，また，「「役務職員」とは，領事機関の役務のために雇用されている者をいう。」（同条約同条１(f)）と定めている。

条約により「外交使節と同様の特権及び免除」を受ける者であるか否かは，個々の条約が定めている特権及び免除の内容によることとなるが，国際連合の事務総長及び事務次長，国際連合の専門機関の事務局長等が，外交使節と同様の特権及び免除を受ける者として「外交」の在留資格の対象とされている。

国際慣行により特権及び免除が認められる者については，その者の入国目的等に基づいて個々に判断されることとなるが，一般的には，国家元首，閣僚，国の議会の長等やこれらの者の随行員としてその国の政府から派遣された者，日本政府の主催する会議に出席する外国政府や国際機関の代表団の構成員等がこれに該当するとされている。

同一の世帯に属する家族の構成員

「これらの者と同一の世帯に属する家族の構成員」は，日本国政府が接受する外国政府の外交使節団の構成員，日本国政府が接受する外国政府の領事機関の構成員，条約又は国際慣行により外交使節と同様の特権及び免除を受ける者のいずれかの家族の構成員である。

ただし，これらの者と同一の世帯に属すること，すなわち，住居及び生計を共にすることが必要であり，世帯を異にする家族は対象とはならない。

なお，外交関係に関するウィーン条約第37条１は，「外交官の家族の構成員でその世帯に属するものは，接受国の国民でない場合には，第二十九条から第三十六条までに規定する特権及び免除を享有する。」と定め，領事関係に関するウィーン条約第46条１は，「領事官及び事務技術職員並びにこれらの世帯に属する家族は，外国人登録及び在留許可に関する接受国の法令に基づくすべての義務を免除される。」と定めており，家族についても，一定の範囲で特権及び免除を受けることを認めている。

（活動の内容）

入管法別表第一の下欄に定められている「本邦において行うことができる活動」（「外交」の在留資格に対応する活動）は，「日本国政府が接受する外交使節団の構成員若しくは領事機関の構成員，条約若しくは国際慣行により外交使節と同様の特権及び免除を受ける者又はこれらの者と同一の世帯に属する家族の構成員」（以下「外交使節団の構成員等」という。）としての活動であり，別表第二の在留資格に対応する活動が，同表の下欄に掲げる身分又は地位を有する者としての活動であるのと同様，一定の地位を有する者としての活動となっている。

それゆえ，「外交」の在留資格の対象となる者は，外交使節団の構成員等でなければならないが，「外交」の在留資格の決定を受けるためには，それだけでは十分ではない。その外国人が本邦において行おうとする活動が，外交使節団の構成員等が通常本邦において行うことが想定されるような活動であることが必要である。

例えば，外交使節団の構成員等である外国人であっても，その者の日本での在留目的が，観光や留学などである場合は，「外交」の在留資格の対象とはならない。

(在留期間)

「外交」の在留資格に伴う在留期間は，入管法施行規則により，「法別表第一の一の表の外交の項の下欄に掲げる活動（「外交活動」と称する。）を行う期間」と定められている（同規則3条及び同規則別表第二）。

したがって，「外交」の在留資格に対応する活動を行っている限り，在留期間の更新を受けることなく無期限に在留することができる。

「外交」の在留資格に対応する活動が終了した場合，例えば，外交官として「外交」の在留資格をもって在留していた者が，外交官としてのわが国における任務が終了したときは，その者の有する「外交」の在留資格に伴う在留期間は満了することとなる。ただし，在留期間が満了する時期は，出国するために必要とされる期間が経過した時点と解される。この場合は，当該外交官の「同一の世帯に属する家族の構成員」としての活動を行う者として「外交」の在留資格をもって在留していた者の在留期間も，同じ時点で満了するものと解される。

また，「同一の世帯に属する家族の構成員」という立場で「外交」の在留資格をもって在留していた者，上記の例でいえば，外交官と同一の世帯に属して生活していた「外交」の在留資格をもって在留する当該外交官の配偶者や子が，独立して生活することとなり同一の世帯に属さなくなった場合や離婚等により家族ではなくなった場合も，その者の有する「外交」の在留資格に伴う在留期間は，出国するために必要な期間が経過した時点で満了すると解される。

なお，外交官等の同一の世帯に属する家族の構成員として「外交」の在留資格をもって在留していた当該外交官等の子等で日本の学校に通学していた者が，通学を継続するため当該外交官等の帰国後も在留を継続することを希望する場合がある。このような場合には，「留学」などの在留資格への在留資格の変更の許可を受けることが必要となる。

公　用

日本国政府の承認した外国政府若しくは国際機関の公務に従事する者又はその者と同一の世帯に属する家族の構成員としての活動（この表の外交の項の下欄に掲げる活動を除く。）

(対象となる者)

日本国政府の承認した外国政府若しくは国際機関の公務に従事する者

「日本国政府の承認した外国政府」には，未承認国の政府や日本国政府が国の承認はしていても政府としては承認していない未承認政府は含まれないので，このような政府の公務に従事する者は「公用」の在留資格の対象とはならない。また。「外国政府」ではない地方政府や地方公共団体の公務に従事する者も，「公用」の在留資格の対象とはならない。

「国際機関」とは，複数の国を構成員とする機関であり，日本国内に本部，支部等があるか否かは問わない[8]。

したがって，「日本国政府の承認した外国政府若しくは国際機関の公務に従事する者」とは，日本国政府の承認している外国政府に所属してその事務

8）条約法に関するウィーン条約（昭和56年条約第16号）第２条１(i)は，「「国際機関」とは，政府間機関をいう。」と定めている。

に従事する国家公務員及び国際機関に所属してその事務に従事するいわゆる国際公務員を意味する。

なお,「公務」は,必ずしもわが国政府に対する用務である必要はないが,例えば,外国政府に所属する公務員が当該外国政府から日本に派遣された場合であっても,その在留目的がわが国の大学に入学して教育を受けることであるような場合には,当該外国政府の公務に従事するものとはいえないので,このような者は,仮に公用旅券を所持していても,「公用」の在留資格の対象とはならない。上記の場合は,「留学」の在留資格の対象となる。

「外交」の在留資格の場合と同様に,その外国人が公用旅券を所持するか否かは,「公用」の在留資格を決定するために必要な条件ではなく,逆に,公用旅券を所持するから必ず「公用」の在留資格が決定されるものでもない。なお,わが国では地方公共団体である県や市に相当する機関が,国の出先機関として設けられているため,その事務を担当する職員が国家公務員とされている国がある。このような場合の扱いは微妙であるが,その者が担当する事務の内容によって「公用」の在留資格の対象となるか否かが決まることとなるものと解される。

同一の世帯に属する家族の構成員

「その者と同一の世帯に属する家族の構成員」については,「外交」の在留資格の解説を参照。

(活動の内容)

「公用」の在留資格の場合も「日本国政府の承認した外国政府若しくは国際機関の公務に従事する者又はその者と同一の世帯に属する家族の構成員としての活動」という地位に基づく活動が定められている。

「としての活動」については,「外交」の在留資格の解説を参照。

「公用」の在留資格に対応する別表下欄の末尾に括弧書で「この表の外交の項の下欄に掲げる活動を除く。」と規定されている。この括弧書の規定により,外国人が本邦において行おうとする活動が「日本国政府の承認した外国政府若しくは国際機関の公務に従事する者又はその者と同一の世帯に属する家族の構成員としての活動」に属する活動であっても,「外交」の在留資格に対応する活動に属する活動でもある場合には，「外交」の在留資格に該当し，「公用」の在留資格には該当しない。

この点については，第１章総論のⅥを参照。

この結果，「公用」の在留資格の対象となるのは，

① 日本国政府の承認した外国政府の外交使節団の構成員のうち「外交」の在留資格の対象とならない者

② 日本国政府の承認した外国政府の領事機関の構成員のうち「外交」の在留資格の対象とならない者

③ 国際機関の日本国内にある事務所に所属する職員のうち「外交」の在留資格の対象とならない者

④ ①又は②に該当する者以外のもので日本国政府の承認した外国政府の日本国内にある出先機関に所属する公務員のうち「外交」の在留資格の対象とならない者

⑤ 国際会議出席等の公の用務のために日本に出張する日本国政府の承認した外国政府の公務員や国際機関の職員のうち「外交」の在留資格の対象とならない者

⑥ これらの者と同一の世帯に属するこれらの者の家族の構成員

である。

（在留期間）

「公用」の在留資格に伴う在留期間は，５年，３年，１年，３月，30日又は15日である（入管法施行規則３条及び同規則別表第二）。

なお，「公用」の在留資格に伴う在留期間は，「出入国管理及び難民認定法及び日本国との平和条約に基づき日本の国籍を離脱した者等の出入国管理に関する特例法の一部を改正する等の法律の施行に伴う法務省関係省令の整備及び経過措置に関する省令（平成23年法務省令第43号）により改正された。

同改正前の入管法施行規則の別表第二は，「公用」の在留資格に伴う在留期間を「法別表第一の一の表の公用の項の下欄に掲げる活動（「公用活動」と称する。）を行う期間」と規定していた。しかし，実際に，いつ外国政府や国際機関の公務に従事しなくなったのかが分かりにくい場合もあることから，

上記の改正で，他の在留資格（「外交」，「永住者」及び「高度専門職（2号）」を除く。）と同様に，特定された期間が定められた。なお，実際の運用に関しては，出入国在留管理庁のホームページに掲載されている資料「在留資格「公用」の在留期間の改正について（お知らせ）」によると，本邦に駐在する者については公用活動を行う予定滞在期間に応じて1年又は3年，予定滞在期間が3月以内の出張者については予定滞在期間に応じて3月，30日又は15日，本国政府から派遣される者でないいわゆるローカルスタッフについては，1年の期間となるとされている。[9)]

教　授

本邦の大学若しくはこれに準ずる機関又は高等専門学校において研究，研究の指導又は教育をする活動

（対象となる者）

大学の教員等を対象とする在留資格である。

報酬を受けて，研究，研究の指導又は教育をする活動を，本邦の大学，大学に準ずる機関，高等専門学校（以下「大学等」という。）のいずれかにおいて行う者が，「教授」の在留資格の対象となる。

大学等以外の機関において教育をする活動に従事する場合，「教育」の在留資格の別表下欄に列挙されている機関において教育をする活動を行う場合には「教育」の在留資格の対象となる。

大学等又は「教育」の在留資格の別表下欄に列挙されている機関のいずれにも該当しない機関において教育をする活動を行う場合には，教育内容により，「技術・人文知識・国際業務」（当該機関との契約に基づいて行うことが必要）「芸術」等の在留資格の対象となり得る。本邦の公私の機関との契約に基づいて大学等以外の機関において研究を行う業務に従事する活動を行う場合は，

9）出入国在留管理庁ホームページ（www.moj.go.jp/isa/publications/materials/nyuukokukanri07_00054.html）

「研究」の在留資格の対象となる。

活動を行う機関によって，異なる在留資格の対象となることとされていることから，基準制度の適用の有無や適用される基準の内容が異なる。「教授」の在留資格については，基準制度の適用がなく（「芸術」の在留資格についても基準制度の適用はない。），「教育」，「技術・人文知識・国際業務」等の在留資格については，基準制度が適用される。また，同じ基準制度が適用される在留資格であっても，基準はそれぞれの在留資格について定められているので，在留資格が異なれば異なる基準が適用される。

なお，「教授」の在留資格は，就労資格であり，研究，研究の指導又は教育をする活動は，就労活動として行われることが必要である。非就労活動として研究，研究の指導又は教育をする活動を行う場合には，仮に教授としての地位を有していたとしても，「教授」の在留資格の対象とはならない。このような場合は，「文化活動」等の在留資格の対象となり得る。

本邦の大学

学校教育法（昭和22年法律第26号）に基づいて日本国内に設置されている同法第１条の大学を意味する。大学には，同法第108条の短期大学も含まれ，また，同法第85条の学部等のみならず，同法第91条の専攻科，別科，同法第97条の大学院，さらに同法第96条の大学に附置された研究施設も含まれる。また，放送大学学園法（平成14年法律第156号）第２条の規定により放送大学学園が設置する放送大学も大学に含まれるものと解される。

これに準ずる機関

「これ」は本邦の大学を意味し，設備及びカリキュラム等の編制などにおいて大学に準ずる機関を意味し，防衛大学校，防衛医科大学校，水産大学校，海上保安大学校，職業能力開発総合大学校，気象大学校等の文部科学省以外の各省所管の大学校，国連大学，学校教育法施行規則（昭和22年文部省令第11号）第155条第１項第４号の規定に基づいて文部科学大臣が指定する教育施設[10]などがある。この他，独立行政法人大学入試センター，独立行政法人大

10）このような教育施設として外国の大学の日本校があるが，外国の大学が本邦に設置した日本分校について，「平成17年版入管白書」には，次のように記載されている。「外国の大学が本邦に

学改革支援・学位授与機構，国立大学法人法（平成15年法律第112号）第２条第４項の大学共同利用機関も大学に準ずる機関に含まれると解されている。

「高等専門学校」は，学校教育法第１条の高等専門学校である。

（活動の内容）

「教授」の在留資格をもって在留する者が，「教授」の在留資格に基づいて行うことができる活動は，大学等において研究をする活動，研究の指導をする活動又は教育をする活動であり，少なくともこれら三つの活動のいずれかを行うことが在留の目的でなければ「教授」の在留資格には該当しない。

「教授」の在留資格をもって在留する者は，これら三つの活動のいずれをも行うことができるが，これらの活動のうちいずれか一つ又は二つのみを行うという場合も「教授」の在留資格に該当し得る。例えば，大学等において専ら研究を行い，研究の指導や教育をする活動には従事しないという場合である。

また，実際に，大学等において研究，研究の指導又は教育をする活動に従事することが主たる職務であれば，職務上の地位やその名称の如何には関係なく，その職務に従事する活動は，「教授」の在留資格に該当し得る。

非常勤で従事する場合であっても差し支えないが，本邦において「教授」の在留資格に対応する活動を行うことによって生計を立て，安定した生活を営むことができなければならないので，非常勤であっても相当の報酬を受けることが必要となる。複数の大学の非常勤講師を行い，そのそれぞれの大学から受ける報酬を合算すれば安定した生活を営むことができる程度の収入を得られるという場合でも差し支えない。ただし，そのような収入を得られる状況が継続すると見込まれることが必要となる。

設置した日本分校（以下「外国大学日本分校」という。）については，学校教育法上で大学等としての制度的な位置付けがなかったところ，学校教育法施行規則の一部を改正する省令（平成16年文部科学省令第42号）が施行され，外国大学日本分校であっても，文部科学大臣が告示により指定したものについては，当該大学の課程を修了した者に大学の専攻科及び大学院への入学資格を認めることとされた。これに伴い，今後，外国大学日本分校において研究，研究の指導又は教育を行う活動に従事する外国人は，他の要件に適合することを前提に「教授」の在留資格，また，外国大学日本分校において教育を受ける活動を行う外国人は，「留学」の在留資格をそれぞれ許可することとした。」（133頁）

(在留期間)

「教授」の在留資格に伴う在留期間は，５年，３年，１年又は３月である(入管法施行規則３条及び同規則別表第二)。

芸　術

収入を伴う音楽，美術，文学その他の芸術上の活動(二の表の興行の項の下欄に掲げる活動を除く。)

(対象となる者)

芸術家を対象とする在留資格である。

就労資格であるので，本邦において行う芸術上の活動によって生計を立てる者が対象となる。収入を伴わない芸術上の活動は，「芸術」ではなく，「文化活動」の在留資格に該当する。芸術上の活動によって生計を立てて安定した生活を営むことができることが必要であるため，通常は，相当程度の実績のある者が対象となる。

(活動の内容)

本邦において「芸術」の在留資格に基づいて行うことができる活動は，収入を伴う芸術上の活動である。

収入を伴う

「芸術」の在留資格に基づいて行うことができる芸術上の活動が，それを行うことによって収入が得られるものであるのは，就労資格である以上当然のことであるが，非就労資格である「文化活動」の在留資格に対応する活動にも「芸術上の活動」が定められている関係から，「文化活動」の在留資格については「収入を伴わない」と定められ，「芸術」の在留資格については「収入を伴う」と定められた。[11)]

11)「収入を伴う」と規定されている理由について，米澤法務大臣官房審議官は，平成元年11月10日の衆議院法務委員会において，次のように述べている。「「文化活動」というのが別表第一の三にございます。これは，観念的には「音楽，美術，文学その他芸術上の活動」というのはま

音楽，美術，文学その他の芸術上の活動

音楽，美術，文学は例示であり，これら以外でも，芸術の範疇に入るものであれば芸術上の活動に含まれる。なお，当該外国人自身は芸術家であっても，日本において在留の目的として行う活動が芸術上の活動でなければ，「芸術」の在留資格の対象とはならない。例えば，芸術家である画家が，本邦において創作活動をするのではなく，専ら制作した絵画の販売のために本邦に在留するというような場合には，「芸術」の在留資格の対象とはならない。

収入を伴う芸術上の活動の例としては，

①　芸術家の行う創作活動

②　個人指導あるいはこれに近い形で行う芸術の指導を行う活動

の二つが主なものと考えられる。

①は，音楽家の行う作詞・作曲などの活動，画家による絵画制作などの活動，彫刻家による彫刻や塑像の製作などの活動，工芸家による工芸品の製作などの活動，作家による文学作品の執筆などの活動である。

②は，個人指導あるいは私塾のような形で音楽，絵画，彫刻，工芸，文学等を指導する活動である。

(「興行」の在留資格との関係)

「芸術」の在留資格に対応する別表下欄の末尾の括弧書の規定により，「二の表の興行の項の下欄に掲げる活動を除く。」と定められているので，芸術家が芸術上の活動に従事する場合であっても，その活動が興行に係る活動又はその他の芸能活動である場合は，「芸術」の在留資格の対象とはならない。この場合は，「興行」の在留資格の対象となる。例えば，特定の劇団に所属する劇作家として創作活動を行う場合は，文学作品の執筆活動であっても，興行に係るものとして「興行」の在留資格の対象となるのが通常である。画

さに文化活動でございますので，その辺を，収入を伴うものと伴わないものとに分けて，そして資格外活動をうまく規制していこうという立法の趣旨から，収入を伴うものは別表第一と二の方に整理する，そうすると勢い三の方の「文化活動」は収入を伴わないことになるわけですが，念のためにその辺を明示したということでございます。」(116回衆法２号17頁)

家が専ら特定の商品の宣伝のための作品を製作する活動も，芸能活動として「興行」の在留資格の対象となるのが通常である。この他，オーケストラの指揮者，演出家，脚本家，舞踏家，歌手などの活動の多くは，興行に係る活動又は興行に係る活動ではないとしてもその他の芸能活動として行われることが通常であり，その場合には，「芸術」の在留資格ではなく，「興行」の在留資格の対象となる。[12)]

なお，「芸術」の在留資格に対応する別表下欄の末尾の括弧書には，「芸術」の在留資格に対応する活動から除外される活動として，教授や教育の項の下欄に掲げる活動は定められていない。

しかしながら，芸術上の活動には，弟子等に対して個人指導をするような活動までは含まれ得るが，教育機関等に所属して教育をする活動までは含まれず，したがって，「教授」あるいは「教育」の在留資格に係る別表下欄に規定されている教育機関等において芸術の教育をする活動は，芸術上の活動には含まれず，「芸術」の在留資格には該当しないものと解される。

(在留期間)

「芸術」の在留資格に係る在留期間は，５年，３年，１年又は３月である（入管法施行規則３条及び同規則別表第二）。

宗　教

外国の宗教団体により本邦に派遣された宗教家の行う布教その他の宗教上

12)「芸術」の在留資格と「興行」の在留資格との違いについて，稲見法務省入国管理局長は，平成19年３月20日の参議院経済産業委員会において，次のように述べている。「現行の入管法におきましては，演劇，演芸，演奏，スポーツなど，これは公衆に見せる，いわゆる公演活動を行う，この場合には興行という名称の在留資格で入国を認めるということになっております。今申し上げました活動も，実は音楽，美術その他芸術上の活動ということになるんですが，芸術という在留資格につきましては，今申し上げました興行以外の音楽，美術，文学その他の芸術上の活動を行う場合，その場合に与える在留資格が芸術ということになっております。…したがいまして，アーティストという身分での在留資格ではなく，そのアーティストの方が日本で何をおやりになるかと，その活動に着目して在留資格を与える。したがいまして，アーティストの方につきましても，…芸術の在留資格を与える場合もあれば興行の在留資格を与える場合もある，あるいはそれ以外の在留資格を与える場合もある。それは活動で判断するという仕組みになっております。」（166回参国会参議院経済産業委員会会議録第４号17頁）

の活動

（対象となる者）

「宗教」の在留資格は，宣教師など日本国内において布教などの活動を行うために，日本国外から日本に派遣された宗教家を対象とする。

もちろん，就労資格であるので，「宗教」の在留資格に対応する活動を行うことによって，日本において安定した生活を営むことができるだけの収入が得られることが必要である。

外国の宗教団体

「外国の宗教団体」とは，外国に宗教上の活動を行うための組織を有する宗教団体を意味する。必ずしも，当該宗教団体の本部が外国にあることは必要ではなく，本部が日本国内に存在する宗教団体も外国に宗教上の活動を行う組織を有していれば，「外国の宗教団体」に含まれる。

「宗教団体」について，宗教法人法（昭和26年法律第126号）第２条は，「宗教の教義をひろめ，儀式行事を行い，及び信者を教化育成することを主たる目的とする」同条各号に定める団体をいうとし，同条第１号は「礼拝の施設を備える神社，寺院，教会，修道院その他これらに類する団体」を，また，同条第２号は「前号に掲げる団体を包括する教派，宗派，教団，教会，修道会，司教区その他これらに類する団体」を定めている。

本邦に派遣された宗教家

「本邦に派遣された」とは，外国の宗教団体から日本において宗教上の活動を行うため派遣されたことを意味する。外国と日本の双方に宗教上の活動を行うための組織を有する宗教団体の場合は，当該宗教団体の意思により当該外国にある組織に所属する者が本邦にある組織に所属することとなる場合もこれに該当する。

「宗教」の在留資格は就労資格であるから，「宗教家」とは，派遣された宗教団体の活動を行うことを職業としている者を意味すると解される。

当該宗教団体の活動を行うことを職業としていれば，後述する宗教上の活動を専ら行うことまでは必要ではなく，現に従事している活動が所属する宗教団体の会計事務に従事する活動などであっても，「宗教家」に該当する場合もある。ただし，逆に宗教上の活動を全く行っておらず，行う予定もない者は，「宗教家」ではない。なお，修行者としての活動を行う者も「宗教家」ということができる。

具体的に「宗教家」に該当するかどうかは，本人の意思，当該宗教団体における立場や活動内容等により総合的に判断するしかないが，神官，僧侶など当該宗教団体において一定の宗教上の地位を有している者は，宗教家に該当するのが通常であるということができる。

「宗教」の在留資格に該当するためには，外国の宗教団体から，このような「宗教家」として本邦に派遣されたことが必要であるが，外国の宗教団体からの「派遣」は本邦において在留を開始する際の要件であり，本邦において行う活動が派遣された宗教団体の活動であることは要件として規定されていない。[13)]

これは，派遣された宗教家により広い範囲の活動を行うことを認める趣旨と思われるが，「外国の宗教団体により本邦に派遣された宗教家の行う」ことが要件として規定されている以上，従事する活動は，当該宗教団体に属する宗教家としての活動でなければならないと解すべきである。

なお，外国の宗教団体からの派遣は，在留開始の際に必要とされる要件であるので，在留開始時には，宗教上の活動を行うことが目的ではない（それゆえ，在留開始の時点では「宗教」の在留資格に該当しない）場合でも，その後，宗教上の活動を行うことが在留の目的となった場合には，その時点で「宗教」の在留資格への在留資格変更許可を受けることが可能であると解される。

（活動の内容）

「布教その他の宗教上の活動」の布教は，宗教上の活動の例示であり，宗教上の活動には，上記宗教法人法第２条の定める「宗教上の教義をひろめ，儀式行事を行い，及び信者を教化育成すること」が該当する。

なお，外国の宗教団体から日本において宗教上の活動を行うため派遣され

13）後述する「報道」の在留資格に対応する活動が，「外国の報道機関との契約に基づいて行う」ことが要件とされているのとは異なる。

た宗教家が，布教活動等を行う傍ら，所属する宗教団体の運営する施設で物品の販売等の活動に従事することがあるが，このような活動も，宗教上の儀式行事に使用する物品の販売等宗教活動に密接に関連するものであれば，宗教上の活動に含まれ得る。

また，所属する宗教団体の運営する施設以外の場所において，語学教育や社会事業などに従事することも，所属する宗教団体の意思に基づき当該宗教団体の宗教活動の一環として行う場合には，宗教上の活動に含まれ得る。ただし，所属する宗教団体から受ける一般の宗教上の活動に対する報酬とは別に，そのような活動を行ったことに対する報酬（19条1項の規定により業として行うものではない講演に対する謝金，日常生活に伴う臨時の報酬その他の法務省令で定めるものを除く。）を受ける場合には，通常，資格外活動の許可を受けることが必要となる。

教会の司祭などが，その教会に付属して設置されている幼稚園，小中学校等の教職員を兼ねることがあるが，このような場合も，その活動に対して所属する宗教団体から受ける一般の宗教上の活動に対する報酬とは別の報酬が支払われるときには，通常，資格外活動の許可又は在留資格の変更を受けることが必要となる。

（在留期間）

「宗教」の在留資格に伴う在留期間は，5年，3年，1年又は3月である（入管法施行規則3条及び同規則別表第二）。

報　道

外国の報道機関との契約に基づいて行う取材その他の報道上の活動

（対象となる者）

外国の報道機関の特派員等が対象となる。

外国の報道機関

「外国の報道機関」とは，外国に本社又は本部を有して報道上の活動を行っている機関を意味するものと解される。もともと，「報道」の在留資格は，外国に本社又は本部のある報道機関が，わが国を含め他の国に特派員等を派遣し，当該特派員等が当該国の事情等を取材して本社又は本部に記事や情報を送り，本社又は本部において報道するような場合を想定して，そのような特派員等の入国・在留を認めるために創設された在留資格である。それゆえ，「外国の報道機関」は，外国に本社又は本部のある報道機関に限られ，外国に事務所等があっても，本社又は本部が日本国内にある報道機関は「外国の報道機関」には含まれないと解される。[14] また，専ら日本国内での報道のための活動を行う報道機関は，形式的に外国に本部，本社があっても「外国の報道機関」には含まれないものと解すべきである。

したがって，外国に本社又は本部を有して報道上の活動を行っている新聞社，通信社，放送局等が「外国の報道機関」に該当する。ただし，本邦内に支部や支社等の組織があっても差し支えない。国営・公営の機関も含まれる。報道上の活動を行っている機関であれば，雑誌社等も含まれ得る。なお，本邦の報道機関との契約に基づいて報道上の活動を行う場合は，「技術・人文知識・国際業務」,「企業内転勤」等の在留資格の対象となり得る。

(活動の内容)

契約に基づいて行う

外国の報道機関との「契約に基づいて行う」ことが必要であるが，契約は雇用契約である必要はなくフリーランサーの記者も対象となる。ただし，就労資格としての性格上，その活動に従事することによって，わが国において安定した生活を営むことができるだけの収入が得られなければならない。

取材その他の報道上の活動

「取材その他の報道上の活動」の取材は例示である。「報道上の活動」には，報道を行うために必要な活動であれば，取材活動のほか，撮影，記事の執筆，

14) 前述したように，「宗教」の在留資格に係る別表の下欄の「外国の宗教団体」は，必ずしも外国に本部があるものであることが必要ではない。しかし，この「報道」の在留資格に係る別表下欄の「外国の報道機関」は，規定の趣旨等から，外国に事務所等がある報道機関全てを含むものではなく，外国に本部又は本社のある報道機関に限られると解される。

画像の編集などの活動も含まれる。報道番組に出演するアナウンサー等としての活動も含まれ得る。ただし，報道に必要な活動でなければならず，放送局が放送用に製作するものであっても娯楽番組等の製作に係る活動は，報道上の活動とはいえない。このような娯楽番組等の製作に係る活動は，「興行」の在留資格の対象となり得る。この点については，「興行」の在留資格の解説を参照。

なお，外国の報道機関に所属する記者等が，短期間日本に出張して取材等の報道上の活動を行う場合は，通常，「報道」の在留資格ではなく，「短期滞在」の在留資格の対象となる。

(在留期間)

「報道」の在留資格に伴う在留期間は，５年，３年，１年又は３月である（入管法施行規則３条及び同規則別表第二）。

二の表

高度専門職

一　高度の専門的な能力を有する人材として法務省令で定める基準に適合する者が行う次のイからハまでのいずれかに該当する活動であつて，我が国の学術研究又は経済の発展に寄与することが見込まれるもの

イ　法務大臣が指定する本邦の公私の機関との契約に基づいて研究，研究の指導若しくは教育をする活動又は当該活動と併せて当該活動と関連する事業を自ら経営し若しくは当該機関以外の本邦の公私の機関との契約に基づいて研究，研究の指導若しくは教育をする活動

ロ　法務大臣が指定する本邦の公私の機関との契約に基づいて自然科学若しくは人文科学の分野に属する知識若しくは技術を要する業務に従事する活動又は当該活動と関連する事業を自ら経営する活動

ハ　法務大臣が指定する本邦の公私の機関において貿易その他の事業の経営を行い若しくは当該事業の管理に従事する活動又は当該活動と併せて

当該活動と関連する事業を自ら経営する活動

二　前号に掲げる活動を行つた者であつて，その在留が我が国の利益に資するものとして法務省令で定める基準に適合するものが行う次に掲げる活動

イ　本邦の公私の機関との契約に基づいて研究，研究の指導又は教育をする活動

ロ　本邦の公私の機関との契約に基づいて自然科学又は人文科学の分野に属する知識又は技術を要する業務に従事する活動

ハ　本邦の公私の機関において貿易その他の事業の経営を行い又は当該事業の管理に従事する活動

ニ　イからハまでのいずれかの活動と併せて行う一の表の教授の項から報道の項までの下欄に掲げる活動又はこの表の法律・会計業務の項，医療の項，教育の項，技術・人文知識・国際業務の項，介護の項，興行の項若しくは技能の項若しくは特定技能の項第二号の下欄に掲げる活動（イからハまでのいずれかに該当する活動を除く。）

1　高度専門職の在留資格の新設に至る経緯

「高度専門職」の在留資格は平成26年法律第74号による入管法の改正により新設された在留資格である。「高度専門職」の在留資格は，平成24年法務省告示第126号として制定された「出入国管理及び難民認定法第七条第一項第二号の規定に基づき高度人材外国人等に係る同法別表第一の五の表の下欄（ニに係る部分に限る。）に掲げる活動を定める件」により「特定活動」の在留資格に係る告示をもって定める活動として定められていた活動を独立した在留資格としたものである。[15)]

15）谷垣法務大臣は，平成26年５月23日の衆議院法務委員会における同改正に係る趣旨説明において，「経済のグローバル化や少子高齢化の中で，今後，日本経済を新たな成長軌道に乗せるために，高度の専門的な能力を有する外国人材の受け入れを促進することが求められております。」と述べるとともに，法律案の要点として，「高度の専門的な能力を有する外国人材の受け入れの促進のための措置であります。これは，現在「特定活動」の在留資格を付与している高度の専門的な能力を有する外国人材を対象とした新たな在留資格「高度専門職（第一号）」を設けるとともに，この在留資格をもって一定期間在留した者を対象とした，活動制限を大幅に緩和し在留期間が無期限の在留資格「高度専門職（第二号）」を設けるものです。」（186回衆法19号23頁）と述べている。

なお，同告示は，「高度専門職」の在留資格を新設した平成26年法律第74号による入管法の改正で「特定活動」の在留資格に対応する活動が改正されたことに伴い，平成26年法務省告示第576号により題名が「出入国管理及び難民認定法第七条第一項第二号の規定に基づき高度人材外国人等に係る同法別表第一の五の表の下欄に掲げる活動を定める件」に改められた。以下，この告示を「高度人材告示」という。

平成26年法律第74号による「特定活動」の在留資格に対応する活動の改正については，特定活動の1の（改正の経緯）を参照。

これは，高度人材に対するポイント制による優遇制度（以下「ポイント制度」という。）に基づくものである。ポイント制度は，わが国に入国しようとする外国人について，その者の学歴，職歴，年収などに基づいてポイントを計算し，そのポイントの合計が一定の点数に達した者を高度人材外国人として出入国管理上の優遇措置を講ずる制度である。

平成21年5月29日の高度人材受入推進会議の報告書「外国高度人材受入政策の本格的展開を」において，官民が一体となって実行に移すべき基本戦略の一つとして「「ポイント制導入」による「高度人材優遇制度（仮称）」の創設」が掲げられ，[16] その後，平成22年6月18日に閣議決定により定められた「新成長戦略」において「優秀な海外人材を我が国に引き寄せるため，欧米

なお，法務大臣の私的懇談会である出入国管理政策懇談会及び同懇談会に設けられた外国人受入れ制度検討分科会の平成25年5月の報告書「高度人材に対するポイント制による出入国管理上の優遇制度の見直しに関する検討結果（報告）」には，「「永住者」の在留資格とは別に，期限のない在留を認める措置を講じるなど，入国管理局において在留状況を的確に把握し問題があれば適切に対処できるようにして，…現行の高度人材ポイント制での優遇措置（概ね5年）よりも早期に永住を認め，かつ，引き続き優遇措置を受けることのできるようにする方向で見直しを行うべきである。」（8頁）と記載されている。

16）平成21年5月29日高度人材受入推進会議の報告書「外国高度人材受入政策の本格的展開を」8頁。なお，同報告書は，その趣旨について，次のように記載している。「世界はグローバルな高度人材獲得競争の最中にあり，諸外国では高度人材受入れのための優遇措置など，受入促進策を展開している…我が国では，出入国管理及び難民認定法において就労可能な在留資格として専門的・技術的分野の在留資格を設け当該分野の外国人労働者を積極的に受け入れている。…ただし，我が国として積極的かつ戦略的に高度人材を誘致するとともに，受入後に高度人材の流出を防ぎ，能力向上を図る仕組みが整っていないことも事実である。…そこで，現行の受入範囲内で，特に受入れを促進すべき高度人材の対象範囲を明確化しつつ，事前に雇用予約等があることを前提とした上で，在留資格に関わる優遇措置を付与した…「ポイント制」を活用した「優遇制度」を導入することを検討すべきである。」（8－9頁）

やアジアの一部で導入されている「ポイント制」を導入し，職歴や実績等に優れた外国人に対し，出入国管理上の優遇措置を講じる仕組みを導入する。」とされた。[17)]

そして，平成24年３月30日に高度人材告示及び「出入国管理及び難民認定法第七条第一項第二号の規定に基づき高度人材外国人等に係る同法別表第一の五の表の下欄（ニに係る部分に限る。）に掲げる活動を定める件第二条の表の下欄に掲げる活動を指定されて在留する者等の在留手続の取扱いに関する指針」（平成24年法務省令告示第127号）が定められ，平成24年５月７日から，「ポイント制度」が実施された。

なお，同告示も，平成26年法律第74号による「特定活動」の在留資格に対応する活動の改正に伴い，平成26年法務省告示第577号により題名が「出入国管理及び難民認定法第七条第一項第二号の規定に基づき高度人材外国人等に係る同法別表第一の五の表の下欄に掲げる活動を指定されて在留する者等の在留手続の取扱いに関する指針」に改められた。以下，この告示を「高度人材在留指針」という。

2　ポイント制度の仕組み

「ポイント制度」は，高い能力や資質を有する外国人の受入れを推進することを目的とする制度として創設されたものであるが，同制度創設以前の日本政府の政策に基づく外国人の受入れ範囲を拡大するものではない。また，既存の在留資格と同様，外国人が日本において在留の目的として行う活動に着目して当該外国人の入国・在留を認めるもので，その人の能力等に着目して入国・在留を認める制度ではない。

17）「新成長戦略～「元気な日本」復活のシナリオ」43頁。また，同じ平成22年６月18日に閣議決定により定められた「規制・制度改革に係る対処方針」において「現行の基準でも就業可能な在留資格が付与される高度外国人材に対するポイント制を活用した出入国管理上の優遇制度の導入について検討し，結論を得る。」（27頁）とされたほか，「現行の基準では学歴や職歴等で要件が満たせず就業可能な在留資格が付与されない高度外国人材についても，ポイント制を活用することなどにより要件を見直し，就業可能な在留資格が付与できる制度の導入について，我が国の労働市場や産業，国民生活に与える影響等を勘案しつつ検討し，結論を得る。」とされた（27頁）。さらに，平成23年12月24日に閣議決定により定められた「日本再生の基本戦略」においては「ポイント制を通じた高度人材に対する出入国管理上の優遇制度について，2011年内に関係省庁間で結論を得て，速やかに告示を行う。」（21頁）とされた。

現行の在留資格制度では，外国人の能力，経歴，資格等が在留資格の決定を伴う許可の要件となることはあるが，在留資格そのものは，外国人が日本において行う活動に着目して定められている。このため，各在留資格には，そのそれぞれについて一定の活動が対応し，在留資格の決定を伴う許可を受けようとする外国人は，その者が本邦において行おうとする活動が，当該在留資格に対応する活動に該当していることが必要とされる。そして，本邦において就労活動を行う外国人を対象とする在留資格に対応する活動は，基本的に，何らかの専門的な知識や技術などを必要とする活動である。外国人は，高い専門的知識や技術を有していてもそれだけで在留資格を取得できるのではなく，本邦においてその専門的知識や技術を必要とする活動をする場合に，その活動がいずれかの在留資格に対応する活動に該当すれば，その在留資格を取得することができる。

ポイント制度も，基本的にこれを変更するものではなく，現行の受入れ要件を満たし，現行の受入れ範囲内の活動をする外国人，すなわち，ポイント制度がなくて入国し，在留することができる外国人について，ポイントが高い場合には，一定の優遇措置の対象とするという制度である。

高度人材告示による「特定活動」の在留資格とされていた時期（「高度専門職」の在留資格の新設以前）のポイント制度の基本的仕組みは，おおむね次のとおりである。

① 本邦に新規入国して高度人材外国人に係る「特定活動」の在留資格をもって在留しようとする外国人は，入管法別表第一の一の表又は二の表の在留資格（「外交」，「公用」及び「技能実習」を除く。）に係る在留資格認定証明書の交付を申請しなければならない。

② 当該在留資格認定証明書の交付が可能であり，かつ，当該外国人がポイン制度の適用を希望した場合において，当該外国人の申請に係る本邦において行おうとする活動が次のアからウまでのいずれかであり，かつ，高度人材告示第3条に定めるところにより計算して得られたポイントが70以上であるときは，当該外国人が本邦において当該申請に係る活動を行うため所属する本邦の公私の機関が特定された入管法別表第一の一の

表又は二の表の在留資格（「外交」,「公用」及び「技能実習」を除く。）に係る在留資格認定証明書（特定認定証明書）が交付される。[18]

ア　本邦の公私の機関との契約に基づいて研究，研究の指導又は教育をする活動

イ　本邦の公私の機関との契約に基づいて自然科学又は人文科学の分野に属する知識又は技術を要する業務に従事する活動

ウ　本邦の営利を目的とする法人又は法律上資格を有しなければ行うことができないこととされている法律若しくは会計に係る業務を行うための事務所（以下「法律・会計業務事務所」という。）の経営又は管理に従事する活動

③　特定認定証明書の交付を受けた外国人が当該在留資格認定証明書を所持して上陸の申請を行った場合において，上陸のための条件に適合するときは，当該外国人は一般上陸の許可を受けるが，当該許可に際して，高度人材外国人に係る「特定活動」の在留資格が決定され，優遇措置の対象となる。

優遇措置の内容は，複合的な在留活動の許容，最長「５年」の在留期間の付与，在留歴に関する永住許可要件の緩和，入国・在留手続の優先処理，配偶者の就労，親の帯同，高度人材に雇用される家事使用人の帯同である。[19]

3　高度専門職の在留資格

「高度専門職」の在留資格も，ポイント制度に基づくものであり，基本的には，高度人材告示に基づく「特定活動」の在留資格を踏襲している。高度人材告示に基づく「特定活動」の在留資格との主な相違点は次のとおりである。

①　高度人材告示に基づく「特定活動」の在留資格を基本的に踏襲した「高度専門職１号イ」「高度専門職１号ロ」及び「高度専門職１号ハ」の

18）高度人材告示の定めるところにより計算して得られたポイントが70に達しない場合は，そのまま，交付が可能とされた就労資格に係る在留資格認定証明書が交付されることとなる。
19）「平成24年版入管白書」62-63頁。

三つの在留資格に加えて「高度専門職２号」の在留資格を新設した。「高度専門職２号」は，就労資格に係る活動のほとんどを行うことができるほか，在留期間が無期限とされている。

② 高度人材告示に基づく高度経営・管理活動は，「本邦の営利を目的とする法人又は法律・会計業務事務所の経営又は管理に従事する活動」に限られていたが，高度専門職１号ハに係る活動としては，「法務大臣が指定する本邦の公私の機関において貿易その他の事業の経営を行い若しくは当該事業の管理に従事する活動」とされ，拡大された。

③ 本邦に新規入国しようとする外国人は，（他の在留資格ではなく，）「高度専門職」の在留資格に係る在留資格認定証明書の交付を申請し，当該在留資格認定証明書の交付を受けて上陸の申請を行うこととされている。

なお，「高度専門職」の在留資格の新設に伴い，高度人材外国人は高度人材告示に基づき「特定活動」の在留資格により入国することはなくなったが，「高度専門職」の在留資格の新設の前に「特定活動」の在留資格により入国・在留している外国人の一定の範囲の家族等は引き続き高度人材告示の対象となる。

（対象となる者）

高度専門職の在留資格に対応する活動は，次の①～④の四つである。

① 高度学術研究活動（「高度専門職」に対応する別表下欄の１号イに定められている活動をいう。以下同じ。）

② 高度専門・技術活動（「高度専門職」に対応する別表下欄の１号ロに定められている活動をいう。以下同じ。）

③ 高度経営・管理活動（「高度専門職」に対応する別表下欄の１号ハに定められている活動をいう。以下同じ。）

④ 「高度専門職２号」

「高度専門職２号」に対応する活動にはイからニまでの区分があるが，当該区分ごとに別の在留資格とはされていない。イからニまでが全て「高度専門職２号」の在留資格に対応する活動となる。ただし，所属機関等に関する届出（19条の16）においては，この区分が意味を有する。

(優遇措置)

「高度専門職」の在留資格全体に係る共通の優遇措置は次のとおりである。[20]

「高度専門職」の在留資格をもって在留する外国人は高度の専門的な能力を有し，わが国の学術研究や経済の発展に寄与することが見込まれるものであることから，その受入れをよりいっそう促進するために優遇措置が実施されている。

① 永住許可要件の緩和

入管法第22条第２項の「その者の永住が日本国の利益に合する」ことに係るものとしての本邦における在留歴に関する要件について特例がある（詳細は，永住者①（永住許可の要件の特例）の解説参照）。

② 関係者に係る優遇措置

a 配偶者の就労[21]

b 家事使用人の帯同[22]

c 親の帯同[23]

ただし，いずれについてもそれぞれ要件が定められており，当該要件を満たすことが必要である（詳細は，特定活動の２の解説参照）。

③ 入国・在留申請に係る優先処理に係る優遇措置

次に，高度専門職１号に係る優遇措置は次のとおりである。

① 在留期間「５年」の決定

② 複合的な在留活動の許容（複数の在留資格にまたがる複合的な在留活動が認められる。）

次に，高度専門職２号に係る優遇措置は次のとおりである。

① 高度専門職１号の活動と併せてほぼ全ての就労資格に対応する活動を行うことができる

② 在留期間が無期限となる

---

20)「2020年版入管白書」85-86頁。

21) 在留資格「教育」,「技術・人文知識・国際業務」等に該当する活動の場合には，学歴又は職歴に関する一定の要件を満たさずとも高度外国人材の配偶者としての在留資格で就労可能。

22) 13歳未満の子又は病気等により日常の家事に従事することができない配偶者を有する場合等。

23) ７歳未満の子を有する場合又は高度人材若しくはその配偶者が妊娠中の場合。

（活動の内容―高度専門職1号）

「高度専門職1号イ」，「高度専門職1号ロ」及び「高度専門職1号ハ」の在留資格は，高度の専門的な能力を有する人材として法務省令で定める基準（以下「高度専門職基準」という。）に適合する者が行う次のいずれかに該当する活動であって，わが国の学術研究又は経済の発展に寄与することが見込まれるものをいう。

① 高度学術研究活動

② 高度専門・技術活動

③ 高度経営・管理活動

高度専門職基準は，出入国管理及び難民認定法別表第一の二の表の高度専門職の項の下欄の基準を定める省令（平成26年法務省令第37号。以下「高度専門職省令」という。）第1条第1項の各号に規定されている。

①，②及び③のそれぞれごとに相違する（①の活動を行う外国人の場合は，同項第1号，②の活動を行う外国人の場合は，同項第2号，③の活動を行う外国人の場合は，同項第3号に該当することが必要とされている。）が，学歴，職歴，年収，年齢，研究実績，資格，地位等を加味してポイントを算出し，当該ポイントの数値が一定値以上であることが要件として定められている。

基準に適合するためには，「高度専門職1号」の在留資格の決定を伴う入国・在留に係る許可[24]の時点において同項各号に該当しなければならない（高度専門職省令1条1項）。ただし，これらの許可に係る申請等の時点においてこの基準に適合する場合は，許可の時点において基準に適合するものとみなされる（同条2項）。

「高度専門職（1号）」の各在留資格に対応する活動は，優遇措置として複合的活動とされており，それを行うことが在留資格の決定を受けるために必

24）高度専門職省令第1条第1項は，「高度専門職1号」の在留資格の決定を伴う行政処分として，入管法第3章第1節若しくは第2節の規定による上陸許可の証印若しくは許可（在留資格の決定を伴うものに限る。），入管法第4章第2節の規定による許可又は入管法第50条第1項若しくは第61条の2の2第2項の規定による許可を列挙し，これらを「第1号許可等」というものとしているが，上陸許可の証印は，上陸許可を前提とするので，本書では，「許可」と表現することとした。

要な「主たる活動」と主たる活動を行うことと併せて行うことが可能な「併せて行う活動」とによって構成されている。

次に，「高度専門職１号イ」，「高度専門職１号ロ」及び「高度専門職１号ハ」のそれぞれに対応する活動の内容は次のとおりである。

a 「高度専門職１号イ」に対応する高度学術研究活動

(a) 主たる活動

法務大臣が指定する本邦の公私の機関との契約に基づいて行う研究，研究の指導又は教育をする活動

「教授」，「研究」，「教育」それぞれの在留資格に対応する活動を統合したものに相当する。

研究や研究の指導をする活動のほか教育をする活動も該当する。例えば，大学等において基礎研究や最先端技術の開発を行う研究者の行う活動である。

「本邦の公私の機関」については，第１章総論のⅣを，また，「契約に基づいて」については，第１章総論のⅤを，それぞれ参照。

(b) 主たる活動と併せて行う活動

(a)の主たる活動と併せて当該活動と関連する事業を自ら経営し又は主たる活動に係る法務大臣が指定する本邦の公私の機関以外の本邦の公私の機関との契約に基づいて研究，研究の指導若しくは教育をする活動

前半は，例えば，主たる活動である研究の成果を生かしてベンチャー企業を経営する活動である。後半は，主たる活動を行う司法機関とは別の機関とも契約して，複数の機関との契約に基づいて研究，研究の指導又は教育をする活動である。

なお，(a)の主たる活動は所属機関等に関する届出の対象になるが，(b)の併せて行う活動は所属機関等に関する届出の対象にならない（入管法19条の16第２号）。

b 高度専門・技術活動（高度専門職１号ロ）

(a) 主たる活動

法務大臣が指定する本邦の公私の機関との契約に基づいて自然科学又

は人文科学の分野に属する知識又は技術を要する業務に従事する活動

「技術・人文知識・国際業務」の在留資格に相当する。

科学的知識や技術を必要とする活動が該当する。例えば，企業において専門的な技術・知識等を生かして新たな製品や技術の開発を行う技術者や本国の企業との取引・提携等に関する助言を行う経営コンサルタントの行う活動である。

(b)　主たる活動と併せて行う活動

(a)の主たる活動と併せて当該活動と関連する事業を自ら経営する活動

例えば，主たる活動に係る自然科学又は人文科学の分野に属する知識又は技術を生かしてベンチャー企業を経営する活動である。

c　高度経営・管理活動（高度専門職１号ハ）

(a)　主たる活動

法務大臣が指定する本邦の公私の機関において貿易その他の事業の経営を行い又は当該事業の管理に従事する活動

「経営・管理」の在留資格に相当する。

事業の経営・管理に従事する活動であり，例えば，グローバルな事業展開を行う企業の経営者の行う活動である。

(b)　主たる活動と併せて行う活動

(a)の主たる活動と併せて当該活動と関連する事業を自ら経営する活動

例えば，主たる活動として指定された企業の役員として活動している者が，同種同業の他社の社外取締役を兼任したり，指定された企業以外に子会社を設立して経営する活動である。

「高度専門職１号」の各在留資格に対応する活動に該当する活動を本邦において行おうとする活動として上陸の申請をした場合における第７条第１項第２号の上陸のための条件（在留資格該当性及び基準適合性）に適合していることについては，在留資格認定証明書により立証しなければならない（入管法７条２項）。

主たる活動に係る本邦の公私の機関は指定書により法務大臣が個別に指定する（入管法施行規則７条２項，20条７項等）。指定された公私の機関を変更する場合は，在留資格変更許可を受ける必要がある（入管法20条１項）。

（活動の内容―高度専門職２号）

「高度専門職２号」の在留資格は，「高度専門職１号」の在留資格に係る活動を行った者であって，その在留がわが国の利益に資するものとして法務省令で定める基準に適合するものが行う次に掲げる活動である。

このうち，①②③が主たる活動である。実際に行う活動は，①，②又は③のいずれでも差し支えなく，また，①②③のうちの複数でも差し支えない。④は，併せて行う活動であり，①，②又は③のいずれかの活動を行っている限りにおいて④の活動を行うことが認められる。

① 本邦の公私の機関との契約に基づいて研究，研究の指導又は教育をする活動

② 本邦の公私の機関との契約に基づいて自然科学又は人文科学の分野に属する知識又は技術を要する業務に従事する活動

③ 本邦の公私の機関において貿易その他の事業の経営を行い又は当該事業の管理に従事する活動

④ ①から③までのいずれかの活動と併せて行う「教授」，「芸術」，「宗教」，「報道」，「法律・会計業務」，「医療」，「教育」，「技術・人文知識・国際業務」，「介護」，「興行」，「技能」，特定技能２号の在留資格に対応する活動

「高度専門職２号」に係る高度専門職基準は，高度専門職省令第２条第１項に規定されており，同項各号のいずれにも該当することが要件として定められている。その概要は，次のいずれにも該当することである。

a 「高度専門職１号」の在留資格と同様の観点からポイントを算出し，当該ポイントの数値が一定値以上であること。

b 「高度専門職１号」の在留資格をもって本邦に３年以上在留して当該活動を行っていたこと。

c 素行が善良であること。

d 当該外国人の在留が日本国の利益に合すると認められること。

なお，「素行が善良であること」とは，法律を遵守し日常生活においても

住民として社会的に非難されることのない生活を営んでいることを意味する。

なお，この場合も，同項各号に該当しなければならない時点は高度専門職2号の在留資格への在留資格の変更許可等を受ける時点である（高度専門職省令2条1項）。ただし，当該許可に係る申請の時点においてこの基準に適合する場合，許可の時点において基準に適合するものとみなされる（同条2項）。

「高度専門職2号」に対応する活動を本邦において行おうとする活動として一般上陸許可の申請を行っても，上陸のための条件に適合しない（入管法7条1項2号）。上陸特別許可に際しては，「高度専門職2号」の在留資格を決定することができる。[25)]

高度専門職2号の在留資格への在留資格の変更許可は「高度専門職1号」のいずれかの在留資格をもって在留していた者でなければ受けることができない（入管法20条の2第1項）。過去に「高度専門職1号」の在留資格をもって在留していた者であれば足り，在留資格変更許可申請の時点では，「高度専門職1号」以外の在留資格（「永住者」の在留資格を含む。）により在留していても差し支えない。

「高度専門職1号」の在留資格と異なり，活動を行う本邦の公私の機関は指定されない。ただし，所属機関を移籍したり，所属機関の名称等に変更が生じた場合，所属機関等に関する届出を行わなければならない（入管法19条の16第1号，2号）。所属機関が複数ある場合にあっても，その全ての所属機関について変更等の届出をしなければならない。

（在留期間）

「高度専門職」の在留資格に伴う在留期間はそれぞれ次のとおりである（入管法施行規則3条及び同規則別表第2）。

「高度専門職1号」　5年

「高度専門職2号」　無期限

25）高度専門職省令第2条第1項は，「高度専門職2号」の在留資格の決定を伴う許可として，入管法第4章第2節の規定による許可とともに入管法第12条第1項の規定による許可をあげている。

4　高度専門職１号の基準

申請人が出入国管理及び難民認定法別表第一の二の表の高度専門職の項の下欄の基準を定める省令（平成26年法務省令第37号）第一条第一項に掲げる基準に適合することのほか，次の各号のいずれにも該当すること。

一　次のいずれかに該当すること。

イ　本邦において行おうとする活動が法別表第一の一の表の教授の項から報道の項までの下欄に掲げる活動のいずれかに該当すること。

ロ　本邦において行おうとする活動が法別表第一の二の表の経営・管理の項から技能の項までの下欄に掲げる活動のいずれかに該当し，かつ，この表の当該活動の項の下欄に掲げる基準に適合すること。

二　本邦において行おうとする活動が我が国の産業及び国民生活に与える影響等の観点から相当でないと認める場合でないこと。

「高度専門職２号」については，これに該当しても，上陸のための条件に適合しないこととされている（「高度専門職２号」は上陸のための条件に適合するものとして上陸許可を受けることができない在留資格である）ことから，上陸許可基準は，「高度専門職１号」の在留資格についてのみ規定されている。

（柱　書）

高度専門職省令第１条に掲げる要件に適合することを要件として定めている。

（第１号）

本号は，活動内容に係る要件であり，活動内容が次のいずれかに該当することを要件としている。

① 本邦において行おうとする活動が「教授」，「芸術」，「宗教」又は「報道」の在留資格に係る活動のいずれかに該当すること。

② 本邦において行おうとする活動が「経営・管理」，「法律・会計業務」，「医療」，「研究」，「教育」，「技術・人文知識・国際業務」，「企業内転勤」，「介護」，「興行」又は「技能」の在留資格に係る活動のいずれかに該当し，かつ，当該在留資格に係る上陸許可基準に適合すること。

(第2号)

本号は，本邦において行おうとする活動が我が国の産業及び国民生活に与える影響等の観点から相当でないと認める場合でないことを要件としている。

5　高度専門職2号の基準 (変更許可基準)

高度専門職2号への在留資格変更許可については変更許可基準に適合することが要件となっている (入管法20条の2第2項)。

具体的な変更許可基準としては，同条の申請を行った者が高度専門職省令第2条第1項に掲げる基準に適合することのほか，その者が本邦において行おうとする活動が我が国の産業及び国民生活に与える影響等の観点から相当でないと認める場合でないことが定められている (変更基準省令)。

経営・管理

本邦において貿易その他の事業の経営を行い又は当該事業の管理に従事する活動 (この表の法律・会計業務の項の下欄に掲げる資格を有しなければ法律上行うことができないこととされている事業の経営若しくは管理に従事する活動を除く。)

1　改正の経緯

「経営・管理」の在留資格は，平成元年法律第79号による改正により「投資・経営」の在留資格として新設された。その後，平成26年法律第74号による改正により，「経営・管理」の在留資格に改正された。

(投資・経営の在留資格)

新設当初の「投資・経営」の在留資格に対応する活動は次のとおり規定されていた。

「本邦において貿易その他の事業の経営を開始し若しくは本邦におけるこれらの事業に投資してその経営を行い若しくはその管理に従事し又は本邦においてこれらの事業の経営を開始した外国人 (外国法人を含む。以下この項において同じ。) 若しくは本邦におけるこれらの事業に投資している外国人に代わつてその経営を行い若しくは当該事業の管理に従事する活動（この表の法律・会計業務の項の下欄に掲げる資格を有しなければ法律上行うことができないこととされている事業の経営若しくは管理に従事する活動を除く。）」

平成元年法律第79号による改正前の入管法は，第４条第１項第５号で「本邦で貿易に従事し，又は事業若しくは投資の活動を行おうとする者」を定めていた。したがって，同改正前には，このような者に該当する者としての活動を行うことができる在留資格（「４－１－５」の在留資格と呼ばれていた。）が存在していた。同改正前の在留資格については，入管関係法大全第１部の第２条の２及び第４条の解説を参照。

「投資・経営」の在留資格は，平成元年法律第79号で，この「４－１－５」の在留資格をもとに，日本国とアメリカ合衆国との間の友好通商航海条約（昭和28年条約第27号）第１条１の規定を考慮して定められたものであり，[26] 外国人又は外国法人が，日本に相当額の投資をして事業を起こし又は日本における既存の事業に相当額の投資をした場合に，これらの事業の維持，発展のために，当該外国人自身がその事業の経営・管理に従事し若しくは当該外国人が自らに代わって他の外国人にその事業の経営・管理に従事させ又は当該外国法人がその職員を派遣するなどして当該外国法人の意思に基づいてその事業の経営・管理に従事させる場合を想定して設けられていた。

もちろん，「投資・経営」の在留資格の対象となる外国人は，同条約の規定の適用を受ける国の国民に限られないし，「投資・経営」の在留資格に対応する別表下欄に定められている活動は，同条約の規定をそのまま法文化したものでもないが，上記のような趣旨から，「投資・経営」の在留資格の対象となる外国人は，日本において事業の経営又は管理に従事する外国人のうち，日本における事業に相当額の投資を行っている外国人で自ら当該事業の

26）日本国とアメリカ合衆国との間の友好通商航海条約第１条１は，「いずれの一方の締約国の国民も，(a)両締約国の領域の間における貿易を営み，若しくはこれに関連する商業活動を行う目的をもって，(b)当該国民が相当な額の資本を投下した企業若しくは当該国民が現に相当な額の資本を投下する過程にある企業を発展させ，若しくはその企業の運営を指揮する目的をもって，又は(c)外国人の入国及び在留に関する法令の認めるその他の目的をもって，他方の締約国の領域に入り，及びその領域に在留することを許される。」と規定している。

経営若しくは管理に従事する者又は日本における事業に相当額の投資を行っている外国人若しくは外国法人に代わってその事業の経営若しくは管理に従事する者に限られていた。このように，「投資・経営」の在留資格は，いわゆる外資系企業を対象とするものであり，本邦において企業等の経営又は管理に従事する者一般を対象とする在留資格ではなかった。

このため，「投資・経営」の在留資格の対象とならない企業等の経営者・管理者が本邦に在留するためには，当時の「技術」，「人文知識・国際業務」，「企業内転勤」等の在留資格を取得する必要があった。[27] ただし，例えば，「技術」，「人文知識・国際業務」及び「企業内転勤」の在留資格の場合，これらの在留資格を取得するためには，自然科学若しくは人文科学の分野に属する技術若しくは知識又は外国の文化に基盤を有する思考若しくは感受性を有し，かつ，本邦の公私の機関との契約に基づいてこのような技術若しくは知識又はこのような思考若しくは感受性を必要とする業務に従事することが要件となるとともに，それぞれの在留資格に係る基準にも適合することが求められる。「投資・経営」の在留資格を取得するためには，このようなことは要件とされておらず，逆にいえば，このような要件に適合しない場合でも，本邦における事業に相当額の投資を行っている外国人又は外国法人が，当該事業の経営，管理に従事することを可能とするのが，この「投資・経営」の在留資格であった。

2　経営・管理の在留資格

このようなことから，平成26年法律第74号による改正により，「投資・経営」の在留資格が「経営・管理」の在留資格に改正され，外国人又は外国法人による「相当額の投資」に係る要件がなくなり，本邦において事業の経営

27) この点について，法務省入国管理局政策課「外国人社員」（国際人流92年５月号54頁以下）には，「事業の経営又は管理の業務が本邦の公私の機関との契約に基づいて行われるものであって，経営学や会計学等人文科学の分野に属する知識を必要とする業務である場合又は外国の文化に基盤を有する思考若しくは感受性を必要とする業務である場合には，「人文知識・国際業務」又は「企業内転勤」の在留資格により，また，その事業の経営又は管理の業務が本邦の公私の機関との契約に基づいて行われるものであって，自然科学の分野に属する知識又は技術を必要とする業務である場合には，「技術」又は「企業内転勤」の在留資格により受け入れられる可能性があります。」（56頁）と記載されている。

又は管理を行う活動は全て「経営・管理」の在留資格に係る活動に該当することとなった。すなわち，いわゆる経営又は管理を行う企業等が外資系企業である必要がなくなった。[28] 経営の前提として投資を行うことはあるが，改正前と異なり，投資が絶対的な要件ではなくなったのである。もっとも，相当額の投資を行っていることは経営を行う活動を行うと認めるに当たっての重要な考慮要素とはなる。

（活動の内容）

貿易その他の事業

「貿易」は例示であり，事業の種類に限定はない。ただし，適正に行われるもので，かつ，安定性及び継続性の認められるものでなければならない。「外国人経営者の在留資格基準の明確化について」（平成17年8月。令和2年8月改訂）において，「事業の運営を適正に行うこと」として，各種公的義務（租税関係法令，労働関係法令，社会保険関係法令）に係る事業者としての義務を履行していることを，その要素の一つとしている旨が公表されている。「事業の継続性」については後述。

事業の経営を行い又は当該事業の管理に従事する活動

事業の経営を行うとは，その事業を運営することを意味し，その事業を営む企業等において当該事業の運営や業務執行等に係る重要な事項について意思決定を行い又はそれに参画する立場にある者としての活動が事業の経営を行う活動に該当する。例えば，会社の場合，取締役等の役員としての活動が経営を行う活動に該当する。また，事業の管理に従事する活動には，その事業を営む企業等において組織を指揮，監督する立場にある者としての活動が該当し，例えば，部長，工場長，支店長等の管理者としての活動が該当する。[29]

28）「平成26年版入管白書」には，「企業の経営・管理活動に従事する外国人の受入れを促進するため，現在外資系企業における経営・管理活動に限られている在留資格「投資・経営」に，日系企業における経営・管理活動を追加し，併せて名称を「経営・管理」に変更することとした。」（106頁）と記載されている。

29）「投資・経営」の在留資格に係るものではあるが，法務省入国管理局政策課「「投資・経営」の在留資格とその基準について」（国際人流92年9月号12頁以下）には，次のように記載されている。「「投資・経営」の在留資格に該当する活動は，事業の経営又は管理に実質的に参画するものをいいます。すなわち，事業の運営に関する重要事項の決定，事業の執行若しくは監査の業務に従事する役員（具体的には，社長，取締役，監査役等）又は部に相当するもの以上の内部経営を行うことと管理に従事することとは，「又は」で結ばれている。したがって，そのいずれか一方のみに従事することもできるし，経営を行う活動と管理に従事する活動の双方を行うことも可能である。例えば，外国人がその会社の経営者としての地位に就いて事業の経営を行うとともに，取締役兼部長として事業の管理にも従事することが可能である。

また，「経営・管理」の在留資格をもって在留する者は，事業の経営や管理に従事する活動を行うとともに，当該経営や管理の一環として行うものであれば，当該事業を営む企業等の一般業務に従事する活動も行うことができると解されている。[30)]

外国人が，本邦の複数の企業等の経営を行い又は管理に従事する活動に従事するということも考えられる。このような複数の事業の経営を行い又は管理に従事する活動も「経営・管理」の在留資格に該当することは当然であるが，この場合，それぞれの企業等から受ける報酬額が少ないということもあり得る。

「経営・管理」の在留資格をもって本邦に在留しようとする外国人が，「経営・管理」の在留資格の決定を受けるためには，「経営・管理」の在留資格に対応する活動を行うことにより得られる収入によって，日本国内で安定した生活を営むことができることが必要である。ただ，上記の例のように，複数の本邦の企業等の経営者の地位を兼ねているような場合には，一つの企業等の経営者としての活動によって得られる収入のみによって判断されるべきではなく，それらの複数の企業等の経営者としての活動全体から得られる収入によって判断されるべきである。

他方，複数の外国人が共同で事業の経営を行う場合については，「在留資

組織の管理的業務に従事する職員（具体的には，部長，工場長，支店長等）としての活動が該当します。専門的知識をもって経営又は管理に従事する者（企業に雇用される弁護士や公認会計士等も含みます）の活動も「投資・経営」の在留資格に該当します。」（12頁）

30）前出「「投資・経営」の在留資格とその基準について」には，次のように記載されている。「経営又は管理に従事する者が，純粋な経営又は管理に当たる活動のほかに，その一環として行う現業に従事する活動は，「投資・経営」の在留資格に含まれます。例えば，病院を経営する医師が実際に診療を行う場合，建築事務所を経営する建築士が実際に設計を行う場合は，それらの活動はいずれも「投資・経営」の在留資格に含まれます。」（14頁）

格「経営・管理」の基準の明確化（２名以上の外国人が共同で事業を経営する場合の取扱い）」（平成24年３月，平成27年３月改訂）の「１　基本的な考え方」において，次のようなことが公表されている。

複数の外国人が事業の経営を行うという場合，それぞれの者の活動が「経営・管理」の在留資格に該当するといえるためには，当該事業の規模，業務量，売上等の状況を勘案し，事業の経営を複数の者が行う合理的な理由があるものと認められる必要がある。

実際には，従事することとなる具体的な業務の内容，役員として支払われることとされる報酬額等を勘案し，これらの者の行う活動が事業の経営に当たるものであるか否かを判断することとなる。

具体的には，次のこと等が満たされている場合には，それぞれの者について，「経営・管理」の在留資格に該当するとの判断が可能といえる。

① 事業の規模や業務量等の状況を勘案して，それぞれの者が事業の経営を行うことについて合理的な理由が認められること。

② 事業の経営に係る業務について，それぞれの者ごとに従事することとなる業務の内容が明確になっていること。

③ それぞれの者が経営に係る業務の対価として相当の報酬額の支払いを受けることとなっていること。

（事業の継続性）

「経営・管理」の在留資格の場合，その外国人が経営又は管理に従事する事業について継続性があることが必要である。[31)] もっとも，他の在留資格の場合も，当該在留資格に対応する活動が特定の機関との契約に基づいて行うことが要件とされているときは，その機関が継続的に存在し，また活動すると

31）この点については，「市場開放問題についての対応」（平成17年３月24日市場開放問題苦情処理対策本部）の４において，「「投資・経営」活動を行う上で当該事業の継続性が必要とされることについて，その具体的事例等を解説し，公表する。」と記載されていて，事業の継続性が必要であることが前提とされている。また，前出「改正入管法の解説―新しい出入国管理制度―」にも，「ただし，外国人が「投資・経営」の在留資格の決定を受けて本邦に上陸するためには，…実際に事業の経営を行い又は管理に従事する活動を行うことにより本邦に継続して在留できるものでなければならない。それ故，外国人が経営又は管理に従事する事業が安定的，かつ，継続的に営まれるものと客観的に認められることが必要である。」（56頁）と記載されている。

見込まれることが必要である。外国人が在留資格の決定を受けるためには，当該在留資格と同時に決定される在留期間中継続してそれぞれの在留資格に対応する活動を行うことができることが必要であるからである。

しかし，「経営・管理」の在留資格の場合は，外国人自身がその事業の経営を行い又は管理に従事することから，特にその事業の継続性が重要視されることとなる。

その外国人が経営を行い又は管理に従事する事業を営む会社等が「赤字」である場合に，その事業の継続性があるといえるかが問題となる。

この点については，その会社等が直近の決算で赤字であるというだけで，事業の継続性が認められないということにはならないが，長期にわたって赤字経営が続いている等の事情がある場合，事業の継続性が確実とはいえないと判断される場合もあり得るとされている。[32)]

（括弧書の規定）

「法律・会計業務」の在留資格に対応する活動は，法律上資格を有する者が行うこととされている法律又は会計に係る業務に従事する活動であるが，「経営・管理」の在留資格に対応する入管法別表の下欄の末尾の括弧書の規定は，このような資格を有しなければ法律上行うことができないこととされている事業の経営又は管理に従事する活動は，「経営・管理」の在留資格に対応する活動から除外することとするものである。なお，事業の経営又は管理に従事する活動をこのような資格を有する者が行う場合であっても，当該活動が当該資格を有しなければ行うことができないこととされているものでないときは，当該活動は，「経営・管理」の在留資格に該当し得ることとな

---

32)　この点について，「平成18年版入管白書」には，「平成17年８月に策定・公表した「外国人経営者の在留資格基準の明確化について」の中で，…事業の継続性については，単年度の決算状況を重視するのではなく，直近二期の決算状況によるとする判断基準を示した。」（115-116頁）と記載されており，出入国在留管理庁「外国人経営者の在留資格基準の明確化について」（平成17年８月策定（令和２年８月改定））の２においては，「事業活動においては様々な要因で赤字決算となり得るところ，当該事業の継続性については，今後の事業活動が確実に行われることが見込まれることが必要です。他方で，単年度の決算状況を重視するのではなく，貸借状況等も含めて総合的に判断することが必要であることから，直近二期の決算状況により次のとおり取り扱うこととします。」とした上で，直近期又は直近期前期において売上総利益がある場合と直近期及び直近期前期において共に売上総利益がない場合について記載されている。

る。[33]

(在留期間)

「経営・管理」に係る在留期間は，５年，３年，１年，６月，４月又は３月である（入管法施行規則３条及び同規則別表第二)。

５年，３年，１年及び３月は他の就労資格と同様である。

在留期間「４月」は，平成26年法務省令第34号による入管法施行規則の改正より新設されたものであり，起業活動のために短期間本邦に在留する外国人経営者・管理者が在留期間「３月」を決定された場合，中長期在留者に当たらず，外国人住民に当たらないほか，在留カードの交付対象者に当たらないことから，本邦における起業活動（登記手続等）に支障が生じていたことを考慮し，３月を超える在留期間として設けられたものである。

また，在留期間「６月」は，令和２年法務省令第26号による入管法施行規則の改正により新設されたものであり，国家戦略特別区域外国人創業活動促進事業に係るものである。詳細については上陸基準の国家戦略特別区域外国人創業活動促進事業の特例に係る解説参照。

３　経営・管理の基準

申請人が次のいずれにも該当していること。

一　申請に係る事業を営むための事業所が本邦に存在すること。ただし，当該事業が開始されていない場合にあっては，当該事業を営むための事業所として使用する施設が本邦に確保されていること。

二　申請に係る事業の規模が次のいずれかに該当していること。

イ　その経営又は管理に従事する者以外に本邦に居住する二人以上の常勤の職員（法別表第一の上欄の在留資格をもって在留する者を除く。）が従事して営まれるものであること。

33）前出「「投資・経営」の在留資格とその基準について」には，「法律上又は会計上の知識を用いて行う活動のうち，法律上の資格を有しないでも従事することができるスタッフ的な立場からの事業の経営又は管理に従事する活動」は，「投資・経営」の在留資格に該当し得る旨記載されている（12頁)。

ロ　資本金の額又は出資の総額が五百万円以上であること。

ハ　イ又はロに準ずる規模であると認められるものであること。

三　申請人が事業の管理に従事しようとする場合は，事業の経営又は管理について三年以上の経験（大学院において経営又は管理に係る科目を専攻した期間を含む。）を有し，かつ，日本人が従事する場合に受ける報酬と同等額以上の報酬を受けること。

（柱書の規定及び各号の適用される場合）

「申請人」は，入管法第６条第２項の上陸の申請をした者を意味する。上陸に係る基準は，第７条第１項第２号の規定に基づき，上陸のための条件の一つとして定められていることによる。

第１号及び第２号は全ての場合に適用される基準である。これに対し，第３号は，事業の管理に従事しようとする場合の基準である。

（第１号）

本号は，事業所に関する基準であり，申請に係る事業を営むための事業所が本邦に存在することを要件として定めている。

ただし，当該事業が開始されていない場合にあっては，事業の経営はこれから開始されることから，事業所の存在ではなく，事業所として使用するための施設の確保を要件として定めている。

これ以外の場合は，申請人が経営を行い又は管理に従事する事業が既に本邦において営まれていることが前提とされていることから，事業所として使用する施設の確保ではなく，事業所が存在することが要件として定められている。[34)] したがって，この場合は，事業所として使用する施設が確保され，か

34）前出「外国人経営者の在留資格基準の明確化について」は，その記の１の「事業所の確保について」において「総務省が定める日本標準産業分類一般原則第二項において，事業所については次のように定義されています。

○　経済活動が単一の経営主体のもとにおいて一定の場所すなわち一区画を占めて行われていること。

○　財貨及びサービスの生産又は提供が，人及び設備を有して，継続的に行われていること。

以上の二点を満たしている場合には，基準省令の「事務所の確保（存在）」に適合しているものと認められる」と記載している。

つ，その施設が，現に，申請人が経営を行い又は管理に従事する事業を営むための「事業所」として使用されていなければならない。

「事業所」として使用されている施設は，所有していることまでは必要とされない。ただし，前述したように，事業に継続性があることが必要とされていることから，当該施設は，事業所として継続的に使用可能なものであることが必要である。[35)]

この点に関連して，住居として賃借した施設の一部を事業所として利用する場合が問題となる。

住居として使用するとして賃借した施設を事業所として利用することや住居の一部を事業所として使用すること自体は否定されるものではないが，賃借している住居の場合には貸主が事業所としての使用を了承していることが必要であるとともに，経営者等の住居の一部を事業所として使用する場合には，最低限，事業所として使用される部分と住居として使用される部分とが明確に区分されていること及び事業所としての使用に係る経費と住居として

---

35)「平成18年版入管白書」には，「平成17年８月に策定・公表した「外国人経営者の在留資格基準の明確化について」の中で，事業所の確保については，短期間賃貸スペース等を利用したり，容易に処分可能な屋台等を利用したりする場合は，要件に適合するとは認められないこと，事業所が賃貸物件である場合には，使用目的が事業用，店舗，事務所等事業目的であることを明らかにすること等の賃貸契約における留意点を公表した。」(115-116頁）と記載されており，前出「外国人経営者の在留資格基準の明確化について」の記の１には，「「経営・管理」の在留資格に係る活動については，事業が継続的に運営されることが求められることから，月単位の短期間賃貸スペース等を利用したり，容易に処分可能な屋台等を利用したりする場合には，基準省令の要件に適合しているとは認められません。事業所については，賃貸物件が一般的であるところ，当該物件に係る賃貸借契約においてその使用目的を事業用，店舗，事務所等事業目的であることを明らかにし，賃貸借契約者についても当該法人等の名義とし，当該法人等による使用であることを明確にすることが必要です。」と記載されている。

ただし，インキュベーターが支援している場合については例外とされている。この点について，前出「平成17年版入管白書」には，次のように記載されている。「「投資・経営」の在留資格に係る基準省令において，申請人が本邦において貿易その他の事業の経営を開始しようとする場合は，当該事業を営むための事業所として使用する施設が本邦に確保されていることを要件として定めているが，この基準に関し，インキュベーター（経営アドバイス，企業運営に必要なビジネスサービス等への橋渡しを行う団体，組織）が支援している場合で，申請人から当該事業所に係る使用承諾書等の提出があったときは，日本貿易振興会（JETRO），対日投資ビジネスサポートセンター（ISBC），その他インキュベーションオフィス等の一時的な住所又は事業所であって，起業支援を目的に一時的に事業用オフィスとして貸与されているものの確保をもって，「事業を営むための事業所として使用する施設が本邦に確保されていること」との要件に適合することとし，平成16年７月から当該取扱いを実施した。」(128頁）

の使用に係る経費とが明確に区分されていること等が必要と解される。[36)]

専用の施設を有することなく，経営者等の住居として使用されている施設を使用し，住居と事業所とを明確に区分することなく，専らインターネットを使って取引をする等の形態で事業活動が行われる場合があるが，このような形態での事業の経営や管理は，「経営・管理」の在留資格に係る基準には適合しないものと解される。

また，事業所は単に事実として存在するだけではなく，事業所を設けた場合に法律上必要とされる手続等が履行されていることも必要であると解される。

(第2号)

本号は，事業の規模に係る要件を定めており，申請に係る事業の規模が次の①，②又は③のいずれかに該当していることを要件としている。

① その経営又は管理に従事する者以外に本邦に居住する２人以上の常勤の職員（入管法別表第一の在留資格（活動資格）をもって在留する者を除く。）が従事して営まれるものであること。

これは，当該事業が，

a　当該事業の経営又は管理に従事する者ではないこと。

b　本邦に居住する者であること。

c　入管法別表第一の在留資格をもって在留する外国人ではないこと。

のいずれの要件にも適合する常勤の職員が２人以上当該事業に従事して営まれていることを意味する。

「常勤の職員」とは，所定の勤務時間中，常時勤務をする職員を意味する。常勤の職員に該当するか否かについて問題となるのが，派遣労働者，出向者や業務の請負が行われている場合における，請け負っている

36) 前出「外国人経営者の在留資格基準の明確化について」の記の１には，「住居として賃借している物件の一部を使用して事業が運営されるような場合には，住居目的以外での使用を貸主が認めていること（事業所として借主と当該法人の間で転貸借されることにつき，貸主が同意していること。），借主も当該法人が事業所として使用することを認めていること，当該法人が事業を行う設備等を備えた事業目的占有の部屋を有していること，当該物件に係る公共料金等の共用費用の支払いに関する取決めが明確になっていること及び看板類似の社会的標識を掲げていることを必要とします。」と記載されている。

機関の職員である。

このうち他の機関から派遣されている職員や業務の一部を請け負っている他の機関の職員は，ここにいう「職員」には当たらないものと解される。一方，出向者については，移籍出向者は，出向先である機関の「職員」にあたるが，在籍出向者は出向先の機関の「職員」には含まれないものと解される。

② 資本金の額又は出資の総額が500万円以上であること。[37)]

③ ①又は②に準ずる規模であると認められるものであること。[38)]

（第３号）

本号は，「申請人が本邦における貿易その他の事業の管理に従事しようとする場合」に適用される。事業の管理に従事する場合は，第１号及び第２号にも適合することが必要であるが，これに加えて，

① 事業の経営又は管理について３年以上の経験（大学院において経営又は管理に係る科目を専攻した期間を含む。）を有すること。

② 日本人が従事する場合に受ける報酬と同等額以上の報酬を受けること。

の二つの要件に適合することが必要とされる。

事業の管理に従事しようとする場合について，「事業の経営又は管理について３年以上の経験」を有することが要件として定められているのは，管理者としての勤務は，従業員としての勤務の性格を有することから，当該事業の事業所，規模等に係る要件に適合することに加え，一定の経験を有することが必要であるとするものである。

37）②の要件は「投資・経営」から「経営・管理」の在留資格への改正に伴う上陸基準省令の改正の際に始めて明文で規定されたものである。

38）「地方公共団体が起業支援を行う場合における在留資格「経営・管理」の取扱いについて」（平成30年１月法務省入国管理局）において，地方公共団体が実施する起業支援対象者として認定され，地方公共団体が所有又は指定するインキュベーション施設に入居する場合において，当該地方公共団体が事業所に係る経費（申請人の専有スペースの賃料のほか，共有スペースの利用料も含む。）を申請人に代わり負担していると認められるときは，その他に当該地方公共団体から受ける起業支援に係る経費（当該施設に駐在するコンサルタント等から起業に係る指導等を受ける場合におけるコンサルタント利用料等であって，地方公共団体が申請人に代わり負担していると認められる場合に限る。）を含め，地方公共団体が申請人に代わり負担していると認められる金額を最大で年間200万円まで考慮し，申請人が投下している金額と合わせて500万円以上となる場合は，この基準を満たすものとして取り扱う旨が公表されている。

経験は，事業の経営又は管理についてのものであることが必要であり，また，その期間が３年以上あることが必要である。この経験には，日本国内での経験，外国における経験のいずれもが含まれる。

「(大学院において経営又は管理に係る科目を専攻した期間を含む。)」の括弧書の規定は，上記の経験をした期間に，大学院において教育を受けた期間を算入することができることとしたものである。ただし，経営又は管理に係る科目を専攻した期間に限られる。

したがって，例えば，大学院で２年間経営学を専攻した者の場合は，事業の経営又は管理に係る実務経験は１年で足りることとなる。経営学修士等を想定した規定である。

「日本人が従事する場合に受ける報酬と同等額以上の報酬を受けること」については，第１章総論のⅦを参照。この要件は，事業の経営を行う活動に従事する場合については定められていない。事業の管理に従事する場合は，従業員としての勤務という性格を有することから，この要件に適合することが必要とされている。

(国家戦略特別区域外国人創業活動促進事業に係る特例)

平成27年法律法律第56号による国家戦略特別区域法（平成25年法律第107号）の改正により，国家戦略特別区域法第16条の６が新設され，同条第１項の国家戦略特別区域外国人創業活動促進事業に係る国家戦略特別区域において，外国人が「経営・管理」の在留資格に対応する活動を本邦において行おうとする活動として在留資格認定証明書の交付申請を行った場合は，基準省令に定める上陸基準に代えて，創業外国人上陸審査基準が適用される（同法第16条の６第１項）。[39)]

39）石破国務大臣は，平成27年４月24日の衆議院本会議における同改正に係る趣旨説明において，「我が国が取り組むべき重要な課題は，成長戦略の着実な実行を図り，その効果を全国に波及させていくことにあります。そのためには，二〇一五年度までを集中取り組み期間としております国家戦略特区を活用し，国，地方公共団体，民間が一体となり，スピード感を持って規制改革を実行していくことが必要です。これまで，国家戦略特別区域諮問会議等において，特区ごとに設置する区域会議や全国の地方公共団体，民間からの提案も踏まえ，国家戦略特別区域に係る新たな規制の特例措置等について検討を行うとともに，構造改革特別区域推進本部において，全国からの提案募集を行い，構造改革特別区域に係る新たな規制の特例措置について検討を行ってまいりました。今般，これらの検討結果に基づき，経済社会の構造改革をさらに推進するため，

そして，この国家戦略特別区域法第16条の6第1項の規定により交付された在留資格認定証明書を提出して一般上陸の申請を行った外国人については，入管法第7条第1項第2号の上陸のための条件の適用に関しても，上陸許可基準は創業外国人上陸審査基準とされる（同法同条第2項）。

国家戦略特別区域外国人創業促進事業とは，「国家戦略特別区域において，外国人が創業活動（貿易その他の事業の経営を開始し，その経営を行う活動をいう。……）を行うことを促進する事業をいう」（同法同条同項）。

また，創業外国人上陸審査基準は，「国家戦略特別区域における産業の国際競争力の強化及び国際的な経済活動の拠点の形成を図るために外国人による創業を促進することを旨とし，我が国の産業及び国民生活に与える影響その他の事情を勘案して政令で定める基準をいう。」（同法第16条の6第1項）とされ，国家戦略特別区域法施行令（平成26年政令第99号）により，次のとおり定められている（同令22条）。

一　本邦に上陸しようとする外国人が行おうとする創業活動が，次のいずれにも該当するものであることについて，国家戦略特別区域会議に係る関係地方公共団体であって，当該創業活動に係る国家戦略特別区域の全部又は一部を管轄するものの確認を受けていること。

イ　当該創業活動が当該国家戦略特別区域における産業の国際競争力の強化及び国際的な経済活動の拠点の形成を図る上で適切なものであること。

この法律案を提出する次第であります。」と述べるとともに，法律案の要点として，「出入国管理及び難民認定法の特例として，…創業人材について，一定の要件のもとで入国を促進することとしております。」と述べている（189回衆本20号2頁）。

また，「平成28年版入管白書」には，「国家戦略特別区域において外国人起業家の受入れを促進することにより，当該区域における産業の国際競争力の強化及び国際的な経済活動拠点の形成を図るため，国家戦略特別区域法及び構造改革特別区域法の一部を改正する法律（平成27年法律第56号）において，「国家戦略特別区域外国人創業活動促進事業」が特例措置として規定された。

本事業は，国家戦略特別区域会議が本事業を区域計画に定め，当該区域計画が内閣総理大臣の認定を受けたとき，国家戦略特別区域に係る地方公共団体が，在留資格「経営・管理」で入国しようとする外国人について創業事業計画の実現可能性を審査し，事業の安定性，継続性に係る一定の要件を満たしていることを確認した場合には，通常は上陸時に求められる在留資格「経営・管理」に係る要件を上陸後6月が経過するまでの間に満たせばよいこととし入国を認め，国家戦略特別区域内での創業活動を特例的に認めるものである。」（74頁）と記載されている。

ロ　当該創業活動に係る事業の計画が適正かつ確実なものであること。

ハ　当該創業活動に係る事業の規模が次のいずれかに該当すると見込まれるものであること。

(1)　その経営又は管理に従事する者以外に本邦に居住する２人以上の常勤の職員（入管法別表第１の上欄の在留資格をもって在留する者を除く。）が従事して営まれるものであること。

(2)　資本金の額又は出資の総額が500万円以上であること。

(3)　(1)又は(2)に掲げる規模に準ずるものであること。

ニ　当該創業活動に係る事業に係る事業所を当該外国人の上陸後６月以内に当該国家戦略特別区域内に有することとなる見込みがあること。

二　当該外国人の申請に係る創業活動に係る事業の全部又は一部が当該国家戦略特別区域において行われるものであること。

在留期間について前述したとおり，在留期間「６月」を決定することができる。

なお，国家戦略特別区域外国人創業活動促進事業に係る在留資格の変更，在留期間の更新のガイドライン（令和２年３月）が公表されている。

法律・会計業務

外国法事務弁護士，外国公認会計士その他法律上資格を有する者が行うこととされている法律又は会計に係る業務に従事する活動

1　法律・会計業務の在留資格

(対象となる者)

法律又は会計関係の資格を有し，当該資格を有することが法律上必要とされている業務に従事する外国人を対象とする在留資格である。

「外国法事務弁護士」及び「外国公認会計士」は，それぞれ，外国弁護士による法律事務の取扱いに関する特別措置法（昭和61年法律第66号）第２条第３号の外国法事務弁護士及び公認会計士法（昭和23年法律第103号）第16条の2

第１項の登録を受けた者であるが，外国法事務弁護士，外国公認会計士はいずれも例示である。

「法律上資格を有する者が行うこととされている業務」とは，法律上，その業務に従事するために一定の資格を有することが必要とされている業務を意味する。

なお，当然のことながら，これらの「資格」は，日本の法律に基づく資格を意味する。

（活動の内容）

「法律・会計業務」の在留資格に該当する活動は，上記のような資格を有する者でなければ，法律上，従事することが認められていない法律又は会計に係る業務に従事する活動である。

上記のような資格を有している者でも，従事する業務が，法律上，当該資格を有する者でなければ従事することができないこととされているものではない場合には，当該業務に従事する活動は，「法律・会計業務」の在留資格に該当しない。

例えば，弁護士の資格を有する者が，一般企業に雇用されて，当該資格を有する者でなくても従事することができるその企業の一般の事務に従事する場合は，仮に，法律的知識を活かして勤務する場合であっても，「法律・会計業務」の在留資格には該当しない。

このような場合，法律学の知識を要する業務に従事する活動として「技術・人文知識・国際業務」等の在留資格の対象となり，あるいは，「経営・管理」等の在留資格の対象となる場合もある。

なお，法律又は会計関係の資格を有する者が行うこととされている業務であるかどうかは，「法律・会計業務」の在留資格をもって在留し又は在留しようとする外国人の従事しようとする業務全体により判断されなければならない。

一定の法律又は会計に係る資格を有することにより「法律・会計業務」の在留資格を取得した者が，当該資格を有することが法律上必要とされる業務に従事する傍ら，又は当該資格を有することが法律上必要とされている業務に従事する活動の一環として，当該資格を有する者でなくても従事することができる活動を行うことは，その活動に従事することが主たるものでなければ差し支えない。

「法律・会計業務」の在留資格の場合も，当該在留資格の決定を受けるためには，その外国人が有する法律又は会計関係の資格を必要とする業務に従事することにより得られる収入で，本邦において安定した生活を営めることが必要である。

(在留期間)

「法律・会計業務」の在留資格に伴う在留期間は，５年，３年，１年又は３月である（入管法施行規則３条及び同規則別表第二）。

2　法律・会計業務の基準

申請人が弁護士，司法書士，土地家屋調査士，外国法事務弁護士，公認会計士，外国公認会計士，税理士，社会保険労務士，弁理士，海事代理士又は行政書士としての業務に従事すること。

「法律・会計業務」の在留資格に係る基準は，法律上資格を有する者が行うこととされている法律又は会計に係る業務のうち，列挙された業務（弁護士，司法書士，土地家屋調査士，外国法事務弁護士，公認会計士，外国公認会計士，税理士，社会保険労務士，弁理士，海事代理士又は行政書士としての業務）に従事することであり，したがって，これら以外の業務に従事する場合には基準に適合しない。

これらの業務のうち，いずれか一つの業務に従事する場合に限らず，複数の業務に従事するという場合も基準に適合する。

なお，上記の資格のうち，海事代理士は，平成７年法務省令第13号による基準省令の改正で追加された。[40)]

40）海事代理士が追加されたことについて，「平成10年版入管白書」には，次のように記載されている。「「法律・会計業務」に関し，平成７年１月１日に発効した「世界貿易機関を設立するマラケシュ協定（WTO協定）」の付属書として定められた「サービスの貿易に関する一般協定」

医　療

医師，歯科医師その他法律上資格を有する者が行うこととされている医療に係る業務に従事する活動

1　医療の在留資格

(対象となる者)

医療関係の資格を取得し，当該資格を有することが法律上必要とされている業務に従事する外国人を対象とする在留資格である。

「医師」及び「歯科医師」は，それぞれ，医師法（昭和23年法律第201号）の規定する厚生労働大臣の免許を受けた医師及び歯科医師法（昭和23年法律第202号）の規定する厚生労働大臣の免許を受けた歯科医師である。なお，医師，歯科医師ともに例示である。

「法律上資格を有する者が行うこととされている医療に係る業務」とは，その業務に従事するために，医師，歯科医師，薬剤師等の資格を有することが法律上必要とされている医療に係る業務を意味する。

これらの資格は，当然のことながら，日本の法律に基づく資格を意味する。

(活動の内容)

「医療」の在留資格に該当する活動は，上記の資格を有する者でなければ，法律上，従事することが認められていない医療に係る業務に従事する活動である。

上記の資格を有していても，従事する業務が，法律上，当該資格を有しない者でも行うことが可能な業務であるときは，当該業務に従事する活動は，「医療」の在留資格に該当しない。このような例としては，診療等の医療行為をすることなく，病院長として，専ら，その病院の経営に従事するような

に基づき我が国が提示した約束表に「海事代理士」が掲載されており，我が国が海事代理士としての業務に従事しようとする外国人の受入れを決めたことから，同年３月には基準省令を改正し，「法律・会計業務」の在留資格に係る基準に海事代理士が追加されることとなった。」（106頁）

場合が考えられる。このような活動は,「経営・管理」や「技術・人文知識・国際業務」等の在留資格に該当する場合がある。

なお,「医療」の在留資格に対応する活動は,特定の一つの病院や診療所で行うものであっても,複数の病院や診療所で行うものであってもよい。

(在留期間)

「医療」の在留資格に伴う在留期間は,5年,3年,1年又は3月である(入管法施行規則3条及び同規則別表第二)。

2　医療の基準

一　申請人が医師,歯科医師,薬剤師,保健師,助産師,看護師,准看護師,歯科衛生士,診療放射線技師,理学療法士,作業療法士,視能訓練士,臨床工学技士又は義肢装具士としての業務に日本人が従事する場合に受ける報酬と同等額以上の報酬を受けて従事すること。

二　申請人が准看護師としての業務に従事しようとする場合は,本邦において准看護師の免許を受けた後四年以内の期間中に研修として業務を行うこと。

三　申請人が薬剤師,歯科衛生士,診療放射線技師,理学療法士,作業療法士,視能訓練士,臨床工学技士又は義肢装具士としての業務に従事しようとする場合は,本邦の医療機関又は薬局に招へいされること。

(各号の適用される場合)

「医療」の在留資格に係る基準は,第1号から第3号まで定められているが,「医療」の在留資格の決定を受ける全ての場合に適用されるのは第1号のみであり,第2号は,申請人が准看護師としての業務に従事しようとする場合に,また,第3号は,薬剤師,歯科衛生士,診療放射線技師,理学療法士,作業療法士,視能訓練士,臨床工学技士又は義肢装具士としての業務に従事する場合に適用される基準である。

(第1号)

本号は,「医療」の在留資格の決定を受けようとする場合について,第1

に，医師，歯科医師，薬剤師，保健師，助産師，看護師，准看護師，歯科衛生士，診療放射線技師，理学療法士，作業療法士，視能訓練士，臨床工学技士又は義肢装具士のいずれかとしての業務に従事することを要件として定めている。

法律上資格を有する者が行うこととされている医療に係る業務であっても，上記の資格を有する者としての業務以外の業務の従事する場合には，「医療」の在留資格には該当しても，基準には適合しない。

第２に，第１号は，そのような業務に「日本人が従事する場合に受ける報酬と同等額以上の報酬を受けて従事すること」を要件として定めている。

「日本人が従事する場合に受ける報酬と同等額以上の報酬」については，第１章総論のⅦを参照。

（第２号の改正の経緯）

平成２年に制定された当初の基準省令には，医師，歯科医師及び保健婦，助産婦，看護婦，准看護婦，看護士，准看護士[41)]について現在より制限的な要件が定められていた。

まず，医師及び歯科医師については，制定当初の基準の第２号において，医師又は歯科医師として従事する業務が，同号のイ，ロのいずれかに該当することが要件として定められていた。同号のイ及びロは次のような規定であった。

「イ　本邦の大学において医学又は歯学の課程を修めて卒業した者が，当該大学卒業後六年以内の期間中に，大学の医学部，歯学部若しくは医学部附属の研究所の附属施設である病院，医師法（昭和二十三年法律第二百一号）第十六条の二第一項の規定により厚生大臣の指定する病院又はこれと同程度の機能を有する病院として法務大臣が告示をもって定める病院において研修として行う業務

41）その後，保健婦助産婦看護婦法（現在は「保健師助産師看護師法」）（昭和23年法律第203号）の改正に伴い，第３号が，平成14年法務省令第11号により，「保健婦，保健士」（「保健士」は平成６年法務省令第15号による改正で追加された。）を「保健師」に，「助産婦」を「助産師」に，「看護婦，准看護婦，看護士又は准看護士」を「看護師又は准看護師」にそれぞれ改める等の改正が行われた（なお，これらの名称の改正は第１号についても行われた。）。

ロ　本邦の大学において医学若しくは歯学の課程を修めて卒業した者，医師法（昭和二十三年法律第二百一号）第四十一条若しくは第四十二条に規定する者，歯科医師法（昭和二十三年法律第二百二号）第四十二条若しくは第四十三条に規定する者又は平成二年六月一日現在において医師若しくは歯科医師の免許を有する者が，医師又は歯科医師の確保が困難な地域にある診療所で法務大臣が告示をもって定めるものにおいて行う診療に係る業務」

このように，基準省令の制定当初は，医師及び歯科医師については，大学卒業後6年以内に研修として行う業務に従事する場合と医師又は歯科医師の確保が困難な地域の診療所で診療に係る業務に従事する場合でなければ基準に適合しないこととされていた。

また，保健婦，助産婦，看護婦，准看護婦，看護士及び准看護士については，制定当初の基準の第3号において，「保健婦助産婦看護婦学校養成所指定規則（昭和二十六年文部省厚生省令第一号）第一条第一項に規定する学校，養成所又は准看護婦養成所を卒業又は修了後四年以内の期間中に研修として業務を行うこと」が要件として定められていた。

したがって，保健婦，助産婦，看護婦，准看護婦，看護士及び准看護士については，研修として行う業務に従事する場合に限り基準に適合することとされていたのである。

その後，第2号については，平成8年法務省令第58号による改正（上記第2号イの「医師法（昭和二十三年法律二百一号）第十六条の二第一項」の次に「若しくは歯科医師法（昭和二十三年法律第二百二号）第十六条の二第一項」を加えるなどの改正），平成16年法務省令第12号による改正（上記第2号ロの「医師又は歯科医師の確保が困難な地域にある」の次の「診療所」を「病院又は診療所」と改正して，医師の確保が困難な地域にある病院で法務大臣が告示をもって定めるものにおいて行う診療に係る業務に従事することも要件に適合することとする改正）等が行われた後，平成18年法務省令第29号で，「医療」の在留資格に係る基準の大幅な改正が行われた。

この平成18年法務省令第29号による改正は，「規制改革・民間開放推進3

か年計画（改定）」（平成17年３月25日閣議決定）を受けて行われたもので，[42] 医師を当時の第２号の適用の対象から除くとともに，看護師についても，当時の第２号の適用から除き，改めて新たな第４号として，「申請人が看護師としての業務に従事しようとする場合は，本邦において看護師の免許を受けた後七年以内の期間中に研修として業務を行うこと」との規定を新設した。

この結果，医師については，本邦の大学において医学の課程を修めて卒業した者が，当該大学の卒業後６年以内の期間中に一定の病院において研修として行う業務又は本邦の大学において医学の課程を修めて卒業した者等が，医師の確保が困難な地域にある病院又は診療所で法務大臣が告示をもって定めるものにおいて行う診療に係る業務のいずれかを行う場合に限定するとの要件が撤廃され，また，看護師については，引き続き研修として業務を行う場合に限定されたが，当該業務に従事することができる期間が，保健師助産師看護師学校養成所規則第１条第１項に規定する学校等を卒業又は修了後4年以内から本邦において看護師の免許を受けた後７年以内とされた。

同省令による改正では，歯科医師についても，研修として業務を行う場合に係るイの規定で本邦の大学において歯学の課程を修めて卒業した者が，当該大学卒業後６年以内の期間中に行うことができることとされていたのが，「本邦において歯科医師の免許を受けた後六年以内の期間中に」と改められ，また，歯科医師の確保が困難な地域にある病院又は診療所で法務大臣が告示をもって定めるものにおいて診療に係る業務を行う場合に係るロの規定も，

42)「規制改革・民間開放推進３か年計画（改定）」（平成17年３月25日閣議決定）では，「我が国は「専門的・技術的分野の外国人労働者の受入れを積極的に推進していく」との方針が採られているものの，医療分野については不十分である。現在，我が国の医師・看護師の国家資格を有する外国人医師・看護師については，医師は，研修目的で６年までの在留若しくはへき地による勤務に制限され，看護師も研修目的で４年までの在留に制限している。したがって，我が国の医師国家資格を有する外国人医師について，研修として業務に従事する形態ではなく，他の就労資格と同等の位置付けとして，当該分野の国内労働市場及び医療提供体制の合理化への影響を勘案し，外国人医師移入の急増に対し受入れ枠の設定等適宜必要な措置を講ずることも考慮しつつ，我が国医師と同様の役割を担わせるべく，就労制限を撤廃する。…また，我が国の看護師国家資格を有する外国人看護師についても，当該分野の国内労働市場への影響等を勘案し，外国人看護師移入の急増に対し受入れ枠の設定等適宜必要な措置を講ずることも考慮しつつ，我が国看護師と同様の役割を担わせるべく，就労制限を撤廃若しくは在留可能な期間を延長する等の措置を講ずることについて早急に結論を得る。」（58-59頁）とされた。なお，「平成18年版入管白書」115頁を参照。

その主体となる歯科医師を限定列挙する部分が削られた。また，保健師，助産師及び准看護師については，第３号が，「申請人が保健師，助産師又は准看護師としての業務に従事しようとする場合は，本邦において保健師，助産師又は准看護師の免許を受けた後４年以内の期間中に研修として業務を行うこと」と改正された。

さらにその後，平成22年３月の第４次出入国管理基本計画において，わが国の国家資格を有する医療・介護分野の外国人の受入れに関して歯科医師，看護師等の就労年数に係る上陸許可基準について見直しを検討することとされ，[43] 平成22年法務省令第39号により基準省令の改正が行われた。同改正では，歯科医師に係る第２号及び看護師に係る第４号が削られ，保健師，助産師及び准看護師に係る上記第３号も「保健士，助産師又は」が削られて，准看護師のみに適用される規定とされた。この結果，歯科医師については，本邦において歯科医師の免許を受けた後６年以内の期間中に一定の病院において研修として行う業務又は歯科医師の確保が困難な地域にある病院又は診療所で法務大臣が告示をもって定めるものにおいて行う診療に係る業務のいずれかを行う場合に限定するとの要件が撤廃され，看護師，保健師及び助産師についても本邦において免許を受けた後一定の期間中に研修として業務を行う場合に限定するとの要件が撤廃された。[44]

43）第４次出入国管理基本計画では，「現在「医療」の在留資格で我が国に在留する外国人のうち，歯科医師の場合は原則として歯科医師の免許を受けた後６年以内，看護師の場合は看護師の免許を受けた後７年以内，保健師，助産師，准看護師の場合は保健師等の免許を受けた後４年以内に就労年数が制限されている。しかしながら，専門的な国家資格を有するこれらの者についてこのような就労年数の制限をする必要性は乏しいのではないかとの指摘もあるところであり，歯科医師，看護師等の就労年数に関する上陸許可基準について，その見直しを検討する。」（18-19頁）とされた。

44）この改正について，「平成23年版入管白書」には，次のように記載されている。「平成22年３月に策定した「第４次出入国管理基本計画」において，我が国の専門的な国家資格を有する外国人歯科医師，看護師等の就労年数に係る上陸許可基準（省令）について，その見直しを検討することとされた。これを踏まえ，平成22年11月，以下のとおり在留資格「医療」の上陸許可基準（省令）について改正を行った。**ア　歯科医師として業務に従事しようとする場合**　業務形態を研修に限定するという活動制限，年数制限（本邦において歯科医師の免許を受けた後６年以内）及び就労可能な地域についての制限を撤廃した。**イ　保健士，助産師，看護士として業務に従事しようとする場合**　業務形態を研修に限定するという活動制限及び年数制限（本邦において保健師，助産師の免許を受けた後４年以内，看護師の免許を受けた後７年以内）を撤廃した。」（65頁）

このため，第２号は，准看護師についてのみ，本邦において免許を受けた後４年以内の期間中に研修として業務を行う場合に限定するものとなった。

（第２号）

第２号は，准看護師としての業務に従事するために「医療」の在留資格を取得しようとする外国人に適用される基準である。

本邦において准看護師の免許を受けた後四年以内の期間中に

准看護師の免許を受けた時点から４年の間にという意味であり，この期間内に准看護師としての業務に従事するのでなければならない。当該免許取得後4年を経過した後に准看護師としての業務に従事することは，基準に適合しない。

研修として業務を行うこと

技術，技能又は知識等を修得することを目的として業務に従事することを意味する。このような目的で准看護師としての業務に従事する場合でなければ，基準に適合しない。

研修として業務を行う活動は，報酬を受けて行う。「研修」の在留資格をもって在留する者が行うことができる技術，技能又は知識を修得する活動は，本邦の公私の機関により受け入れられて行うものであり，報酬を受けて行うことはできないが，就労資格である「医療」の在留資格をもって在留する者が「研修として業務を行う」活動は，これとは異なる。むしろ，研修として業務を行うことによって得られる収入により，日本で安定した生活を営むことができるものでなければならない。

（第３号）

現行の第３号は，基準省令に制定当初は第４号であったが，平成18年法務省令第29号による改正で，第５号とされた後，平成22年法務省令第39号による改正で第３号とされた。

本号は，薬剤師，歯科衛生士，診療放射線技師，理学療法士，作業療法士，視能訓練士，臨床工学技士又は義肢装具士としての業務に従事する場合に適用される基準である。要件は，「本邦の医療機関又は薬局に招へいされること」である。「招へい」とは，日本国内の医療機関又は薬局に招かれて，雇用等されて就労するということを意味する。

研　究

本邦の公私の機関との契約に基づいて研究を行う業務に従事する活動（一の表の教授の項の下欄に掲げる活動を除く。）

1　研究の在留資格

（対象となる者）

本邦の公私の機関に雇用されるなどして，当該機関に属する研究所等において研究を行う業務に従事する外国人を対象とする在留資格である。

本邦の公私の機関

「本邦の公私の機関」に限定はなく，「研究」の在留資格に係る「本邦の公私の機関」は，研究を主目的とする機関である必要はないが，実際に研究を行う上で必要な設備等の体制を有していなければならない。なお，日本国内に研究施設等を有する場合には，外国に本社のある外国法人もここにいう「本邦の公私の機関」となり得る。なお，第1章総論のⅣを参照。

契約に基づいて

第1章総論のⅤを参照。

（活動の内容）

「研究」の在留資格に該当する活動は，「研究を行う業務に従事する活動」である。

研究所などの研究施設に勤務する者であっても，実際に研究を行う業務に従事するのでなければ，その勤務先の業務に従事する活動は，「研究」の在留資格には該当しない。

研究を行う業務

「研究を行う業務」とされているのは，あらゆる研究活動が対象となるのではなく業務として行うものに限るとする趣旨である。「研究」の在留資格は，就労資格であり，したがって，「研究」の在留資格に対応する活動は就労活動（収入を伴う事業を運営する活動又は報酬を受ける活動）である。この点で，「文化活動」の在留資格に対応する活動である「収入を伴わない学術上」の活動に属する研究活動とは異なる。

外国に所在する研究所等に所属して研究を行う業務に従事する外国人が，当該研究所で行っている活動の一環として短期間日本に出張し，調査等の活動を行う場合あるいは日本に所在する研究所に所属する者と共同研究を行っていてその共同研究者との打ち合わせを行うなどの活動は，通常，就労活動とはならないので，「研究」の在留資格には該当しない。これらの活動が就労活動と許可されない場合，このような活動は「短期滞在」の在留資格に該当するのが通常である。ただし，このような活動であっても，日本で活動を行う期間が短期間ではない場合には，「短期滞在」の在留資格には該当しない。この場合には収入を伴わない学術上の活動として「文化活動」の在留資格に該当する可能性がある。

研究の対象は，限定されていないので，必ずしも，自然科学や人文科学の分野に属するものである必要はない。

（末尾の括弧書の規定）

「研究」の在留資格に係る別表下欄の末尾の括弧書の規定により，大学，大学に準ずる機関又は高等専門学校において研究を行う活動は，「教授」の在留資格の対象となり，「研究」の在留資格の対象とはならない。

（在留期間）

「研究」の在留資格に伴う在留期間は，５年，３年，１年又は３月である（入管法施行規則３条及び同規則別表第二）。

２　研究の基準

申請人が次のいずれにも該当していること。ただし，我が国の国若しくは地方公共団体の機関，我が国の法律により直接に設立された法人若しくは我が国の特別の法律により特別の設立行為をもって設立された法人，我が国の特別の法律により設立され，かつ，その設立に関し行政官庁の認可を要する法人若しくは独立行政法人（独立行政法人通則法（平成十一年法律第百三号）第二条

第一項に規定する独立行政法人をいう。以下同じ。）又は国，地方公共団体若しくは独立行政法人から交付された資金により運営されている法人で法務大臣が告示をもって定めるものとの契約に基づいて研究を行う業務に従事しようとする場合は，この限りでない。

一　大学（短期大学を除く。）を卒業し若しくはこれと同等以上の教育を受け若しくは本邦の専修学校の専門課程を修了（当該修了に関し法務大臣が告示をもって定める要件に該当する場合に限る。）した後従事しようとする研究分野において修士の学位若しくは三年以上の研究の経験（大学院において研究した期間を含む。）を有し，又は従事しようとする研究分野において十年以上の研究の経験（大学において研究した期間を含む。）を有すること。ただし，本邦に本店，支店その他の事業所のある公私の機関の外国にある事業所の職員が本邦にある事業所に期間を定めて転勤して当該事業所において研究を行う業務に従事しようとする場合であって，申請に係る転勤の直前に外国にある本店，支店その他の事業所において法別表第一の二の表の研究の項の下欄に掲げる業務に従事している場合で，その期間（研究の在留資格をもって当該本邦にある事業所において業務に従事していた期間がある場合には，当該期間を合算した期間）が継続して一年以上あるときは，この限りでない。

二　日本人が従事する場合に受ける報酬と同等額以上の報酬を受けること。

（柱書の規定）

柱書の規定により，上陸の申請を行った外国人が，ただし書に規定されている場合に該当するときを除いて，第１号及び第２号に規定されている要件のいずれにも該当することが必要である。

ただし書によって次のいずれかの機関との契約に基づいて研究を行う業務に従事する場合は，第１号及び第２号に該当することは必要とはされない。

①　わが国の国又は地方公共団体の機関

②　わが国の法律により直接に設立された法人又はわが国の特別の法律により特別の設立行為をもって設立された法人

③　わが国の特別の法律により設立され，かつ，その設立に関し行政官庁

の認可を要する法人

④　独立行政法人（独立行政法人通則法第２条第１項に規定する独立行政法人）

⑤　国，地方公共団体又は独立行政法人から交付された資金により運営されている法人で法務大臣が告示をもって定めるもの

「我が国の法律により直接に設立された法人若しくは我が国の特別の法律により特別の設立行為をもって設立された法人」とは，特殊法人をいう。

「我が国の特別の法律により設立され，かつ，その設立に関し行政官庁の認可を要する法人」とは，認可法人をいう。

「独立行政法人」は，これに付された括弧書により，「独立行政法人通則法（平成11年法律第103号）第二条第一項に規定する独立行政法人をいう。」と定められていることから，地方独立行政法人法（平成15年法律第118号）第２条第1項に規定する地方独立行政法人は，ここにいう「独立行政法人」には含まれない。

「国，地方公共団体若しくは独立行政法人から交付された資金により運営されている法人で法務大臣が告示をもって定めるもの」は，「出入国管理及び難民認定法第七条第一項第二号の基準を定める省令の研究の在留資格に係る基準の規定に基づき法人を定める件」（平成25年法務省告示第453号）により定められている。なお，上記の「独立行政法人」に付された括弧書の規定で，「以下同じ」と規定されていることから，ここにいう「独立行政法人」にも，地方独立行政法人は含まれない。

（第１号本文）

本号の本文は，上陸の申請をした外国人の経歴に係る要件を定めたものである。本号のただし書に該当する場合を除き，以下のいずれかの経歴を有することが本号に該当するために必要である。

①　大学（短期大学を除く。）を卒業した後に従事しようとする研究分野において修士の学位を取得したこと

②　大学（短期大学を除く。）を卒業した後に従事しようとする研究分野において３年以上の研究の経験（大学院において研究した期間を含む。）を有すること

③　大学（短期大学を除く。）卒業と同等以上の教育を受けた後に従事しようとする研究分野において修士の学位を取得したこと
④　大学（短期大学を除く。）卒業と同等以上の教育を受けた後に従事しようとする研究分野において３年以上の研究の経験（大学院において研究した期間を含む。）を有すること
⑤　本邦の専修学校の専門課程を修了（当該「修了」に関し法務大臣が告示をもって定める要件に該当する場合に限る。）した後に従事しようとする研究分野において修士の学位を取得したこと
⑥　本邦の専修学校の専門課程を修了（当該「修了」に関し法務大臣が告示をもって定める要件に該当する場合に限る。）した後に従事しようとする研究分野において３年以上の研究の経験（大学院において研究した期間を含む。）を有すること
⑦　従事しようとする研究分野において10年以上の研究の経験（大学において研究した期間を含む。）を有すること

大学（短期大学を除く。）を卒業し若しくはこれと同等以上の教育を受け若しくは本邦の専修学校の専門課程を修了（当該終了に関し法務大臣が告示をもって定める要件に該当する場合に限る。）

その外国人が，
ア　大学（短期大学を除く。）を卒業したこと
イ　大学（短期大学を除く。）卒業と同等以上の教育を受けたこと
ウ　本邦の専修学校の専門課程を修了し，かつ，当該「修了」について法務大臣が告示をもって定める要件に該当すること
のいずれかが必要であることを定めたものである。

アの大学は，本邦の大学に限られない。外国の大学（短期大学を除く。）を卒業した者も含まれる。また，イの大学卒業と同等以上の教育も，本邦で受けた場合に限られない。外国の教育機関において大学（短期大学を除く。）と同等の教育を受けた者も含まれる。

教育制度は，それぞれの国により異なるので，「大学（短期大学を除く。）を卒業し若しくはこれと同等以上の教育を受け」に該当するか否かは，それぞ

れの教育機関のそれぞれの国における位置付け等を考慮する必要があるが，原則として，それぞれの国においていわゆる高等教育を行う機関として位置付けられている機関を卒業した者は，２年制等の理由から「短期大学」又はこれに相当する機関と評価される場合を除いて，ア又はイに該当する。

ウは，留学生に対する就職支援を図るため，平成23年法務省令第22号による基準省令の改正で加えられたものである。制定当時の第１号は，「大学（短期大学を除く。）を卒業し若しくはこれと同等以上の教育を受けた後従事しようとする研究について三年以上の経験（大学院において研究した期間を含む。）を有し，又は従事しようとする研究について十年以上の経験（大学において研究した期間を含む。）を有すること。」との規定であった。

そして，専修学校の専門課程を修了した者は，「大学（短期大学を除く。）を卒業し又はこれと同等以上の教育を受けた」には該当しないものとされていた。[45]

同様のことは，他の在留資格についても存在し，制定当時の基準省令には，「大学を卒業し若しくはこれと同等以上の教育を受け」との規定が，「教育」，「技術」及び「人文知識・国際業務」の在留資格に係る基準にも規定されていた。「教育」，「技術・人文知識・国際業務」の在留資格の解説を参照。

しかし，一方で，専修学校の専門課程で一定の要件を満たすと文部大臣[46]が認めるものを修了した者が専門士と称することができることを定める「専修学校の専門課程の修了者に対する専門士の称号の付与に関する規程」（平成６年文部省告示第84号）が平成６年６月21日に制定され，平成９年７月からは，

45）この点について，「平成10年版入管白書」には，「専修学校の専門課程を修了した外国人の我が国での就職については，平成元年の入管法改正当時，専修学校な在籍者について種々の入国・在留管理上の問題が見られたこと，専修学校における教育内容，教育水準等に相当ばらつきがあったことなどから，従来は原則として認めていなかった。」（88頁）と記載されている。ただし，制定当時の基準省令においても，「技術」の在留資格に係る基準における10年以上の実務経験には専修学校の専門課程において当該技術又は知識に係る科目を専攻した期間を，また，「人文知識・国際業務」の在留資格に係る基準における10年以上の実務経験にも専修学校の専門課程において当該知識に係る科目を専攻した期間を含むと規定されていた。

46）平成12年文部省告示第181号による「専修学校の専門課程の修了者に対する専門士の称号の付与に関する規程」（平成６年文部省告示第84号）の改正で，「文部大臣」は「文部科学大臣」に改正された。

「専修学校の専門課程を修了し，専門士の称号を有している外国人から就職を目的とする在留資格変更許可申請があった場合には，その行おうとする活動が就労可能な在留資格に該当し，就職先の職務内容と専修学校における修得内容に関連性がある場合には在留資格の変更を許可することと」[47] する運用が行われていた。ただし，基準省令の改正は行われていなかったことから，専修学校の専門課程を修了して専門士の称号を付与された外国人であっても，その後一度日本を単純出国した場合には，上陸許可基準には適合しなかった。

そこで，上記平成23年法務省令第22号は，専修学校の専門課程を修了し専門士の称号を付与された者が，上記の学歴に係る要件に適合することとするよう「研究」,「教育」,「技術」,「人文知識・国際業務」及び別表第一の五の表の下欄のロに係る「特定活動」の在留資格に係る基準の改正を行った。この改正で,「研究」の在留資格の基準についても，第１号の「教育を受け」の次に「若しくは本邦の専修学校の専門課程を修了（当該修了に関し法務大臣が告示をもって定める要件に該当する場合に限る。）し」が加えられた。

なお，本邦の専門学校の専門課程を修了したことが要件とされており外国の専門学校やそれに相当する機関で，専門課程又はそれに相当する課程を修了しても，ウには該当しない。

当該修了に関し法務大臣が告示をもって定める要件

この要件については,「出入国管理及び難民認定法第七条第一項第二号の基準を定める省令の専修学校の専門課程の修了に関する要件を定める件」（平成23年法務省告示第330号）第１号によって高度専門士と称することができる者と定められている。[48] したがって，ウに該当するのは，日本の専修学校の専門課程を修了して高度専門士となった者である。

従事しようとする研究分野において修士の学位若しくは三年以上の研究の

47)「平成10年版入管白書」89頁。

48)「高度専門士」は，平成17年文部科学省告示第139号による前記「専修学校の専門課程の修了者に対する専門士の称号の付与に関する規程」の改正により定められた称号であり，現行の同規程（同改正で，題名も「専修学校の専門課程の修了者に対する専門士及び高度専門士の称号の付与に関する規程」と改められた。）第３条は，専修学校の専門課程の課程で，修行年限が４年以上であることなど同条第１号から第４号までに掲げられている要件を満たすと文部科学大臣が認めるものを修了した者は，高度専門士と称することができると定めている。

経験（大学院において研究した期間を含む。）を有し

上記ア，イ，ウのいずれかの経歴を有することとなった後に，さらに，「研究」の在留資格をもって在留中に従事することを予定している研究分野における修士の学位を取得していること又は３年以上の研究の経験（大学院において研究した期間を含む。）を有することのいずれかの経歴を有することを必要とすることとしたものである。

このうち，前者の修士の学位に係る規定は，平成11年法務省令第35号による基準省令の改正で加えられた。制定当時の第１号は，前述のような規定であり，修士の学位を有するか否かに関わりなく，従事しようとする研究について３年以上の経験を有することが必要とされていたが，この改正で，修士の学位を有する者については，他の研究の経験は必要とされないこととされた。[49)]

なお，本号の一つ目の「研究の経験」に付された括弧書により，研究の経験の期間には，大学院において研究した期間を含むものとされており，したがって，大学院において研究をした経験を有する者は，それが修士課程における研究で，かつ，修士の学位を取得しなかった場合であっても，その研究をした期間が，３年以上必要とされている研究の経験の期間に含まれる。

又は従事しようとする研究分野において十年以上の研究の経験（大学において研究した期間を含む。）を有すること

上記ア，イ，ウのいずれにも該当しない場合，又はア，イ，ウのいずれかには該当するが「研究」の在留資格をもって在留中に従事することを予定している研究分野における修士の学位を有すること又は３年以上の研究の経験（大学院において研究した期間を含む。）を有することのいずれにも該当しない場合でも，従事しようとする研究分野における10年以上の研究の経験を有している者は，第１号に該当することとしたものである。この場合の研究の経験

49）「平成15年版入管白書」には，「従来，「研究」の在留資格に係る基準省令においては，「研究について３年以上の経験」という要件が課されていたが，研究者の積極的な受入れを図るため，「３年以上の経験」を求めている要件に関し，修士の学位を有する者については，他に研究の経験がない場合であっても，経歴に関する要件を満たすことと」（111頁）したと記載されている。

の期間には，本号の二つ目の「研究の経験」に付された括弧書により，大学において研究した期間も含めることとされている。なお，大学には大学院等も含まれる（学校教育法第97条，「教授」の在留資格の解説を参照。）ので，大学院において研究した期間も，この「研究の経験」の期間に含まれる。

（第１号ただし書）

第１号のただし書は，第１号本文の定める経歴に係る要件に適合することを必要としない場合を定めた規定であり，「技術・人文知識・国際業務」の在留資格について別の在留資格として設けられている「企業内転勤」の在留資格に相当する特例を，「研究」の在留資格について，基準の特例として定めたものである。

すなわち，「技術・人文知識・国際業務」の在留資格に係る別表下欄に定められている活動を，同一の公私の機関の内部での期間を定めた異動によって，外国にある事業所から本邦にある事業所に転勤して行う場合，その活動は「企業内移動」の在留資格に該当し，この場合は，「技術・人文知識・国際業務」の在留資格に係る基準ではなく「企業内転勤」の在留資格に係る基準が適用される。

そして，「技術・人文知識・国際業務」の在留資格に係る基準においては，柱書のただし書に該当する場合は別として，一定の学歴又は一定の経験を有することなどが必要とされているが，「企業内転勤」の在留資格に係る基準では，このような学歴や経験を有することが要件とされていないことから，このような学歴や経験を有しない者でも基準に適合することが可能である。この点については，技能・人文知識・国際業務及び企業内転勤の解説を参照。

しかし，「企業内転勤」の在留資格に対応する活動は，別表第一の二の表の「技術・人文知識・国際業務の項の下欄に掲げる活動」であり，この活動には，別表の技術・人文知識・国際業務の項の下欄の末尾の括弧書の規定により「研究」の在留資格に対応する活動は含まれない。

そこで，「研究」の在留資格についても，企業内転勤の形態により転勤した事業所において研究を行う業務に従事する場合には，第１号本文の定める経歴に係る要件に適合することを求めないこととしたのが，本号のただし書の規定である。また，この場合に適合することが必要な要件についても，「企業内転勤」の在留資格に係る基準の場合と同様の要件が定められた。

なお，「企業内転勤の形態」については，企業内転勤の１の（対象となる者）の解説を参照。

この第１号のただし書は，「規制改革推進のための３か年計画（平成20年３月25日閣議決定）」[50] を受けて，平成21年法務省令第18号による改正で設けられた。ただし，同省令による改正で設けられた当初のただし書では，「申請に係る転勤の直前に」以下の部分が，「申請に係る転勤の直前に外国にある本店，支店その他の事業所において一年以上継続して法別表第一の二の表の研究の項の下欄に掲げる業務に従事している場合はこの限りでない。」と規定されていたが，平成22年法務省令第10号により現行のように改められた。

なお，同省令は，「企業内転勤」の在留資格に係る基準の第１号についても同趣旨の改正を行った。同改正について企業内転勤の在留資格に係る基準の解説を参照。

本邦に本店，支店その他の事業所のある公私の機関の外国にある事業所の職員が本邦にある事業所に期間を定めて転勤して当該事業所において研究を行う業務に従事しようとする場合

企業内転勤の形態で転勤をした外国人が，その転勤した日本国内にある事業所において研究を行う業務に従事する場合という意味である。

研究を行う業務は，「当該事業所において」行うものでなければならない。この点は，「企業内転勤」の在留資格に対応する活動に関しても同様である。

また，「企業内転勤」の在留資格の場合と同様，外国にある事業所と本邦にある事業所とが同一の法人に属しない場合であっても，それぞれの事業所

50）規制改革推進のための３か年計画（改定）（平成20年３月25日閣議決定）において，「企業内転勤の形態で，本邦の事業所において在留資格「研究」の活動に従事しようとする外国人について，申請に係る転勤の直前に外国にある本店，支店その他の事業所において１年以上継続して在留資格「研究」の項に掲げる業務に従事している場合には，在留資格「研究」に係る要件を満たしていない場合においても，我が国への入国・在留が可能となるよう措置する。」（226頁）とされた。

の属する二つの法人が親会社，子会社又は関連会社等の関係にある場合は，それらの事業所間の転勤は，同一の公私の機関に属する事業所間での異動として扱われる。これらの点については，第１章総論のⅣ及び 企業内転勤 の在留資格の解説を参照。

申請に係る転勤の直前に外国にある本店，支店その他の事業所において法別表第一の二の表の研究の項の下欄に掲げる業務に従事している場合で，その期間（研究の在留資格をもって当該本邦にある事業所において業務に従事していた期間がある場合には，当該期間を合算した期間）が継続して一年以上あるとき

日本にある事業所に転勤する直前に少なくとも１年間は，外国にある事業所で研究を行う業務に従事していることを要件として定めたものである。「企業内転勤」の在留資格に係る基準の第１号は，本邦にある事業所に転勤する直前に，外国にある事業所において，別表の技術・人文知識・国際業務の項の下欄に掲げる業務に従事している場合で，その期間が継続して１年以上あることを要件として定めているが，これと同様の趣旨の規定である。

「その期間」に付された括弧書の規定は，過去に「研究」の在留資格をもって本邦に在留していたことがあり，その間に今回の転勤先である本邦にある事業所において業務に従事していたことがある場合には，別表の研究の項の下欄に掲げる業務に従事している期間とこの期間を合算した期間が継続して１年以上あれば足りるとするものである。

なお，「企業内転勤」の在留資格に係る基準の第１号においても，転勤の直前に外国にある事業所において，別表の技術・人文知識・国際業務の項の下欄に掲げる業務に従事していること及びその期間に，「企業内転勤」の在留資格をもって外国に当該事業所のある公私の機関の本邦にある事業所において業務に従事していた期間がある場合には，当該期間を合算した期間が継続して１年以上あることが要件として定められている。

（第２号）

本号については，第１章総論のⅦを参照。

教　育

本邦の小学校，中学校，義務教育学校，高等学校，中等教育学校，特別支援学校，専修学校又は各種学校若しくは設備及び編制に関してこれに準ずる教育機関において語学教育その他の教育をする活動

1　教育の在留資格

(改正の経緯)

「教育」の在留資格は，平成元年法律第79号による改正で新設された。新設当時の「教育」の在留資格に対応する活動は，「本邦の小学校，中学校，高等学校，盲学校，聾学校，養護学校，専修学校又は各種学校若しくは設備及び編成に関してこれに準ずる教育機関において語学教育その他の教育をする活動」であったが，「学校教育法等の一部を改正する法律」(平成10年法律第101号) による入管法の改正で「高等学校」の次に「，中等教育学校」が加えられ，「学校教育法等の一部を改正する法律」(平成18年法律第80号) による入管法の改正で「盲学校，聾学校，養護学校」が「特別支援学校」に改められた。そしてさらに，「学校教育法等の一部を改正する法律」(平成27年法律第46号) による改正で，「中学校」の次に「，義務教育学校」が加えられた。

(対象となる者)

「教育」の在留資格は，本邦において教育をする活動に従事する外国人のうち，小学校，中学校，義務教育学校，高等学校，中等教育学校，特別支援学校，専修学校，各種学校，設備及び編制に関して各種学校に準ずる教育機関のいずれかにおいて教育をする活動に従事する教員等を対象とする在留資格である。大学若しくは大学に準ずる機関又は高等専門学校において教育をする活動を行う場合には，「教授」の在留資格の対象となる。

なお，「教授」の在留資格に係る別表の下欄に規定されている機関 (本邦の大学若しくはこれに準ずる機関又は高等専門学校)，教育の在留資格に係る別表の下欄に規定されている機関 (本邦の小学校，中学校，義務教育学校，高等学校，中等教育学校，特別支援学校，専修学校又は各種学校若しくはこれに準ずる教育機関) のいずれでもない機関において教育や指導に従事する場合は，教育や指導の内容が自然科学や人文科学に関するものである場合は，「技術・人文知識・国際業務」等の在留資格の対象となり得る。芸術に関するものである場合は，芸術上の活動として「芸術」の在留資格の対象ともなり得る。また，就労活動としてではなく教育や指導を行う場合には，「文化活動」等の在留資格の対象となり得る。

本邦の小学校，中学校，義務教育学校，高等学校，中等教育学校，特別支援学校

学校教育法第１条の定めるこれらの学校を意味する。また，「専修学校」は，学校教育法第124条の専修学校を，「各種学校」は，学校教育法第134条第１項の各種学校をそれぞれ意味する。外国の法律に基づく教育機関は含まれない。

設備及び編制に関してこれに準ずる教育機関

「これ」は，各種学校を指し，「設備」及び「編制」の点で，各種学校規程（昭和31年文部省令第31号）等に定めるところにおおむね適合する教育機関をいうものと解されている。[51)]

なお，設備及び編制に関して各種学校に準ずる教育機関は，学校教育法第１条の規定する学校ではなく，専修学校や各種学校のように学校教育法に規定が置かれているものでもない。わが国の法令に基づいて教育機関として設置されたことが要件とはされていないので，事実として，設備及び編制に関して各種学校に準ずると評価される教育機関であれば足りるものと解される。

（活動の内容）

語学教育その他の教育をする活動

「語学教育」は例示であり，教育の内容は，語学に限られるものではない。

---

51)「設備及び編制」とは，学校教育法第３条の「設備」及び「編制」と同義であるが，各種学校については，学校教育法第134条第２項の規定によることのほかは，同条第３項により，文部科学大臣が各種学校に関し必要な事項を定めることとされており，これに基づき，学校教育法施行規則（昭和22年文部省令第11号）第190条に規定するほか，同規則第191条により各種学校に関し必要な事項は，各種学校規程（昭和31年文部省令第31号）の定めるところによるとされている。

なお，「教育」の在留資格では，「教授」の在留資格の場合と異なり，研究や研究の指導をする活動は明示的には規定されていないが，教育と不可分の関係をもって行う研究や研究の指導をする活動は，この在留資格にいう教育をする活動に含まれるものと解される。ただし，専ら研究活動を行うという場合には，「教育」の在留資格には該当しない。本邦の小学校，中学校，義務教育学校，高等学校，中等教育学校，特別支援学校，専修学校又は各種学校若しくは設備及び編制に関してこれに準ずる教育機関も本邦の公私の機関であるので，これらの機関との契約に基づいて専ら研究を行う業務に従事する場合には，「研究」の在留資格に該当し得る。

(在留期間)

「教育」の在留資格に伴う在留期間は，５年，３年，１年又は３月である（入管法施行規則３条及び同規則別表第二）。

2　教育の基準

一　申請人が各種学校若しくは設備及び編制に関してこれに準ずる教育機関において教育をする活動に従事する場合又はこれら以外の教育機関において教員以外の職について教育をする活動に従事する場合は，次のいずれにも該当していること。ただし，申請人が各種学校又は設備及び編制に関してこれに準ずる教育機関であって，法別表第一の一の表の外交若しくは公用の在留資格又は四の表の家族滞在の在留資格をもって在留する子女に対して，初等教育又は中等教育を外国語により施すことを目的として設立された教育機関において教育をする活動に従事する場合は，イに該当すること。

イ　次のいずれかに該当していること。

(1)　大学を卒業し，又はこれと同等以上の教育を受けたこと。

(2)　行おうとする教育に必要な技術又は知識に係る科目を専攻して本邦の専修学校の専門課程を修了（当該修了に関し法務大臣が告示をもって定める要件に該当する場合に限る。）したこと。

(3)　行おうとする教育に係る免許を有していること。

ロ　外国語の教育をしようとする場合は当該外国語により十二年以上の教育を受けていること，それ以外の科目の教育をしようとする場合は教育機関において当該科目の教育について五年以上従事した実務経験を有していること。

二　日本人が従事する場合に受ける報酬と同等額以上の報酬を受けること。

（第1号柱書）

本号は，上陸の申請を行った外国人が，

① 各種学校又は設備及び編制に関して各種学校に準ずる教育機関において教育をする活動に従事する場合

② 小学校，中学校，義務教育学校，高等学校，中等教育学校，特別支援学校又は専修学校において教員以外の職について教育をする活動に従事する場合

の二つの場合に適用される基準である。これらの場合には，ただし書に該当する場合を除き，本号のイ及びロに規定する要件のいずれにも該当していることが必要とされる。

これら以外の教育機関

「各種学校若しくは設備及び編制に関してこれに準ずる教育機関」以外の教育機関を意味し，したがって，「教育」の在留資格に係る入管法別表下欄に列挙されている教育機関のうち，小学校，中学校，義務教育学校，高等学校，中等教育学校，特別支援学校及び専修学校である。

教員以外の職について教育をする活動に従事する場合は

小学校，中学校，義務教育学校，高等学校，中等教育学校，特別支援学校の教育職員[52]については，原則として，教育職員免許法（昭和24年法律第147号）

52）教育職員免許法第2条第1項は，「この法律において「教育職員」とは，学校（学校教育法（昭和二十二年法律第二十六号）第一条に規定する幼稚園，小学校，中学校，義務教育学校，高等学校，中等教育学校及び特別支援学校（第三項において「第一条学校」という。）並びに就学前の子どもに関する教育，保育等の総合的な提供の推進に関する法律（平成十八年法律第七十七号）第二条第七項に規定する幼保連携型認定こども園（以下「幼保連携型認定こども園」という。）をいう。以下同じ。）の主幹教諭（幼保連携型認定こども園の主幹養護教諭及び主幹栄養教諭を含む。以下同じ。），指導教諭，教諭，助教諭，養護教諭，養護助教諭，栄養教諭，主幹

により授与する各相当の免許状を有する者でなければならないとされており（同法３条１項），また，専修学校については，学校教育法第129条第３項により，「専修学校の教員は，その担当する教育に関する専門的な知識又は技能に関し，文部科学大臣の定める資格を有する者でなければならない。」と定められている。それゆえ，これらの教育機関において教育をする活動に従事する場合については，例外的に，教員以外の職について教育をする活動に従事する場合に限り，第１号のイ及びロの定める要件に適合することを必要とすることとしたものである。

（第１号ただし書）

本号のただし書は，平成６年法務省令第15号による基準省令の改正で加えられた本号本文の例外を定める規定である。[53)]

各種学校又は設備及び編制に関してこれに準ずる教育機関であって，法別表第一の一の表の外交若しくは公用の在留資格又は四の表の家族滞在の在留資格をもって在留する子女に対して，初等教育又は中等教育を外国語により施すことを目的として設立された教育機関

「外交」，「公用」又は「家族滞在」の在留資格をもって在留する子女に対して外国語で初等教育又は中等教育を行うことを目的として設立されたいわゆるインターナショナルスクールを意味する。ただし，各種学校又は設備及び編制に関してこれに準ずる教育機関であることが必要である。

当該教育機関の設立の目的がこのようなものであれば，実際には，「外交」，「公用」又は「家族滞在」の在留資格をもって在留する者以外の外国人も通学していても，当該教育機関において教育をする活動に従事する外国人は，本号ただし書の適用の対象となる。

「初等教育又は中等教育」とは，幼稚園，小学校，中学校，義務教育学校，高等学校，中等教育学校，特別支援学校及び幼保連携型認定こども園におけ

保育教諭，指導保育教諭，保育教諭，助保育教諭及び講師（以下「教員」という。）をいう。」と定めている。

53）この改正について，「平成10年版入管白書」には，「インターナショナル・スクールの教員は，外国語により外国人子女に対して初等・中等教育に相当するものを行うため，日本人による代替が困難であるという実状等に配慮したものである。」（105頁）と記載されている。

る教育を意味する。[54)]

本号のただし書は，このような教育機関で教育をする活動に従事する場合は，本号の要件のうちイの要件に適合すれば足り，本号ロの要件には適合することを必要とはしないこととしたものである。

なお，「初等教育又は中等教育」には，幼稚園及び幼保連携型認定こども園における教育が含まれるが，「教育」の在留資格に係る入管法別表下欄の規定により，幼稚園及び幼保連携型認定こども園において教育をする活動は「教育」の在留資格に該当する活動とはされていない。しかしながら，別表下欄の規定は，「教育」の在留資格をもって在留する外国人が教育をする活動を行う機関を同欄に列挙された機関に限定するだけで教育内容を限定するものではなく，本号のただし書に規定されている各種学校又は設備及び編制に関して各種学校に準ずる教育機関において教育をする活動には，その教育内容が幼稚園及び幼保連携型認定こども園で行われるような教育も含まれるものと解すべきである。

(第１号イ)

イは，⑴⑵⑶の三つの要件を定めているが，そのうちのいずれかに該当していれば足りる。

⑴に該当するためには，その外国人が，

①　大学を卒業した者

②　大学卒業した場合と同等以上の教育を受けた者

のいずれかに該当することが必要である。

①及び②については，研究の２の（第１号本文）の解説を参照。ただし，「研究」の在留資格に係る基準の第１号では「大学」は，短期大学を除くものとされている（同号の「大学」に付された括弧書の規定）が，本号の「大学」については，短期大学を除くとの規定はないので，短期大学卒業又は短期大学卒業と同等以上の教育を受けた者も上記⑴の要件に適合する。

⑵の規定は，平成23年法務省令第22号による改正で設けられた規定である。

54）文部科学省設置法（平成11年法律第96号）第４条第７号参照。

同改正については，研究の２の（第１号本文）の解説を参照。

基準省令制定当時のイは，「大学を卒業し若しくはこれと同等以上の教育を受け，又は行おうとする教育に係る免許を有していること」との規定であり，この規定の下では，専修学校の専門課程を修了し「専門士」又は「高度専門士」の称号を付与されても，そのことによりイに該当することとはされていなかった。そこで，平成23年法務省令第22号による改正で(2)の規定が新設され，同時に，従来定められていた要件が，改めて(1)及び(3)として規定された。[55)]

(2)の要件に該当するためには，まず，許可を受けようとする外国人が，①日本の専修学校の専門課程を修了していること，及び②当該外国人が，当該専修学校において，日本の教育機関において行おうとする教育の内容に応じた当該教育を行うために必要な技術又は知識に係る科目を専攻していたことの二つが必要である。

加えて，括弧書の規定により，当該専修学校の専門課程の修了は，法務大臣が告示をもって定める要件に該当するものでなければならない。法務大臣が告示をもって定める要件は，「出入国管理及び難民認定法第七条第一項第二号の基準を定める省令の専修学校の専門課程の修了に関する要件を定める件」第２号において，①本邦において専修学校の専門課程の教育を受け，「専修学校の専門課程の修了者に対する専門士及び高度専門士の称号の付与

55）平成23年法務省令第22号による基準省令の改正について，「平成24年版入管白書」には，次のように記載されている。「従来，我が国の専門学校を卒業し「専門士」の称号を付与された外国人が，本邦在留中に我が国において就職する場合は，「技術」，「人文知識・国際業務」等の就労に係る在留資格への変更を認めてきていた一方，我が国において就職することなく，一旦帰国してしまった「専門士」については，「技術」，「人文知識・国際業務」等の在留資格により本邦に入国しようとする場合，上陸許可基準（省令）に大学卒の学歴等を求める要件があり，これらの在留資格により本邦への入国を許可することができなかった。これについて，就職支援等の施策を通じた留学生の受入れ促進の観点から「新成長戦略実現に向けた３段構えの経済対策」（平成22年９月10日閣議決定）において，留学生の就職支援のため，専門学校を卒業した留学生が帰国してしまった場合でも，既に取得している「専門士」の称号をもって就労可能な在留資格を申請することについて平成22年度中に検討し結論を得ることとされた。これを受けて，我が国での就職を希望しながら就職できずに本国に帰国する専門学校卒業生も多いことにかんがみ，留学生に対する更なる就職支援を図るため，専門士の称号を付与された専門学校卒業生について，上陸許可基準（省令）における学歴要件を満たすことができるよう，在留資格「教育」，「技術」，「人文知識・国際業務」及び特定情報処理活動に係る「特定活動」の上陸許可基準（省令）を改正することとし，平成23年７月１日，改正省令を公布・施行した。」（76頁）

に関する規程」第２条の規定により専門士と称することができること，又は②同規程第３条の規定により高度専門士と称することができることのいずれかに該当する者であることと定められている。

⑶の「免許」は，行おうとしている教育に係るものでなければならないが，特に日本の免許とか教育職員免許法に基づく免許等とは規定されていないので，外国の免許も含まれるものと解される。

（第１号ロ）

ロは，上陸の申請を行った外国人が行おうとする教育が外国語の教育である場合と外国語以外の科目の教育である場合とに分けて，そのそれぞれの場合について異なる要件を定めている。

まず，上陸の申請を行った外国人が外国語の教育をしようとする場合は，「当該外国語により十二年以上の教育を受けていること」が必要とされる。

「当該外国語により」とは，その外国人が本邦において教育をしようとしている外国語を使ってと言う意味であり，教育の内容は限定されていない。当該外国語に係る語学の教育であることは必要ではない。ある言語を日常使用する地域での教育は，通常，当該言語により行われるが，そうではない地域で受けた教育であっても，その外国語を使って行われた教育であれば，当該言語により教育を受けたことに該当する。12年は，日本での小学校，中学校及び高等学校の教育期間の合計を考慮したものと思われるが，その外国語を使って行われた教育であれば，教育機関の種類は限定されていない。

一方，上陸の申請を行った外国人が外国語以外の科目の教育をしようとする場合は，当該科目の教育に５年以上従事した実務経験を有していることが必要とされている。

（第２号）

本号は，「教育」の在留資格で上陸許可を受けようとする全ての場合に適用される。

「日本人が従事する場合に受ける報酬と同等額以上の報酬を受けること」については，第１章総論のⅦを参照。

技術・人文知識・国際業務

本邦の公私の機関との契約に基づいて行う理学，工学その他の自然科学の分野若しくは法律学，経済学，社会学その他の人文科学の分野に属する技術若しくは知識を要する業務又は外国の文化に基盤を有する思考若しくは感受性を必要とする業務に従事する活動（一の表の教授の項，芸術の項及び報道の項の下欄に掲げる活動並びにこの表の経営・管理の項から教育の項まで及び企業内転勤の項から興行の項までの下欄に掲げる活動を除く。）

1　「技術」と「人文知識・国際業務」の統合等

「技術・人文知識・国際業務」の在留資格は，平成元年法律第79号による入管法の改正で新設された当時は，「技術」の在留資格及び「人文知識・国際業務」の在留資格という二つの在留資格として新設された。

「技術」の在留資格は，平成元年法律第79号による改正前の入管法第４条第１項第12号「産業上の高度な又は特殊な技術又は技能を提供するために本邦の公私の機関により招へいされる者」を前身とするものであるが，同改正で，「本邦の公私の機関との契約に基づいて行う理学，工学その他の自然科学の分野に属する技術又は知識を要する業務に従事する活動」とされ，在留活動の内容が自然科学の分野に属する技術又は知識を要する業務に従事する活動全般に拡大された。

「人文知識・国際業務」の在留資格も，平成元年法律第79号による入管法の改正で新設された在留資格である。「本邦の公私の機関との契約に基づいて行う法律学，経済学，社会学その他の人文科学の分野に属する知識を要する業務又は外国の文化に基盤を有する思考若しくは感受性を必要とする業務に従事する活動」と，前半部分において，人文科学の分野（後述するとおり，人文科学には，狭い意味での人文科学のほか，社会科学を含む。）に属する知識を要する業務に従事する活動が規定され，後半部分において，外国の文化に基盤を有する思考又は感受性を必要とする業務に従事する活動が規定され，これらの活動のいずれか又は双方を一つの在留資格により行うことができた。すなわち，例えば，公私の機関に雇用等された後，社内異動等で前者に係る業務から後者に係る業務に従事することになっても在留資格の変更を受ける必要がないように規定されていた。

そして，平成26年法律第74号による入管法の改正により，「技術」の在留資格と「人文知識・国際業務」の在留資格が統合されて「技術・人文知識・国際業務」という一つの在留資格が規定された。

これは，実際に本邦の企業等で勤務する外国人が従事している業務を見た場合，自然科学の分野に属する知識と人文科学の分野に属する知識との双方を必要とする業務も多く存在するなど，自然科学の分野に属する技術又は知識を要する業務と人文科学の分野に属する技術又は知識を要する業務とを明確に区分することが困難となってきていること，また，自然科学の分野に属する技術又は知識を要すると同時に外国の文化に基盤を有する思考又は感受性を必要とする業務もあること，さらには，自然科学の分野に属する技術又は知識を要する業務と人文科学の分野に属する技術又は知識を要する業務の双方や自然科学の分野に属する技術又は知識を要する業務と外国の文化に基盤を有する思考又は感受性を必要とする業務の双方を，同じ本邦の公私の機関との契約に基づく勤務の中で行うこともあり得ることなどを考慮したものである[56]。

それゆえ，「技術・人文知識・国際業務」の在留資格をもって在留する外国人は，本邦の公私の機関との契約に基づいて，①自然科学の分野に属する技術又は知識を要する業務，②人文科学の分野に属する技術又は知識を要する業務及び③外国の文化に基盤を有する思考又は感受性を必要とする業務のいずれか一若しくは二又はこれらの全てに該当する業務に従事する活動を行うことができる。

56）榊原法務省入国管理局長は，平成26年６月10日の参議院法務委員会において，「今回の改正で技術と人文知識・国際業務の一本化を行う理由といたしましては，いわゆる理系の専門職に係る在留資格である技術と，文系の専門職に係る在留資格である人文知識・国際業務を一本化いたしますのは，近年，企業における人材活用の在り方が多様化しており，技術の在留資格に該当するのか，人文知識・国際業務の在留資格に該当するのか不明確な場合があることを踏まえたものでございます。」と述べている（186回参法22号18頁）。

なお，「技術・人文知識・国際業務」の在留資格の新設の際に，「人文知識・国際業務」の在留資格にはなかった「人文科学の分野に属する技術を要する業務」が追加され「人文科学の分野に属する技術又は知識を要する業務」と規定された。具体的には，市場リスクや信用リスクをコントロールする金融技術や，高度な統計的手法を用いて経済モデル学を応用したシステム設計に係る業務が「人文科学の分野に属する技術を要する業務」として想定されている。

2　技術・人文知識・国際業務の在留資格

(活動の内容)

「技術・人文知識・国際業務」の在留資格に対応する活動は，本邦の公私の機関との契約に基づいて行う次の①又は②のいずれか又は双方の業務に従事する活動である。当該業務は，当該機関の業務には限られていないが，「技術・人文知識・国際業務」の在留資格は就労資格であり，当該業務に従事する活動は，就労活動として行われるものでなければならない。

① 理学，工学その他の自然科学の分野又は法律学，経済学，社会学その他の人文科学の分野に属する技術又は知識を要する業務

② 外国の文化に基盤を有する思考又は感受性を必要とする業務

「本邦の公私の機関」については，第１章総論のⅣを，また，「契約に基づいて」については，第１章総論のⅤを，それぞれ参照。

理学，工学その他の自然科学の分野に属する技術又は知識

理学，工学は，いずれも例示である。「自然科学の分野に属する技術又は知識」とは，科学の分野を，自然科学と人文科学の二つに分類した場合における自然科学の分野に属する技術又は知識をいう（いわゆる理系と文系という場合の理系の分野の技術又は知識を意味するが，理系と文系の定義は必ずしも明確ではない。）。

法律学，経済学，社会学その他の人文科学の分野に属する技術又は知識を要する業務

法律学，経済学，社会学も，いずれも例示である。「人文科学の分野に属

する技術又は知識」とは，科学の分野を，自然科学と人文科学の二つに分類した場合における人文科学の分野に属する技術又は知識を意味し，社会科学の分野に属する技術又は知識を含む。

「自然科学又は人文科学の分野に属する技術又は知識を要する業務」とは，その業務に従事するためには，自然科学又は人文科学の分野に属する技術又は知識が必要不可欠であり，そのような技術又は知識を有しない者では従事することができない業務を意味する。

もっとも，例えば，企業に雇用されてその企業の業務に従事する場合，様々な業務に従事することとなるのが通常であり，そのような場合に，従事する個々の業務全てが自然科学又は人文科学の分野に属する技術又は知識を要するものであることが必要であるということではない。外国人が当該企業において従事する業務を全体として見た場合に，当該技術又は知識がなければ，少なくともその業務の主要な部分を遂行することができないときに，その外国人の従事する業務は，当該技術又は知識を要する業務であるということができる。

外国の文化に基盤を有する思考又は感受性を必要とする業務

「外国の文化に基盤を有する」とは，外国のそれぞれの国の文化に根差すという意味であり，「思考又は感受性」とは，考え方や感覚を意味する。

「必要とする業務」は，「要する業務」と同じであり，そのような思考又は感受性を有する者でなければ行うことができない業務であることを意味する。

この業務に係る活動は，科学的・専門的な技術又は知識をもって就労する外国人の受入れではなく，外国のそれぞれの国の文化的背景の下に培われた思考や感受性を活かしてわが国で就労する外国人を受け入れようとするものである。したがって，当該外国の文化に基盤を有する思考や感受性は，その外国の国籍を有することによって当然に取得するというものではなく，国籍の有無とは関係なく，当該外国で生まれ育ち，あるいは長期間生活することなどによって得られるものである。[57)]

57）法務省入国管理局政策課「解説　人文知識・国際業務の在留資格とその基準について」（国際人流1991年６月号）には，次のように記載されている。「従来から，外国人ならではの感性を生

「「技術・人文知識・国際業務」の在留資格の明確化等について」（平成20年3月，令和３年３月改訂）により，典型的な事例として，次のようなものが公表されている（契約機関，経験，報酬等に係る内容も公表されている。）[58]。

○　オンラインゲームの開発案件に関するシステムの設計，総合試験及び検査等の業務に従事するもの

○　ソフトウェアエンジニアとしてコンピュータ関連サービスに従事するもの

○　コンピュータ・プログラマーとして，開発に係るソフトウェアについて顧客との使用の調整及び仕様書の作成等の業務に従事するもの

○　本邦の外資系自動車メーカーに派遣されて技術開発等に係るプロジェクトマネージャーとしての業務に従事するもの

○　取引レポート，損益データベース等の構築に係る業務に従事するもの

○　建設技術の基礎及び応用研究，国内外の建設事情調査等の業務に従事するもの

○　土木及び建築における研究開発・解析・構造設計に係る業務に従事するもの

○　CAD及びCAEのシステム解析，テクニカルサポート及び開発業務に従事するもの

○　研究所において情報セキュリティプロジェクトに関する業務に従事するもの

○　語学教師としての業務に従事するもの

かして我が国で働く外国人の受入れというようなことが言われてきたところですが，国際業務の活動は，このような外国人を受け入れるために設けられたものです。外国で生まれ育った者等が，外国に長期間居住して身につけたその外国の文化を背景とする思考又は感受性をもって，そのような思考又は感受性を必要とする業務，言いかえれば，特別な場合は別として，日本で生まれ，育ち，長期間外国に居住したことのない一般の日本人では遂行できないような業務に従事する外国人を受け入れるものです。従来から，日本人では代わることができないという意味において，「非代替性」ということがよく言われてきましたが，この国際業務の活動はこのような非代替性を有する外国人の活動であると言うことができます。」（17‐18頁）

58）これとは別に，「外国人IT人材の在留資格と高度人材ポイント制について」（平成27年12月。令和２年１月改訂）において，IT関係企業において就労する場合について，許可事例が公表されている。

○　外航船の用船・運航業務のほか，社員の教育指導を行うなどの業務に従事するもの
○　会社の海外事業本部において本国の会社との貿易等に係る会計業務に従事するもの
○　語学を生かして空港旅客業務及び乗り入れ外国航空会社との交渉・提携業務等に従事するもの
○　本国のIT関連企業との業務取引等におけるコンサルタント業務に従事するもの
○　本国との取引業務における通訳・翻訳業務に従事するもの
○　本国と日本との間のマーケティング支援業務として，市場，ユーザー，自動車輸入動向の調査実施及び自動車の販売管理・需給管理，現地販売店との連携強化等に係る業務に従事するもの
○　国際線の客室乗務員として，緊急事態対応・保安業務のほか，乗客に対する母国語，英語，日本語を使用した通訳・案内等を行い，社員研修等において語学指導などの業務に従事するもの

（括弧書の規定）

「技術・人文知識・国際業務」の在留資格に係る別表下欄の末尾の括弧書の規定は，本邦の公私の機関との契約に基づいて行う自然科学若しくは人文科学の分野に属する技術若しくは知識を要する業務又は外国の文化に基盤を有する思考又は感受性を必要とする業務に従事する活動であっても，「教授」，「芸術」，「報道」，「経営・管理」，「法律・会計業務」，「医療」，「研究」，「教育」，「企業内転勤」，「介護」又は「興行」のいずれかの在留資格に対応する活動（これらの在留資格に係る別表下欄に掲げられている活動）に属するものは，「技術・人文知識・国際業務」の在留資格ではなく，これらの在留資格に該当することとするものである。

例えば，芸術上の活動や興行に係る活動は，外国の文化に基盤を有する思考又は感受性を必要とする場合も多いと考えられるが，「技術・人文知識・国際業務」の在留資格ではなく，「芸術」や「興行」の在留資格に該当する。

なお，この括弧書の規定によって，ある外国人が本邦において行おうとす

る活動が「技術・人文知識・国際業務」の在留資格に該当せずこれらのうちのいずれかの在留資格に該当する結果，「技術・人文知識・国際業務」の在留資格に係る基準であれば適合するが，該当する在留資格に係る基準には適合しないため上陸のための条件に適合しないという場合も生じ得る。しかし，このような場合でも，上陸のための条件に適合するものとして「技術・人文知識・国際業務」の在留資格の決定を受けることができないことはいうまでもなく，また，該当する在留資格についても上陸のための条件に適合しないこととなる。上陸許可基準は，ある在留資格に該当することを前提に，入国審査官から当該在留資格の決定を受けるために必要とされる要件であり，その場合に適合すべき基準は，当該在留資格について定められた基準である。

(在留期間)

「技術・人文知識・国際業務」の在留資格に伴う在留期間は，５年，３年，１年又は３月である（入管法施行規則３条及び同規則別表第二）。

3　技術・人文知識・国際業務の基準

申請人が次のいずれにも該当していること。ただし，申請人が，外国弁護士による法律事務の取扱いに関する特別措置法（昭和六十一年法律第六十六号）第五十八条の二に規定する国際仲裁事件の手続等及び国際調停事件の手続についての代理に係る業務に従事しようとする場合は，この限りでない。

一　申請人が自然科学又は人文科学の分野に属する技術又は知識を必要とする業務に従事しようとする場合は，従事しようとする業務について，次のいずれかに該当し，これに必要な技術又は知識を修得していること。ただし，申請人が情報処理に関する技術又は知識を要する業務に従事しようとする場合で，法務大臣が告示をもって定める情報処理技術に関する試験に合格し又は法務大臣が告示をもって定める情報処理技術に関する資格を有しているときは，この限りでない。

イ　当該技術若しくは知識に関連する科目を専攻して大学を卒業し，又はこれと同等以上の教育を受けたこと。

ロ　当該技術又は知識に関連する科目を専攻して本邦の専修学校の専門課

程を修了（当該修了に関し法務大臣が告示をもって定める要件に該当する場合に限る。）**したこと。**

ハ　十年以上の実務経験（大学，高等専門学校，高等学校，中等教育学校の後期課程又は専修学校の専門課程において当該技術又は知識に関連する科目を専攻した期間を含む。）**を有すること。**

二　申請人が外国の文化に基盤を有する思考又は感受性を必要とする業務に従事しようとする場合は，次のいずれにも該当していること。

イ　翻訳，通訳，語学の指導，広報，宣伝又は海外取引業務，服飾若しくは室内装飾に係るデザイン，商品開発その他これらに類似する業務に従事すること。

ロ　従事しようとする業務に関連する業務について三年以上の実務経験を有すること。ただし，大学を卒業した者が翻訳，通訳又は語学の指導に係る業務に従事する場合は，この限りでない。

三　日本人が従事する場合に受ける報酬と同等額以上の報酬を受けること。

（柱書の規定）

柱書の本文は，「申請人が次のいずれにも該当すること」と定めていることから，ただし書の適用を受ける場合を除き，上陸の申請を行った外国人が，第１号から第３号までのいずれにも該当することが必要とされているが，実際には，第１号は自然科学又は人文科学の分野に属する技術又は知識を必要とする業務に従事する場合に，第２号は外国の文化に基盤を有する思考又は感受性を必要とする業務に従事する場合に，それぞれ適用されることから，前者の場合は第１号及び第３号に，後者の場合は第２号及び第３号に該当することが必要となる。

ただし書は，例外として，第１号から第３号までの要件に該当することを要しない場合を定めたものである。このただし書は，平成８年法律第65号による外国弁護士による法律事務の取扱いに関する特別措置法（昭和61年法律第66号）の改正を受けて平成８年法務省令第58号による基準省令の改正で加えられた規定であるが，その後，このただし書の規定は，令和２年法務省令第

47号により一部改正された。[59]

同法は第２条第２号において「外国弁護士」を「外国（法務省令で定める連邦国家にあっては，その連邦国家の州，属地その他の構成単位で法務省令で定めるものをいう。以下同じ。）において法律事務を行うことを職務とする者で弁護士に相当するものをいう。」とする。

次に，同法は，第２条第11号において「国際仲裁事件」を「民事に関する仲裁事件であって，次のいずれかに該当するものをいう。」として，次のイ及びロを定める。

イ　当事者の全部又は一部が外国に住所又は主たる事務所若しくは本店を有する者であるもの（当事者の全部又は一部の発行済株式（議決権のあるものに限る。）又は出資の総数又は総額の百分の五十を超える数又は額の株式（議決権のあるものに限る。）又は持分を有する者その他これと同等のものとして法務省令で定める者が外国に住所又は主たる事務所若しくは本店を有する者であるものを含む。）

ロ　仲裁廷が仲裁判断において準拠すべき法（当事者が合意により定めたものに限る。）が日本法以外の法であるもの

ハ　外国を仲裁地とするもの

59）制定当初の「人文知識・国際業務」の在留資格に係る基準では，柱書は規定されておらず，第１号が人文科学の分野に属する知識を必要とする活動に従事しようとする場合の基準を，また，第２号が外国の文化に基盤を有する思考又は感受性を必要とする業務に従事しようとする場合の基準を定めていた。このただし書の規定は，平成８年法務省令第58号による改正で，「国際仲裁事件の手続についての代理に係る業務」に関し，第１号のただし書として加えられた。その後，平成11年法務省令第35号により，「人文知識・国際業務」の在留資格の基準が全部改正され，柱書が定められた際に柱書のただし書として規定され，「技術・人文知識・国際業務」の在留資格に係る基準に踏襲された。令和２年法律第33号による外国弁護士による法律事務の取扱いに関する特別措置法の一部改正により，同法第58条の２の「国際仲裁事件の手続についての代理」が「国際仲裁事件の手続等及び国際調停事件の手続についての代理」に改正されたことに伴い，令和２年法務省令第47号による基準省令の改正により，現行の規定となった。

　平成８年法務省令第58号による改正については，「平成10年版入管白書」に次のように記載されている。「「外国弁護士による法律事務の取扱いに関する特別措置法」の一部を改正する法律が平成８年９月１日に施行され，これにより，外国弁護士は，外国において依頼され又は受任した国際仲裁事件の手続についての代理を行うことができることとなった（同法第58条の２）。この改正により，今後，民事・商事の分野において国際間で発生した紛争を解決するために，我が国の企業又は個人が外国弁護士と契約し，当該企業又は個人に係る仲裁手続についてその代理を依頼することとなった場合，当該代理に係る業務の遂行を目的とした我が国への入国が可能となるよう，平成８年９月，「人文知識・国際業務」の在留資格に係る基準を改正している。なお，外国弁護士が「法律・会計業務」の在留資格に該当しないのは，「法律・会計業務」には日本の法律上の資格が必要であり，外国弁護士はその要件に該当しないことによる。」（100頁）

そして，「国際仲裁事件の手続（当該手続の進行中に仲裁人が試み，又は当事者間で行われる和解の手続を含む。）及び当該国際仲裁事件に係る仲裁合意の対象とされる民事上の紛争に関する調停の手続（あっせんの手続を含み，民間事業者によって実施されるものに限る。）」を「国際仲裁事件の手続等」というものとする（同法5条の3第1号）。

次に，同法は第2条第11号の2において「国際調停事件」を「民事に関する調停事件（民事に関するあっせん事件を含み，民事上の契約又は取引のうち，その当事者の全部が法人その他の社団若しくは財団又は事業として若しくは事業のために当該民事上の契約若しくは取引の当事者となる個人であるものに関する紛争に係る事件に限る。）であって，次のいずれかに該当するものをいう。」として，次のイ及びロを定めている。

イ　当事者の全部又は一部が外国に住所又は主たる事務所若しくは本店を有する者であるもの（当事者の全部又は一部の発行済株式（議決権のあるものに限る。）又は出資の総数又は総額の百分の五十を超える数又は額の株式（議決権のあるものに限る。）又は持分を有する者その他これと同等のものとして法務省令で定める者が外国に住所又は主たる事務所若しくは本店を有する者であるものを含む。）

ロ　当該紛争に係る民事上の契約又は取引によって生ずる債権の成立及び効力について適用すべき法（当事者が合意により定めたものに限る。）が日本法以外の法であるもの

以上のような用語の定義を前提に同法第58条の2は，「外国弁護士（外国法事務弁護士である者を除く。）であつて外国において当該弁護士となる資格を基礎として法律事務を行う業務に従事している者（国内において雇用されて外国法に関する知識に基づいて労務の提供を行つている者を除く。）は，弁護士法第七十二条の規定にかかわらず，その外国において依頼され又は受任した国際仲裁事件の手続等及び国際調停事件の手続についての代理を行うことができる。」と規定している。

「申請人が，外国弁護士による法律事務の取扱いに関する特別措置法（昭和六十一年法律第六十六号）第五十八条の二に規定する国際仲裁事件の手続等及び国際調停事件の手続についての代理に係る業務に従事しようとする場合」

とは，外国弁護士による法律事務の取扱いに関する特別措置法第58条の２の規定に基づき，外国弁護士が，国際仲裁事件の手続等及び国際調停事件の手続についての代理に係る業務に従事しようとする場合を意味する。

ただし，「技術・人文知識・国際業務」の在留資格の対象となるのは，この国際仲裁事件の手続等及び国際調停事件の手続についての代理に係る業務を，本邦の公私の機関との契約に基づいて行う場合であり，本邦の公私の機関との契約に基づいて行うものでない場合は，「特定活動」の在留資格の対象となる。この点については，特定活動の告示第８号に係る解説を参照。

（第１号）

第１号は，自然科学又は人文科学の分野に属する技術又は知識を必要とする業務に従事しようとする場合に適用される要件で，学歴・経験年数に関する要件を定めた規定である。

「従事しようとする業務について，次のいずれかに該当し，これに必要な技術又は知識を修得していること」との規定は，上陸の申請を行った外国人が日本国内において従事することを予定している業務に関して，ただし書に該当する場合を除き，本号のイ，ロ又はハのいずれかに該当する経歴を有して当該業務に従事するために必要な技術又は知識を修得していることを要件として定めたものである。

本号イの「当該技術若しくは知識に関連する科目を専攻して大学を卒業し」とは，日本国内において従事することを予定している業務に必要な自然科学又は人文科学の分野に属する技術又は知識に関連する科目を専攻して大学を卒業したことを意味する。大学を卒業していても，日本において従事することを予定している業務に必要な技術又は知識に関連する科目以外の科目を専攻して卒業した場合には，この要件に適合しない。なお，卒業した「大学」は，日本の大学に限られない。外国の大学を卒業した者も，日本において従事することを予定している業務に必要な技術又は知識に関連する科目を専攻して卒業した場合には，この要件に適合する。

「これと同等以上の教育を受けた」とは，日本において従事することを予定している業務に必要な技術又は知識に関連する科目を専攻して大学を卒業したのと同等以上の教育を受けたことを意味する。単に大学卒業と同等と評価される教育を受けたということだけではなく，その教育内容においても，大学で当該技術又は知識に関連する科目を専攻したのと同等と評価できることが必要である。

本号ロの「当該技術又は知識に関連する科目を専攻して本邦の専修学校の専門課程を修了（当該修了に関し法務大臣が告示をもって定める要件に該当する場合に限る。）したこと」との規定は，平成23年法務省令第22号による基準省令の改正で，専門学校卒業生の就職支援の観点から設けられた。[60)]

なお，「法務大臣が告示をもって定める要件」は，「出入国管理及び難民認定法第７条第１項第２号の基準を定める省令の専修学校の専門課程の修了に関する要件を定める件」第２号に定められており，本邦において専修学校の専門課程の教育を受け，専修学校の専門課程の修了者に対する専門士及び高度専門士の称号の付与に関する規程第２条の規定により専門士と称することができる者又は同規程第３条の規定により高度専門士と称することができる者のいずれかに該当することである。

本号ハの，「10年以上の実務経験（大学，高等専門学校，高等学校，中等教育学校の後期課程又は専修学校の専門課程において当該技術又は知識に関連する科目を専攻した期間を含む。）を有すること」の「10年以上の実務経験」は，本邦において従事することを予定している業務を遂行するために必要な技術又は知識を修得することができるような実務経験であることが必要である。

実務経験に付された括弧書は，この10年の実務経験の期間には，大学，高等専門学校，高等学校，中等教育学校の後期課程，専修学校の専門課程のいずれかにおいて，当該技術又は知識に関連する科目を専攻した期間を算入す

60）制定当初の基準省令では，「技術」，「人文知識・国際業務」のいずれの在留資格についても，「従事しようとする業務について，これに必要な技術若しくは知識に係る科目を専攻して大学を卒業し若しくはこれと同等以上の教育を受け又は10年以上の実務経験（大学，高等専門学校，高等学校又は専修学校の専門課程において当該技術又は知識に係る科目を専攻した期間を含む。）により，当該技術若しくは知識を修得していること。」との規定であった。その後，平成11年法務省令第12号による改正で10年以上の実務経験に付された括弧書の規定に列挙された教育機関に中等教育学校の後期課程が加えられた後，平成23年法務省令第22号による改正で，現行のように改正され，「技術・人文知識・国際業務」の在留資格に係る基準に踏襲された。なお，「教育」の在留資格に係る基準の解説を参照。

ることとしたものである。なお，この場合は，これらの学校を卒業していることは必要ではない。

ただし書は，IT技術者の受入れの拡大を目的として，平成13年法務省令第79号による改正で当時の「技術」の在留資格に係る基準として加えられたものである。この改正は，平成13年３月のIT戦略本部による「e-JAPAN重点計画—高度通信ネットワーク社会の形成に関する重点計画—」及び平成13年３月30日に閣議決定された「規制改革推進３か年計画」等を受けて行われたものである。[61)]

平成26年法律第74号による改正により「技術・人文知識・国際業務」の在留資格となった後もこのただし書を継承している。

ただし書の適用の対象となるのは，上陸の申請を行った外国人が，次の①に該当し，かつ，②又は③のいずれかに該当するときである。この場合には，本号本文の要件に適合する必要がない。

① 情報処理に関する技術又は知識を要する業務に従事しようとすること。

② 法務省告示で定められている情報処理技術に関する試験に合格していること。

③ 法務省告示で定められている情報処理技術に関する資格を有していること。

「申請人が情報処理に関する技術又は知識を要する業務に従事しようとする場合で」との規定は，ただし書の規定に基づく特例の対象となるのは，情報処理に関する技術又は知識を要する業務に従事する場合であることを意味

61）規制改革推進３か年計画は「Ⅲ　分野別措置事項」の１ウの②，「外国人IT技術者受け入れ関連制度の見直し」において「IT技術者などの専門的・技術的分野の業務に従事する外国人を一層積極的に受け入れ，我が国における高度な技術や知識を有する人材の確保を図るため，IT技術者に関する上陸許可基準等外国人受入れ関連制度の見直しについて検討を行い，所要の措置を講ずる。」とした。なお，「平成15年版入管白書」には，この改正について，「IT関連技術者の受入れ拡大のニーズに応えるものとして13年２月に在留資格「技術」に係る基準省令（上陸許可基準）を一部改正し，IT技術者受入れに関する緩和措置をとることとした。具体的には，日本のIT関連資格と相互認証された外国の資格・試験のうち，法務大臣が告示で定めた試験に合格し，又は資格を有している外国人については，「技術」の在留資格に関する上陸許可基準である「大卒若しくは大卒相当以上の学歴又は10年以上の実務経験」に関わりなく入国できることとした。」（110頁）と記載されている。

する。ただし，当然のことながら，上陸のための条件に適合するためには，前提として在留資格に該当しなければならないので，入管法第７条第１項第２号の上陸のための条件への適合性の観点からは，この情報処理に関する技術又は知識は自然科学又は人文科学の分野に属する技術又は知識でなければならず，また，当該業務に従事する活動は本邦の公私の機関との契約に基づいて行うもので，「技術・人文知識・国際業務」の在留資格に係る別表下欄の末尾の括弧書で除外されている他の在留資格に対応する活動に該当しないものでなければならない。

「法務大臣が告示をもって定める情報処理技術に関する試験に合格し又は法務大臣が告示をもって定める情報処理技術に関する資格を有しているとき」とは，上陸の申請を行った外国人が，法務省告示で定められている情報処理技術に関する試験に合格した者又は法務省告示で定められている情報処理技術に関する資格を有する者のいずれかであることを意味する。

「法務大臣が告示をもって定める情報処理技術に関する試験」は，「出入国管理及び難民認定法第７条第１項第２号の基準を定める省令の技術・人文知識・国際業務の在留資格に係る基準の特例を定める件」（平成25年法務省告示第437号）の第１号から第10号までに定められている。

「法務大臣が告示をもって定める情報処理技術に関する資格」は，同告示の第11号及び第12号に定められている。いずれも外国の資格である。

(第２号)

本号は，上陸の申請を行った外国人が外国の文化に基盤を有する思考又は感受性を必要とする業務に従事しようとする場合に適用される。イ及びロの二つの要件のいずれにも該当することを要する。

イは，「翻訳，通訳，語学の指導，広報，宣伝又は海外取引業務，服飾若しくは室内装飾に係るデザイン，商品開発その他これらに類似する業務に従事すること」であり，外国人が外国の文化に基盤を有する思考又は感受性を必要とする業務に従事しようとする場合に従事することができる業務を限定した規定である。イに規定されていない業務に従事しようとする場合は，当該業務が外国の文化に基盤を有する思考又は感受性を必要とする業務であっても，基準には適合しない。イに規定されている業務は，翻訳，通訳，語学の指導，広報，宣伝，海外取引業務，服飾又は室内装飾に係るデザイン，商品開発及び海外取引業務以下の業務に類似する業務である。「これら」は，「又は」以下に列挙されている業務，すなわち，海外取引業務，服飾に係るデザイン，室内装飾に係るデザイン及び商品開発を意味する。

ロは，そのただし書に該当する場合を除き，「従事しようとする業務に関連する業務について３年以上の実務経験を有すること」を要件として定めたものである。「関連する業務」と規定されているのは，外国の文化に基盤を有する思考又は感受性を必要とする業務に従事する活動であるので，出身国においては，そのような業務に直接従事する機会は少ないと考えられることなどを考慮したものである。

ロのただし書は，大学を卒業した者が翻訳，通訳又は語学の指導に係る業務に従事する場合は，ロの本文の規定により必要とされる３年以上の実務経験を有することを要しないこととしたものである。これは，外国の文化に基盤を有する思考又は感受性を必要とする業務としての翻訳，通訳又は語学の指導は母国語に係るものが想定されることから，関連する業務についての実務経験を必要としないこととしたものである。ただし，大学を卒業していることが要件とされている。大学は日本の大学に限られない。

（第３号）

本号については，第１章総論のⅦを参照。

なお，基準省令の制定当初は，当時の「人文知識・国際業務」の在留資格に係る基準として，外国の文化に基盤を有する思考又は感受性を必要とする業務に従事しようとする場合についての報酬は，当該業務が外国の文化に基盤を有する思考又は感受性を必要とする業務という通常の日本人が行うことができない業務であることから，「月額25万円以上の報酬を受けること」が要件として規定されていた。しかし，平成11年法務省令第35号による基準省令の改正で，人文科学の分野に属する知識を必要とする業務に従事しようとする場合と同様に，「日本人が従事する場合に受ける報酬と同等額以上の報酬を受けること」に改正された。[62] 平成26年法律第74号による改正により「技術・人文知識・国際業務」の在留資格となった後もこれを継承している。

(国家戦略特別区域外国人海外需要開拓支援等活動促進事業に係る特例)

平成29年法律法律第71号による国家戦略特別区域法の改正により国家戦略特別区域法第16条の７が新設され，同条第１項の国家戦略特別区域外国人海外需要開拓支援等活動促進事業に係る国家戦略特別区域において，外国人が「技術・人文知識・国際業務」の在留資格に対応する活動を本邦において行おうとする活動として在留資格認定証明書の交付の申請を行った場合は，上陸基準省令に定める上陸基準に代えて，海外需要開拓支援等外国人上陸審査基準が適用される（同法16条の７第１項）。[63]

62）この改正の理由について，「平成15年版入管白書」には，「基準の制定当初は，同様の業務を行う日本人が多くないことを想定していたという経緯もあり，基準省令において，「月額25万円以上の報酬を受けること。」という報酬要件が課されていたが，今日これら業務に従事する日本人も多くなり，また，企業等において業務の多様性に応じた処遇を行うことを可能とするためその要件を「日本人が従事する場合に受ける報酬と同等額以上」とし」（111頁）たと記載されている。

63）山本国務大臣は，平成29年４月19日の衆議院本会議における同改正に係る趣旨説明において，「今後，成長戦略をさらに着実に実行していくためには，平成二十九年度末までの集中改革強化期間において，残された規制改革を加速的に推進していくことが不可欠です。本法案は，特区の区域会議や全国の地方自治体，産業界からの提案を踏まえて，国家戦略特区諮問会議等において検討した結果に基づき，経済社会の構造改革をさらに推進するため，日本再興戦略二〇一六で定めた重点分野を初めとする新たな規制改革事項を盛り込んだものであります。」と述べるとともに，法律案の要点として，出入国管理及び難民認定法の特例として，…クールジャパン・インバウンドを促進する人材について，一定の要件のもとで受け入れを推進することとしております。」と述べている（193回衆本20号８頁）。

また，「平成29年版入管白書」には，「海外需要開拓支援人材」として，次のとおり記載されている（76頁）。

クールジャパン・インバウンド対応等に係る専門性を有する外国人材の受入れニーズに機動的に対応し，外国人材の修得した専門的な知識・技能が企業等で最大限活用されるようにするため，国家戦略特別区域法及び構造改革特別区域法の一部を改正する法律（平成29年法律第71号）において，「国家戦略特別区域外国人海外需要開拓支援等活動促進事業」が特例措置として規定された（平成29年９月22日施行）。

本事業は，国家戦略特別区域会議が本事業の対象となる海外需要開拓支援等活動の内容を区域計画に定めようとするとき，あらかじめ，関係府省庁に対して，海外需要開拓支援等活動について，在留資格「技術・人文知識・国際業務」又は「技能」に該当するか否かを協議することとされている。

該当する場合，国家戦略特別区域会議は，現行の上陸許可基準において求められる学歴や実務経験と同等の知識・技能等の水準について，内外の資格・試験や受賞歴等によって代替することができることについて関係府省庁に協議することとなる。

協議の結果，上陸許可基準として妥当であるとされた場合は，国家戦略特別区域会議が本事業を区域計画に定め，当該区域計画が内閣総理大臣の認定を受けたとき，上陸基準省令の特例として政令で定める海外需要開拓支援等外国人上陸審査基準を上陸基準省令で定める規準とみそして，この国家戦略特別区域法第16条の７第１項の規定により交付された在留資格認定証明書を提出して一般上陸の申請を行った外国人については，入管法第７条第１項第２号の上陸のための条件の適用に関しても，上陸許可基準は海外需要開拓支援等外国人上陸審査基準とされる（同法同条第２項）。

国家戦略特別区域外国人海外需要開拓支援等活動促進事業とは，「外国人がその有する知識又は技能を活用して国家戦略特別区域において海外需要開拓支援等活動（新商品の開発又は生産，新役務の開発又は提供，通訳又は翻訳その他の業務に従事することにより，わが国の生活文化の特色を生かした魅力ある商品若しくは役務の海外における需要の開拓又は国内における外国人観光旅客に対するこれらの商品若しくは役務の提供を支援する活動をいう。……）を行うことを促進する事業」（同法同条同項）をいい，いわゆるクールジャパン・インバウンドに係る事業である。

海外需要開拓支援等外国人上陸審査基準は，「国家戦略特別区域における産業の国際競争力の強化及び国際的な経済活動の拠点の形成を図るために我が国の生活文化の特色を生かした魅力ある商品若しくは役務の海外における需要の開拓又は国内における外国人観光旅客に対するこれらの商品若しくは役務の提供を促進することを旨とし，我が国の産業及び国民生活に与える影響その他の事情を勘案して政令で定める基準をいう。」（同法第16条の７第１項）とされ，国家戦略特別区域法施行令により，次のとおり定められている（同令23条）。

一　本邦に上陸しようとする外国人が，対象海外需要開拓支援等活動に係る業務に必要な知識，技術又は技能を有していることを示すものとして内閣総理大臣及び法務大臣が関係行政機関の長と協議して告示で定める資格又は実績を有する者であること。

二　当該外国人に対する報酬の額が日本人が従事する場合の報酬の額と同等以上であること。

三　当該外国人の申請に係る対象海外需要開拓支援等活動の全部又は一部が当該国家戦略特別区域において行われるものであること。

なし，当該基準に該当する場合は，在留資格「技術・人文知識・国際業務」又は「技能」により入国を認めるものである。

企業内転勤

本邦に本店，支店その他の事業所のある公私の機関の外国にある事業所の職員が本邦にある事業所に期間を定めて転勤して当該事業所において行うこの表の技術・人文知識・国際業務の項の下欄に掲げる活動

1　企業内転勤の在留資格

(対象となる者)

「企業内転勤」の在留資格は，国境を越えて企業活動が展開され，同一企業（法人等）内での国境を越えた人事異動が頻繁に行われているという事情に対応する在留資格として創設された。したがって，同一企業（法人等）の海外にある事業所から本邦にある事業所に転勤してくる外国人を対象とする。

しかし，法人たる企業が海外に進出する場合，同一法人の支店等の創設という形態よりも，現地法人の創設という形態がとられることが多い。そこで，「企業内転勤」の在留資格についても，対象となる人事異動の範囲は同一法人内の転勤に限られず，ある法人の外国にある事業所から，その法人との間で一定の資本関係等のある法人の本邦にある事業所への転勤も含まれるものとされている。

ただし，いずれの場合も，本邦にある事業所への転勤は期間を定めたものでなければならない。また，「企業内転勤」の在留資格をもって在留する者が本邦において行うことができる活動は，転勤した本邦にある事業所において行う「この表の技術・人文知識・国際業務の項の下欄に掲げる活動」であり，したがって，技術・人文知識・国際業務の項の下欄の末尾の括弧書により除かれている活動は，「企業内転勤」の在留資格に対応する活動には含まれない。

「企業内転勤」の在留資格は，平成元年法律第79号による入管法の改正で，企業活動の国際化に対応するものとして，全く新たに（同改正前の4条1項の規定に基づく在留資格を引き継ぐものとしてではなく）新設された。しかし，企業活動の状況は，この在留資格が新設された当時に比べて大きく変化し，例えば，企業間の結びつきの形態も多様化している。

企業の国境を越えた活動が拡大し，多国籍企業が出現し，また，企業あるいは企業グループの形態も変化してきていること，そして，企業においてその職員が従事する業務内容が複雑化し，また，多様化し，企業の人事異動の形態も変化し多様化していることなど企業活動を巡って様々な変化が，しかも急速に生じているという状況の中では，「企業内転勤」の在留資格を含め，企業に所属する職員が対象となる在留資格については状況の変化に対応した見直しが不断に必要となると思われる。

本邦に本店，支店その他の事業所のある公私の機関の外国にある事業所の職員が本邦にある事業所に期間を定めて転勤して

一つの公私の機関の内部で，その機関の外国にある事業所に所属する職員が日本国内にある事業所に一定の期間を限って異動して勤務する場合を意味する。「公私の機関」については，第１章総論のⅣを参照。

「本邦に本店，支店その他の事業所のある公私の機関の外国にある事業所」とは，外国と本邦の双方に事業所を持つ公私の機関の外国にある事業所である。この場合の本店，支店はいずれも例示である。本邦に本店たる事業所があり，外国にある事業所は支店である場合，逆に，外国に本店たる事業所があり，本邦にある事業所は支店である場合のいずれの場合であっても，当該外国にある事業所は「本邦に本店，支店その他の事業所のある公私の機関の外国にある事業所」に該当する。

また，本邦における事業所を含めて三つ以上の国に事業所を有する公私の機関の場合，そのうち本邦にある事業所以外の全ての事業所が，「本邦に本店，支店その他の事業所のある公私の機関の外国にある事業所」に該当する。

例えばＡ国に本店があり，Ｂ国と本邦に支店がある公私の機関の場合，Ａ国の本店，Ｂ国の支店のいずれもが，「本邦に本店，支店その他の事業所のある公私の機関の外国にある事業所」である。

「転勤」は，一つの公私の機関が本邦と外国の双方に事業所を有する場合におけるその外国にある事業所から本邦にある事業所への異動であるが，外国にある事業所と本邦にある事業所とが異なる法人に属する場合には，他の法人への出向となる。第１章総論のⅣにおいて述べたとおり，親会社，子会社又は関連会社の関係にある法人の間では，この場合も「転勤」に含まれる。

親会社，子会社（財務諸表等の用語，様式及び作成方法に関する規則８条３項の規定により子会社とみなされる会社を含む。以下同じ。）の関係にある複数の法人は，一つの法人のグループを形成しているものと考えることができ，そのグループの意思として行われるそのグループ内部での外国にある事業所から本邦にある事業所への異動は，それらの事業所がそのグループ内の別の法人に属する場合であっても，一つの公私の機関の内部における異動として「企業内転勤」の在留資格に対応する活動における「転勤」に該当すると解される。また，この法人グループに属する二つの法人の間の異動は，その二つの法人が直接には親会社と子会社の関係にはない場合であっても，上記の「転勤」に含まれるものと解してよいと思われる。

さらに，関連会社の関係にある二つの法人のうちの一つの法人の外国にある事業所から他の法人の本邦にある事業所への期間を定めた異動も，上記の「転勤」に該当すると解される。ただし，ある法人の関連会社が複数ある場合において，直接には親会社，子会社又は関連会社の関係にはない当該法人の関連会社間の異動は，期間を定めたものであっても，上記の「転勤」には該当しないものと解される。

「期間を定めて転勤して」と定められていることから，外国にある事業所から本邦にある事業所への転勤は，あらかじめ，一定の期間を限定してのものでなければならない。期間を定めずに転勤する場合は，「技術・人文知識・国際業務」の在留資格の対象となる。

なお，公私の機関は会社には限られない。独立行政法人，公益法人その他の団体や個人営業の場合であっても，外国と本邦の双方に事業所を有する公私の機関の内部での外国にある事業所から本邦にある事業所への異動は「企業内転勤」の在留資格の対象となり得る。さらに，外国の国や地方公共団体等の外国にある事務所から本邦にある事務所への異動も対象となるものと解される。ただし，「外交」や「公用」の在留資格の対象となる場合は，当然に除かれる。

なお，本書においては，上記のような意味において，本邦に本店，支店その他の事務所のある公私の機関の外国にある事業所の職員が本邦にある事業所に期間を定めて転勤する異動の形態を「企業内転勤の形態」ということとする。

(活動の内容)

当該事業所において行うこの表の技術の項・人文知識・国際業務の項の下欄に掲げる活動

「企業内転勤」の在留資格に対応する活動は，活動の内容自体は「技術・人文知識・国際業務」の在留資格に対応する活動と同じである。「技術・人文知識・国際業務」の在留資格に対応する活動と異なるのは，活動を行う主体が企業内転勤の形態で本邦にある事業所に転勤した外国人でなければならないことと，「当該事業所において行う」ことである。

「当該事業所において行う」の「当該事業所」とは，転勤先の本邦にある事業所を意味し，在留中に転勤先の事業所から本邦にある別の事業所に異動して勤務することは，転勤元の関与に基づく関連会社等への異動の場合を除き，認められていない。

このように「企業内転勤」の在留資格に対応する活動は，「技術・人文知識・国際業務」の在留資格に対応する活動と内容的には同じであるが，それを行うことができる主体と行うことができる場所が限定されるという意味において，「技術・人文知識・国際業務」の在留資格の特別形態であるということができる。

なお，企業内転勤の形態で転勤した者であることは，「企業内転勤」の在留資格の決定を受ける時点で満たしていれば足りる。そして「当該事業所」は，その時点において企業内転勤の形態で転勤した事業所を意味し，転勤前に所属していた外国にある事業所と現在所属している本邦にある事業所とが，現に同一の公私の機関（同一の法人又は法人のグループ）に属することまでは必要がないものと解すべきである。したがって，例えば，親会社の外国にある事業所の職員が子会社の本邦にある事業所に転勤して「企業内転勤」の在留資格で在留中に，この外国にある事業所の所属する会社等と本邦にある事業所が所属する会社等との間の親子関係がなくなった場合でも，「企業内転勤」の在留資格に基づいて当該本邦にある事業所での勤務を継続することが可能であると解する。

「この表の技術・人文知識・国際業務の項の下欄に掲げる活動」とは，

① 本邦の公私の機関との契約に基づいて行う自然科学又は人文科学の分野に属する技術又は知識を要する業務に従事する活動

② 本邦の公私の機関との契約に基づいて行う外国の文化に基盤を有する思考又は感受性を必要とする業務に従事する活動

で，「教授」，「芸術」，「報道」，「経営・管理」，「法律・会計業務」，「医療」，「研究」，「教育」，「介護」，「興行」のいずれの在留資格にも該当しないものである。

上記①，②における「本邦の公私の機関」は，契約の相手方となり得るものでなければならない。

したがって，団体の場合には法人格を有する団体でなければならない。

しかし，一方で，企業内転勤の形態による転勤は同一の法人内の異動に限られず，ある法人の外国にある事業所から，その法人と一定の関係のある法人の本邦にある事業所への異動も含まれるものとされている。要するに，一定の企業グループ内での異動により転勤した者が「企業内転勤」の在留資格に対応する活動の主体となることが認められており，この場合，この企業グループが「本邦に本店，支店その他の事業所のある公私の機関」となると解される。

この場合の「本邦に本店，支店その他の事業所のある公私の機関」と上記①，②における「本邦の公私の機関」とはどのような関係になるのであろうか。

この点については，前者の「公私の機関」は，複数の法人を含み得る概念であるが，後者の「本邦の公私の機関」は，契約の主体となり得るものでなければならないことから，特定の一つの法人を意味するものと解される。

それゆえ，同一法人内での異動の場合は，当該法人が日本国内に事業所を有することによって外国の機関であると同時に本邦の公私の機関でもあることになることから，新たに雇用等の契約を締結することは必要ではない。[64] しかし，外国の会社の外国にある事業所から，その会社と親会社・子会社等の関係にある日本法人に出向してその本邦にある事業所に転勤する場合は，当該日本法人との間で新たに雇用等の契約を締結することが必要となる。この場合に，当該日本法人との間で雇用等の契約を締結することなく，当該外国の会社と当該日本法人との契約のみに基づいて勤務することは，認められていない。

なお，「企業内転勤」の在留資格が，「技術・人文知識・国際業務」の在留資格の特例形態として定められていることから当然のことであるが，転勤の期間を定めることなく転勤する場合は，「企業内転勤」の在留資格の対象とはならない。このような場合には，「技術・人文知識・国際業務」の在留資格の対象となり得る。

(在留期間)

「企業内転勤」の在留資格に伴う在留期間は，５年，３年，１年又は３月であり（入管法施行規則３条及び同規則別表第二），「技術・人文知識・国際業務」と同様である。

2　企業内転勤の基準

申請人が次のいずれにも該当していること。

一　申請に係る転勤の直前に外国にある本店，支店その他の事業所において法別表第一の二の表の技術・人文知識・国際業務の項の下欄に掲げる業務

64）前出「総合規制改革会議の「規制改革の推進に関する第３次答申」に関する在留資格認定」の2⑶には，次のように記載されている。「「技術」又は「人文知識・国際業務」の在留資格に該当する活動の要件として，…「本邦の公私の機関との契約」に基づいて活動を行うことが求められています。しかし，本邦の公私の機関との契約に基づいて活動を行うことが必要であるのは「企業内転勤」の場合も同様です。当該外国人は転勤する前に外国企業に採用された時点で当該企業との間で雇用契約等を既に結んでいますので，当該雇用契約をもって，「本邦の公私の機関との契約」があることから同一の法人の外国の事業所から本邦の事業所への転勤の場合には新たな契約が不要なだけです。この点は，「企業内転勤」の在留資格に特有のことではありませんので，「技術」や「人文知識・国際業務」の在留資格で入国する場合も同一法人の外国の事業所から本邦の事業所への転勤の場合は，本邦にある外国法人の本店，支店等との関係で新たに雇用契約を締結する必要はありません。

に従事している場合で，その期間（企業内転勤の在留資格をもって外国に当該事業所のある公私の機関の本邦にある事業所において業務に従事していた期間がある場合には，当該期間を合算した期間）が継続して一年以上あること。

二　日本人が従事する場合に受ける報酬と同等額以上の報酬を受けること。

（柱書の規定）

「申請人が次のいずれにも該当していること」と規定されているので，第１号及び第２号のいずれにも該当することが必要である。[65)]

なお，「企業内転勤」の在留資格の基準では，外国の文化に基盤を有する思考又は感受性を必要とする業務に従事する場合についての要件として，「技術・人文知識・国際業務」の基準の第２号イのような従事することができる業務を限定する規定は定められていない。それゆえ，従事しようとする業務が，「技術・人文知識・国際業務」の基準の第２号イに列挙されている業務以外の業務であっても基準に適合する。ただし，当然のことながら，その業務が，外国の文化に基盤を有する思考又は感受性を必要とする業務であることが前提となる。

（第１号）

本号は，新規雇用者を基準に適合しないこととするもので，特に，「企業内転勤」の在留資格を取得してわが国に在留させることを目的として新規に雇用等することは認めないとの趣旨に基づく規定である。

本号の規定により，企業内転勤の形態で本邦にある事業所に転勤する直前

65）基準省令の制定当初は，第１号から第４号までの四つの要件が定められていた。このうち，制定当初の第２号は，「本邦にある事業所の業務に従事しようとする期間が五年を超えないこと。」との規定であった。この要件は，「期間を定めて転勤して」の期間を具体的に定めたものであるが，規制緩和の観点等から，平成10年法務省令第４号により削られた。この改正について，「平成10年版入管白書」には，「従来，「企業内転勤」の最長の滞在期間については，基準省令において５年を超えないこととされていたが，この最長滞在期間に係る要件については，内外の企業関係者等から，企業活動上支障となっているとの意見が出されていたこと，また，この在留資格に該当する外国人の在留状況に特段の問題がないと認められたことなどから，平成10年１月にこの要件を基準省令から削除することとした。この改正によって「企業内転勤」の在留資格をもって我が国に入国・在留する外国人は，在留期間を更新することにより，５年を超えて滞在できることとなった。この改正は…「規制緩和推進計画」…にも盛り込まれていた事項であり，出入国管理行政としての規制緩和への取組の一つでもあった」（103頁）と記載されている。

に，外国にある事業所で，「技術・人文知識・国際業務」の在留資格に係る別表の下欄に掲げられている業務に従事していること及びその期間が継続して１年以上あることが要件とされる。ただし，括弧書の規定により，「企業内転勤」の在留資格をもって外国に当該事業所のある公私の機関の本邦にある事業所において業務に従事していた期間がある場合には，その期間を合算した期間が継続して１年以上あればよいこととされている。[66)]

外国にある本店，支店その他の事業所において

転勤して勤務することとなる本邦の事業所が属する公私の機関の外国にある事業所においてとの意味である。この外国にある事業所は一つである必要はない。複数の事業所で当該機関の業務に従事していた場合であってもよい。

法別表第一の二の表の技術・人文知識・国際業務の項の下欄に掲げる業務に従事している場合

外国にある事業所において従事していた業務は，「技術・人文知識・国際業務」の在留資格に係る別表の下欄に掲げられている業務でなければならないとするものである。

「下欄に掲げる活動」ではなく，「下欄に掲げる業務」と定められているので，「技術・人文知識・国際業務」の在留資格に係る別表の下欄の末尾の括弧書の規定は適用されない。したがって，これらの括弧書の規定により除くこととされている活動を行っている場合も含まれる。

① 本邦の公私の機関との契約に基づいて行う自然科学又は人文科学の分野に属する技術又は知識を要する業務

② 本邦の公私の機関との契約に基づいて行う外国の文化に基盤を有する思考又は感受性を必要とする業務

66）本号は，基準省令の制定当初は，「申請に係る転勤の直前に外国にある本店，支店その他の事業所において一年以上継続して法別表第一の二の表の技術の項又は人文知識・国際業務の項の下欄に掲げる業務に従事していること。」との規定であった。しかし，平成22年法務省令第10号により，「一年以上継続して」以下の部分が，現行のように改正された。この改正について，「平成22年版入管白書」には，「「企業内転勤」については，我が国に入国する直近１年間に，我が国にある公私の機関の外国にある本店，支店等への勤務歴のあることが基準となっていたところ，平成21年度「全国規模の規制改革要望」（６月受付関係）において，同基準に関し提出された要望を受けて，上記勤務歴に，直近１年間に我が国にある当該公私の機関に勤務していた期間を含むこととし」（75頁）たと記載されている。

のいずれかに該当する業務に，申請に係る転勤の直前に，当該公私の機関の外国にある事業所において従事していたという事実があれば上記の「場合」に該当する。

その期間（企業内転勤の在留資格をもって外国に当該事業所のある公私の機関の本邦にある事業所において業務に従事していた期間がある場合には，当該期間を合算した期間）が継続して一年以上あること

企業内転勤の形態で公私の機関の本邦にある事業所に転勤する者が，その転勤の直前に，当該公私の機関の外国にある事業所において，上記①，②のいずれかの業務に従事していたこと，及びその期間が継続して１年以上あることを要件として定めたものである。

「その期間」に付された括弧書の規定は，過去に「企業内転勤」の在留資格で日本に在留し，今回の申請に係る公私の機関と同じ公私の機関の本邦にある事業所（今回の申請に係る転勤先の事業所と異なるものであってもよい。）に勤務していた期間がある場合は，当該期間を，当該公私の機関の外国にある事業所において上記①，②のいずれかの業務に従事していた期間と合算した期間が，今回の申請に係る転勤の直前に継続して１年以上あればよいとしたものである。

（第２号）

本号の要件については，第１章総論のⅦを参照。[67]

介　護

本邦の公私の機関との契約に基づいて介護福祉士の資格を有する者が介護

67）制定当初は，第３号において，「自然科学の分野に属する技術若しくは知識又は人文科学の分野に属する知識を要する業務に従事しようとする場合は，日本人が従事する場合に受ける報酬と同等額以上の報酬を受けること。」と，また，第４号において，「外国の文化に基盤を有する思考又は感受性を必要とする業務に従事しようとする場合は，月額二十五万円以上の報酬を受けること。」と規定されていた。しかし，平成10年法務省令第４号による改正で，それぞれ，第３号が第２号と，第４号が第３号とされた後，平成11年法務省令第35号により「人文知識・国際業務」の在留資格に係る基準の国際業務の活動に従事しようとする場合の報酬に係る要件の改正とともに，第２号が現行のように改められ，第３号は削られた。この改正については，「人文知識・国際業務」の在留資格に係る基準の解説を参照。

又は介護の指導を行う業務に従事する活動

1　新設の経緯

「介護」の在留資格は，平成28年法律第88号による入管法の改正により新設されたものである。ケアプランの作成等に係る業務を行う者については，従来から「技術・人文知識・国際業務」の在留資格により入国・在留が認められていたが，身体介護に係る業務を行う者については入国・在留が認められておらず，介護福祉士の資格を有する者を対象として新たな在留資格を設けたものである。[68)]介護福祉士が行う業務については，身体介護に係る業務を全く行わない場合にあっても「介護」の在留資格に該当する。

2　介護の在留資格

(活動の内容)

「本邦の公私の機関」については，第１章総論のⅣを，「契約に基づいて」については，第１章総論のⅤを，それぞれ参照。

「介護又は介護の指導を行う業務」とは，具体的には，次の業務をいい，介護福祉士の資格を有する者が業務として行うものである必要がある。

① 要介護者に対する食事，入浴，排泄等の身体介護（喀痰吸引その他のその者が日常生活に営むのに必要な行為であって，医師の指示の下に行われるものを含む。）

② 要介護者や要支援者からの相談を受け，ケアプランの作成，市区町村・介護サービス事業者・介護施設等との連絡調整を行うこと。

③ 介護の指導

介護福祉士は，その登録を受け，介護福祉士の名称を用いて，専門的知識

68）岩城法務大臣は，平成28年４月15日の衆議院法務委員会における同改正に係る趣旨説明において，「高齢化の進行等に伴い，質の高い介護に対する要請が高まる中，外国人留学生が日本の高等教育機関を卒業し，介護福祉士の資格を取得した場合に国内での就労が可能となるような制度をつくることが求められております。」と述べるとともに，法律案の要点として，「介護の業務に従事する外国人を受け入れるための新しい在留資格を創設するものであります。すなわち，我が国の介護福祉士の資格を有する外国人を対象とする介護という名称の在留資格を設け，介護または介護の指導を行う業務に従事する活動を行うことを可能とするものです。」と述べている（190回衆法11号２頁）。

及び技術をもって，身体上又は精神上の障害があることにより日常生活を営むのに支障がある者につき心身の状況に応じた介護を行い，並びにその者及びその介護者に対して介護に関する指導を行うことを業とする者である（社会福祉士及び介護福祉士法２条２項）。

介護福祉士は，いわゆる名称独占の資格であり，介護に係る業務は，介護福祉士の資格を有していなくても，これを行うことができる。

介護に係る業務としては，例えば，介護支援相談員（ケアマネージャー）がある。介護支援相談員が，要介護者や要支援者の相談を受け，ケアプランの作成や市区町村・介護サービス事業者・介護施設等との連絡調整を行う業務は，自然科学又は人文科学の分野に属する知識を要する業務に従事する活動であり，「技術・人文知識・国際業務」の在留資格に該当する。

しかし，「技術・人文知識・国際業務」の在留資格の下欄の末尾の括弧書において「介護」の在留資格に係る活動が除外されており，介護福祉士の資格を有する者が要介護者等からの相談，ケアプランの作成等を行う業務に従事する場合は，身体介護に係る業務に全く従事しない場合も含め，「介護」の在留資格に該当する。

特定活動の告示第17号，第21号，第22号，第28号，第29号においては，インドネシア，フィリピン，ベトナムとの間の経済連携協定（EPA）等に基づく介護福祉士としての活動（介護福祉士として必要な知識及び技能に係る研修として業務に従事する活動）が規定されている。これらの協定等に基づき介護福祉士候補者として入国した者が，介護福祉士としての資格を取得し，その登録を受けた後も引き続き「特定活動」の在留資格により在留することも可能であるが，「介護」の在留資格への変更許可を受けて在留することもできる。

(在留期間)

「介護」の在留資格に伴う在留期間は，５年，３年，１年又は３月である（入管法施行規則３条及び同規則別表第二）。

3　介護の基準

申請人が次のいずれにも該当していること。

一　申請人が社会福祉士及び介護福祉士法（昭和六十二年法律第三十号）第四十条第二項第五号又は社会福祉士及び介護福祉士法施行規則（昭和六十二年厚生省令第四十九号）第二十一条第三号に該当する場合で，法別表第一の二の表の技能実習の項の下欄に掲げる活動に従事していたときは，当該活動により本邦において修得，習熟又は熟達した技能等の本国への移転に努めるものと認められること。

二　日本人が従事する場合に受ける報酬と同等額以上の報酬を受けること。

（柱書の規定）

申請人が第１号及び第２号のいずれにも該当することが必要である。

（第１号）

「介護」の在留資格の新設当初は，本号は，「社会福祉士及び介護福祉士法（昭和六十二年法律第三十号）第三十九条第一号から第三号までのいずれかに該当すること。」と規定されていた。この結果，介護福祉士の受験要件のうち，介護福祉士養成施設（介護福祉士として必要な知識及び技能を修得させる厚生労働大臣及び文部科学大臣の指定した学校（大学，専門学校），厚生労働大臣（現行は都道府県知事）の指定した養成施設）において２年以上介護士として必要な知識及び技能を修得した者であること（介護福祉士養成施設に当たらない社会福祉系の大学を卒業した場合等は，介護福祉士養成施設での修得期間は１年以上となる。社会福祉士及び介護福祉士法39条１号から３号まで（現行の40条２項１号から３号までに相当））に限定され，介護福祉士試験の他の受験要件（福祉系高等学校卒業，３年の実務経験。社会福祉士及び介護福祉士法39条４号から６号まで（現行の40条２項４号から６号までに相当））により介護福祉士試験を受験し，介護福祉士の資格を取得した者は基準に適合しなかった。[69)]

69）岩城法務大臣は，平成28年４月27日の衆議院法務委員会において，「在留資格「介護」につきましては，当面，養成施設ルートで介護福祉士資格を取得した者のみを対象とすることとし，その旨を上陸基準を定める法務省令の中で規定する予定であります。」，「養成施設ルートに限定する理由でありますが，介護福祉士資格については，多様な人材層において介護に係る専門的能力を有する者を養成確保し，介護人材の量の確保と資質の向上の両立を図るため，先ほど申し上げました三つの資格取得ルートを設けているものでありますが，いわゆる養成施設ルートに限定する理由としては，次のとおりであります。まず一つに，教育水準。すなわち，養成施令和２年法務省令第29号による基準省令の改正により，どの受験要件により介護福祉士の資格を取得した者でも差し支えないこととなった。[70] ただし，改正後の本号により，当該実務経験が「技能実習」の在留資格に係る活動によるものであった場合は，当該活動により本邦において修得，習熟又は熟達した技能等の本国への移転等に努めるものと認められるという要件が課されている。

なお，社会福祉士及び介護福祉士法（昭和62年法律第30号）第40条第２項は介護福祉士試験を受験できる者に係る規定であり，同項各号に該当する者でなければ，介護福祉士試験を受けることができない。その第５号は，「三年以上介護等の業務に従事した者であって，文部科学大臣及び厚生労働大臣の指定した学校又は都道府県知事の指定した養成施設において六月以上介護福祉士として必要な知識及び技能を修得したもの」である。また，同項第６号は，「前各号に掲げる者と同等以上の知識及び技能を有すると認められる者であって，厚生労働省令で定めるもの」を定めているところ，社会福祉士及び介護福祉士法施行規則（昭和62年厚生省令第49号）第21条は，上記「厚生労働

設ルートの教育内容は，専門的，技術的分野の代表的な就労資格である技術・人文知識・国際業務等において求めております大学卒または専修学校の専門課程修了と同水準であると認められ，他の就労資格との整合性がとれるという点でも問題がまずないということが挙げられます。二つ目に，現在，介護で就労するための在留資格はEPA対象者に付与される特定活動のみでありまして，そのほかに，我が国の介護施設で，いわゆる実務経験ルートの国家試験受験資格を得るのに必要な三年以上の経験を積む機会がある人はいないということが挙げられます。三点目，「日本再興戦略」改訂二〇一四におきましても，「日本の高等教育機関を卒業し，」という形で，養成施設ルートの者のみを想定した記載がなされております。以上のことから，まずは養成施設ルートの者から受け入れを行うことが適当であると考えております。なお，他のルートについては，介護福祉士資格取得方法の一元化の状況等も踏まえまして，また，我が国の産業及び国民生活に与える影響等も勘案しつつ，関係省庁と連携し検討を行ってまいりたいと考えております。」と述べている（190回衆法14号６頁）。

70)「2020年版入管白書」には，次のとおり記載されている（92-93頁）。

「改正前の在留資格「介護」に係る上陸基準省令では，介護福祉士養成施設を卒業して介護福祉士の資格を取得した者に限り，在留資格「介護」が認められていたところ，2017年12月８日に閣議決定された「新しい経済政策パッケージ」において，「アジア健康構想の下，介護分野における技能実習や留学中の資格外活動による３年以上の実務経験に加え，実務者研修を受講し，介護福祉士の国家試験に合格した外国人に在留資格（介護）を認めることや，海外における日本語習得環境の整備を通じ，介護分野での外国人人材の受入れに向けた国内外の環境整備を図る。」とされたことを受け，介護福祉士養成施設を卒業した者だけでなく，実務経験ルート等から介護福祉士の資格を取得した者についても在留資格「介護」が認められるよう，在留資格「介護」の上陸基準省令が改正され，2020年４月１日に公布・施行された。」

省令で定めるもの」として同項第３号において，３年以上介護等の業務に従事した者であって，同号のイからトまでに掲げられた課程のいずれかを修了した後，同法第40条第２項第５号に規定する学校又は養成施設において１月以上介護福祉士として必要な知識及び技術を修得したものを定めている。

（第２号）

本号については，第１章総論のⅦを参照。

興　行

演劇，演芸，演奏，スポーツ等の興行に係る活動又はその他の芸能活動（この表の経営・管理の項の下欄に掲げる活動を除く。）

１　興行の在留資格

（対象となる者）

「興行」の在留資格に係る別表の下欄は，「興行に係る活動」と「その他の芸能活動」の二つの類型の活動を定めている。このうち「興行に係る活動」には，「興行」そのものに出演，出場等する者の活動に限らず「興行」に関係する様々な活動が該当する。一方「その他の芸能活動」には，「興行に係る活動」以外の芸能活動が該当する。

なお，他の在留資格との関係では，後述するように「経営・管理」の在留資格に係る別表下欄に掲げられている活動は「興行」の在留資格に対応する活動から除かれているが，逆に，「芸術」，「技術・人文知識・国際業務」の在留資格に対応する活動からは「興行」の在留資格に係る別表下欄に掲げられている活動が除かれている（したがって，「企業内転勤」の在留資格に対応する活動からも「興行」の在留資格に係る別表下欄に掲げられている活動が除かれる。）。それゆえ，芸術上の活動や外国の文化に基盤を有する思考又は感受性を必要とする活動を行う者であっても，当該活動が興行に係る活動又はその他の芸能活動でもあるときは,「興行」の在留資格の対象となる。[71)]

それゆえ,「興行」の在留資格の対象となる者は，いわゆるショービジネス関係の業務に従事する者には限られないし，芸能人にも限られない。

(活動の内容)

「演劇，演芸，演奏，スポーツ等の興行」の演劇，演芸，演奏，スポーツは，いずれも例示であり，興行の形態で行われるショー，大会等がすべて含まれる。なお，興行場法は,「興行場」を「映画，演劇，音楽，スポーツ，演芸又は観せ物を，公衆に見せ，又は聞かせる施設をいう。」と定めている。[72)]

特定の施設内で入場料を取って行われるのが通常であるが，それ以外の形態で行われる興行もあり得る。

「興行に係る活動」には，上記の意味の興行を行うために必要な活動が該当する。ただし,「興行」の在留資格は，就労資格であるので，当該活動を行うことによって相応の報酬を受けるものでなければならない。報酬を受け

71）法務省入国管理局政策課「解説「興行」の在留資格とその基準」(国際人流1991年12月号13頁）には，次のように記載されている。「「興行に係る活動」又は「その他の芸能活動」に該当する活動は，同時に，収入を伴う芸術上の活動に該当し，あるいは，本邦の公私の機関との契約に基づいて行う自然科学の分野に属する技術若しくは知識を要する業務に従事する活動，又は，本邦の公私の機関との契約に基づいて行う人文科学の分野に属する知識を必要とする業務に従事する活動若しくは外国の文化に基盤を有する思考若しくは感受性を必要とする業務に従事する活動に該当することがあります。

例えば，オーケストラの指揮者としての活動が興行に係る活動であると同時に，収入を伴う芸術上の活動でもあったり，映画監督としての活動が興行に係る活動以外の「その他の芸能活動」であると同時に，本邦の公私の機関との契約に基づいて行う外国の文化に基盤を有する思考又は感受性を必要とする業務に従事する活動でもあるというようなことがあります。

しかし，このような場合，当該活動は,「興行」の在留資格に該当し,「芸術」や「人文知識・国際業務」の在留資格には該当しません。入管法別表第一の一の表の芸術の項，同法別表第一の二の表の技術の項及び人文知識・国際業務の項の下欄の末尾の括弧書の規定により「芸術」,「技術」及び「人文知識・国際業務」の在留資格をもって在留する者が本邦において行うことができる活動からは，入管法別表第一の二の表の興行の項の下欄に掲げる活動，すなわち,「興行」の在留資格に該当する活動が除かれているからです。

また,「企業内転勤」の在留資格をもって在留する者が本邦において行うことができる活動からも「興行」の在留資格に該当する活動は除かれます。

したがって，先ほどの例で言えば，収入を伴う芸術上の活動であるが興行に係る活動でもある活動を行うオーケストラの指揮者は，本邦に入国し在留するためには,「芸術」の在留資格ではなく「興行」の在留資格を取得することが，また，本邦の公私の機関との契約に基づいて行う外国の文化に基盤を有する思考若しくは感受性を必要とする業務に従事する活動であるが芸能活動でもある活動を行う映画監督も,「人文知識・国際業務」の在留資格ではなく,「興行」の在留資格を取得することが必要です。」(14-15頁)

72）興行場法（昭和23年法律第137号）1条1項参照。

て行うものでない場合は，滞在期間が短期間であれば「短期滞在」の在留資格に該当し得る。また，活動の内容によっては，「文化活動」の在留資格に該当する場合もある。

興行に出演，出場等をする者の活動が「興行に係る活動」に該当するが，関連するそれ以外の者の行う活動も「興行に係る活動」に該当し得る。興行に係る活動に該当するこのような活動を行う者の第1は，「興行」の在留資格をもって在留する外国人が出演する興行において，当該外国人と一体となって当該興行を行うために必要不可欠な活動を行う者である。例えば，演劇の興行における演出家，舞踊の興行における振付師，スポーツの興行におけるコーチなどである。本邦において興行を行うチームの一員として入国し在留する者である。

第2は，興行を行うために必要不可欠な活動を行う者ではあるが，独立して活動する劇作家，演出家等である。このような者は，興行に出演，出場等をする者との関係においてではなく，「興行に係る活動」を行う者として「興行」の在留資格の対象となり得る。

ただし，「興行」の在留資格の決定を受けるためには，実際に独立して活動を行っていること及び独立して活動を行うことによって相当額の報酬を得られ，また，得ていることが必要であり，したがって，対象となるのは，相当の実績のある者である。例えば，著名な演出家が，日本の劇団等に招かれて活動する場合などである。

興行に係る活動は，「研究」，「技術・人文知識・国際業務」などの在留資格に対応する活動のように「本邦の公私の機関との契約に基づいて」活動を行うことは要件とはされていないので，「興行」の在留資格をもって在留する外国人と本邦の公私の機関との間の契約は，入管法上は必要とはされていない。外国の機関に所属する者がその外国の機関と本邦の公私の機関との契約に基づいて日本で興行に係る活動を行うことも可能である。ただし，後述するように，基準で，一定の場合には，本邦の公私の機関との契約が必要とされている。

また，興行に係る活動は，「技術・人文知識・国際業務」の在留資格に対応する活動のように「…を必要とする業務に従事する活動」とは規定されていない。このように規定されている場合には，従事する業務が一定の知識等を有する者でなければ従事することができないようなものであることが要件となるとともに，それで足りる。したがって，「…を必要とする業務に従事する活動」と規定されている場合には，従事する業務の一部にこのような知識等を必要としない業務が含まれていても，当該業務の主たる部分がこのような知識等を必要とするものであればよい。しかし，「興行に係る活動」の場合には，興行に直接関係する活動以外の活動は含まれない。

（その他の芸能活動）

「その他の芸能活動」には，興行に係る活動に属しないあらゆる芸能活動が含まれる。「芸能活動」でなければならないが，メディアの発達等により，「その他の芸能活動」に該当する芸能活動が多様化している。

「その他の」とは，「興行に係る活動」に属しないものであることを意味する。

「興行に係る活動」であるのか，「その他の芸能活動」であるのかが微妙な場合があるが，そのどちらに属する活動であっても，在留資格としては「興行」に該当する。しかし，現行の基準省令の定める基準では，後述するように，適用される基準が異なるものとなっている。

「芸能活動」には，芸能人の活動以外の活動も含まれ得る。「その他の芸能活動」を行う芸能人と一体となって活動する者としての活動も「その他の芸能活動」に該当し得るものと解されている。[73)]

「その他の芸能活動」についても，本邦の公私の機関との契約に基づいて行うことが要件とはされていない。したがって，例えば，外国の企業に所属する歌手が，当該企業と日本の企業との契約に基づいて（日本の企業とは直接

73）前出「解説「興行」の在留資格とその基準」には，「「その他の芸能活動」とは，興行に係る活動以外の芸能活動です。例えば，テレビや映画に出演する者，レコードを吹き込む歌手，宣伝用のポスターのモデル，いわゆるキャンペーンガールとしての活動等様々な形態の芸能活動が該当し得ます。また以上のような芸能活動を行う芸能人と一体となって活動する者，例えば，テレビ番組の製作者，映画監督，レコードの録音技師，カメラマン等としての活動も「その他の芸能活動」に該当し得ます。」（13-14頁）と記載されている。

の契約関係を有することなく)，日本でCDの吹き込みをする等の活動も「興行」の在留資格に該当し得る。

(括弧書の規定)

「興行」の在留資格に係る別表の下欄の末尾の括弧書は，外国人が本邦において行おうとする活動が興行に係る活動又はその他の芸能活動である場合に，当該本邦において行おうとする活動が「経営・管理」の在留資格に係る別表下欄に掲げられている活動でもある場合は，「興行」の在留資格ではなく「経営・管理」の在留資格の対象となるとの趣旨である。

したがって，事業の経営又は管理に従事する者は，その経営又は管理に従事する活動が興行に係るものであっても，「興行」の在留資格の対象とはならない。

例えば，個人で興行主として日本で興行を事業として行う外国人や興行を事業として行う企業を経営する外国人は，それらの外国人の行う活動が興行に係る活動であっても，「興行」の在留資格ではなく，「経営・管理」の在留資格の対象となる。

(在留期間)

「興行」の在留資格に伴う在留期間は，３年，１年，６月，３月又は15日である（入管法施行規則３条及び同規則別表第二)。

2　興行の基準

一　申請人が演劇，演芸，歌謡，舞踊又は演奏（以下「演劇等」という。）の興行に係る活動に従事しようとする場合は，二に規定する場合を除き，次のいずれにも該当していること。

イ　申請人が従事しようとする活動について次のいずれかに該当していること。ただし，当該興行を行うことにより得られる報酬の額（団体で行う興行の場合にあっては当該団体が受ける総額）が一日につき五百万円以上である場合は，この限りでない。

(1)　削除

(2)　外国の教育機関において当該活動に係る科目を二年以上の期間専攻

したこと。

⑶　二年以上の外国における経験を有すること。

ロ　申請人が次のいずれにも該当する本邦の機関との契約（当該機関が申請人に対して月額二十万円以上の報酬を支払う義務を負うことが明示されているものに限る。以下この号において「興行契約」という。）に基づいて演劇等の興行に係る活動に従事しようとするものであること。ただし，主として外国の民族料理を提供する飲食店（風俗営業等の規制及び業務の適正化等に関する法律（昭和二十三年法律第百二十二号。以下「風営法」という。）第二条第一項第一号に規定する営業を営む施設を除く。）を運営する機関との契約に基づいて月額二十万円以上の報酬を受けて当該飲食店において当該外国の民族音楽に関する歌謡，舞踊又は演奏に係る活動に従事しようとするときは，この限りでない。

⑴　外国人の興行に係る業務について通算して三年以上の経験を有する経営者又は管理者がいること。

⑵　五名以上の職員を常勤で雇用していること。

⑶　当該機関の経営者又は常勤の職員が次のいずれにも該当しないこと。

(i)　人身取引等を行い，唆し，又はこれを助けた者

(ii)　過去五年間に法第二十四条第三号の四イからハまでに掲げるいずれかの行為を行い，唆し，又はこれを助けた者

(iii)　過去五年間に当該機関の事業活動に関し，外国人に不正に法第三章第一節若しくは第二節の規定による証明書の交付，上陸許可の証印（法第九条第四項の規定による記録を含む。以下同じ。）若しくは許可，同章第四節の規定による上陸の許可又は法第四章第一節，第二節若しくは法第五章第三節の規定による許可を受けさせる目的で，文書若しくは図画を偽造し，若しくは変造し，虚偽の文書若しくは図画を作成し，若しくは偽造若しくは変造された文書若しくは図画若しくは虚偽の文書若しくは図画を行使し，所持し，若しくは提供し，又はこれらの行為を唆し，若しくはこれを助けた者

(iv)　法第七十四条から第七十四条の八までの罪又は売春防止法（昭和

三十一年法律第百十八号）第六条から第十三条までの罪により刑に処せられ，その執行を終わり，又は執行を受けることがなくなった日から五年を経過しない者

(v) 暴力団員による不当な行為の防止等に関する法律（平成三年法律第七十七号）第二条第六号に規定する暴力団員（以下「暴力団員」という。）又は暴力団員でなくなった日から五年を経過しない者

(4) 過去三年間に締結した興行契約に基づいて興行の在留資格をもって在留する外国人に対して支払義務を負う報酬の全額を支払っていること。

ハ 申請に係る演劇等が行われる施設が次に掲げるいずれの要件にも適合すること。ただし，興行に係る活動に従事する興行の在留資格をもって在留する者が当該施設において申請人以外にいない場合は，(6)に適合すること。

(1) 不特定かつ多数の客を対象として外国人の興行を行う施設であること。

(2) 風営法第二条第一項第一号に規定する営業を営む施設である場合は，次に掲げるいずれの要件にも適合していること。

(i) 専ら客の接待（風営法第二条第三項に規定する接待をいう。以下同じ。）に従事する従業員が五名以上いること。

(ii) 興行に係る活動に従事する興行の在留資格をもって在留する者が客の接待に従事するおそれがないと認められること。

(3) 十三平方メートル以上の舞台があること。

(4) 九平方メートル（出演者が五名を超える場合は，九平方メートルに五名を超える人数の一名につき一・六平方メートルを加えた面積）以上の出演者用の控室があること。

(5) 当該施設の従業員の数が五名以上であること。

(6) 当該施設を運営する機関の経営者又は当該施設に係る業務に従事する常勤の職員が次のいずれにも該当しないこと。

(i) 人身取引等を行い，唆し，又はこれを助けた者

(ii)　過去五年間に法第二十四条第三号の四イからハまでに掲げるいずれかの行為を行い，唆し，又はこれを助けた者

(iii)　過去五年間に当該機関の事業活動に関し，外国人に不正に法第三章第一節若しくは第二節の規定による証明書の交付，上陸許可の証印若しくは許可，同章第四節の規定による上陸の許可又は法第四章第一節，第二節若しくは法第五章第三節の規定による許可を受けさせる目的で，文書若しくは図画を偽造し，若しくは変造し，虚偽の文書若しくは図画を作成し，若しくは偽造若しくは変造された文書若しくは図画若しくは虚偽の文書若しくは図画を行使し，所持し，若しくは提供し，又はこれらの行為を唆し，若しくはこれを助けた者

(iv)　法第七十四条から第七十四条の八までの罪又は売春防止法第六条から第十三条までの罪により刑に処せられ，その執行を終わり，又は執行を受けることがなくなった日から五年を経過しない者

(v)　暴力団員又は暴力団員でなくなった日から五年を経過しない者

二　申請人が演劇等の興行に係る活動に従事しようとする場合は，次のいずれかに該当していること。

イ　我が国の国若しくは地方公共団体の機関，我が国の法律により直接に設立された法人若しくは我が国の特別の法律により特別の設立行為をもって設立された法人が主催する演劇等の興行又は学校教育法（昭和二十二年法律第二十六号）に規定する学校，専修学校若しくは各種学校において行われる演劇等の興行に係る活動に従事しようとするとき。

ロ　我が国と外国との文化交流に資する目的で国，地方公共団体又は独立行政法人の資金援助を受けて設立された本邦の公私の機関が主催する演劇等の興行に係る活動に従事しようとするとき。

ハ　外国の情景又は文化を主題として観光客を招致するために外国人による演劇等の興行を常時行っている敷地面積十万平方メートル以上の施設において当該興行に係る活動に従事しようとするとき。

ニ　客席において飲食物を有償で提供せず，かつ，客の接待をしない施設

（営利を目的としない本邦の公私の機関が運営するもの又は客席の定員が百人以上であるものに限る。）において演劇等の興行に係る活動に従事しようとするとき。

ホ　当該興行により得られる報酬の額（団体で行う興行の場合にあっては当該団体が受ける総額）が一日につき五十万円以上であり，かつ，十五日を超えない期間本邦に在留して演劇等の興行に係る活動に従事しようとするとき。

三　申請人が演劇等の興行に係る活動以外の興行に係る活動に従事しようとする場合は，日本人が従事する場合に受ける報酬と同等額以上の報酬を受けて従事すること。

四　申請人が興行に係る活動以外の芸能活動に従事しようとする場合は，申請人が次のいずれかに該当する活動に従事し，かつ，日本人が従事する場合に受ける報酬と同等額以上の報酬を受けること。

イ　商品又は事業の宣伝に係る活動

ロ　放送番組（有線放送番組を含む。）又は映画の製作に係る活動

ハ　商業用写真の撮影に係る活動

ニ　商業用のレコード，ビデオテープその他の記録媒体に録音又は録画を行う活動

（各号の適用される場合）

「興行」の在留資格については，演劇，演芸，歌謡，舞踊又は演奏の興行に係る活動に従事する場合（1号，2号），それら以外の興行に係る活動従事する場合（3号），興行に係る活動以外の芸能活動に従事する場合（4号）の三つに場合に分けて，それぞれについて異なる基準が定められている。

（第1号）

本号は，上陸の申請を行った外国人が演劇等（演劇，演芸，歌謡，舞踊又は演奏をいう。以下同じ。）の興行に係る活動に従事しようとする場合で第2号の適用の対象とならないとき（同号のイからホまでのいずれにも該当しないとき）に関する規定であり，イ，ロ，ハに定められている各要件のいずれにも該当する

ことを要件として定めている。

「二に規定する場合を除き」とは，演劇等の興行に係る活動に従事しようとするときでも，第２号の適用の対象となる場合，すなわち，同号のイからホまでのいずれかに該当する場合を除くという意味である。したがって，第１号と第２号とは，第２号が第１号のただし書に相当する関係にあり，第２号に列挙されたイからホまでのいずれかに該当する場合には，第１号の定める要件に適合することは必要とされない。[74)]

本号のイは主として興行に係る活動に従事する外国人本人に関する要件を，本号のロは主として当該外国人が興行に係る活動を行うために契約する本邦の機関に関する要件を，本号のハは当該興行を行う施設に関する要件を定めている。

(第１号イ)

第１号のイは，そのただし書に該当する場合を除き，興行に係る活動を行おうとする外国人が，当該興行に係る活動について，(2)又は(3)のいずれかに該当することが必要であると定めている。[75)]

---

74) 制定当初は，第１号が申請人が演劇，演芸，歌謡，舞踊又は演奏の興行に係る活動に従事しようとする場合について，第２号が申請人がこれら以外の興行に係る活動に従事しようとする場合について，第３号が申請人が興行に係る活動以外の芸能活動に従事しようとする場合について，それぞれ規定し，第４号は設けられていなかった。その後，平成８年法務省令第48号による基準省令の改正で，第２号を第３号，第３号を第４号とし，新たな第２号が規定された。この新たに規定された第２号も申請人が演劇，演芸，歌謡，舞踊又は演奏の興行に係る活動に従事しようとする場合に関する規定であったことから，同改正で，第１号の「活動に従事しようとする場合は」の次に「，二に規定する場合を除き」が加えられた。この改正について，「平成10年版入管白書」には，「平成８年６月，「興行」の在留資格に係る基準省令を改正し，客の接待を業とする風俗営業店が外国人芸能人を受け入れる場合については，基準を厳格化する一方，これまで入国・在留管理上特段の問題が認められていない受入れ先に招へいされる場合については，基準を緩和することとした。」(93頁）と記載されている。

75) 制定当初の本号のイは，「申請人が従事しようとする活動について二年以上の外国における経験を有すること。ただし，当該興行を行うことにより得られる報酬の額（団体で行う興行の場合にあっては当該団体が受ける総額）が一日につき五百万円以上である場合は，この限りでない。」との規定であった。

その後，前記平成８年法務省令第48号による改正で，第１号イは，「申請人が従事しようとする活動について次のいずれかに該当していること。ただし，当該興行を行うことにより得られる報酬の額（団体で行う興行の場合にあっては当該団体が受ける総額）が一日につき五百万円以上である場合は，この限りでない。」を柱書とし，次の(1)(2)(3)を定める規定に改正された。

(1) 外国の国若しくは地方公共団体等又はこれらに準ずる公私の機関が認定した資格を有すること。

(2) 外国の教育機関において当該活動に係る科目を二年以上の期間専攻したこと。

(2)は，「外国の教育機関において当該活動に係る科目を二年以上の期間専攻したこと」であり，これに該当するためには，本邦において従事しようとする興行に係る活動に係る科目を外国の教育機関において専攻したこと，及び当該科目を外国の教育機関において専攻した機関が２年以上であることが必要である。「外国の教育機関」とは，その外国における学校教育制度において正規の教育機関として設置されている機関を意味する。

(3)は，「二年以上の外国における経験を有すること」であり，これに該当するためには，本邦において従事しようとする演劇等の興行に係る活動について，外国において２年以上行った経験を有することが必要である。日本に在留していたことがある者がその在留中に行った興行に係る活動の経験は，再入国許可により出国中に外国で行ったものを除き，「外国における経験」には含まれない。また，この経験は，芸能歴といえるもの，すなわちプロの芸能人としての経験でなければならないと解されている。

「当該興行を行うことにより得られる報酬の額（団体で行う興行の場合にあっては当該団体が受ける総額）が一日につき五百万円以上である場合は，この限りでない。」とのただし書の規定は，このような場合に該当するときは，(2)又は(3)のいずれにも該当することが必要とされないこととするものである。

（第１号ロ）

第１号のロ及び後述する第１号のハの規定は，平成８年法務省令第48号及び平成18年法務省令第21号による基準省令の改正で大幅に改正された。[76)]

---

(3)　二年以上の外国における経験を有すること。

しかし，この改正後，平成16年12月７日の「人身取引対策行動計画」のⅢの２の(3)で，「上陸許可基準を定めた「出入国管理及び難民認定法第７条第１項第２号の基準を定める省令」のうち，法別表第一の二の表の興行の項の下欄に掲げる活動の項の一・イ・(1)の…基準を削除し，芸能人としての能力の有無について実質的な審査を行えるようにするとともに，その他の基準ついても抜本的な見直しを行う。」とされた。これを受けて，平成17年法務省令第16号による改正で，(1)が削除とされた。

76）この改正について，「平成18年版入管白書」には，次のように記載されている。「平成16年12月に政府が策定した「人身取引対策行動計画」において，演劇等の興行活動を行おうとする外国人本人の要件を見直すべきこととされたことから，17年２月，在留資格「興行」に係る基準省令の一部改正を行った。同行動計画では，さらに在留資格「興行」のその他の基準についても抜本的な見直しを行うこととされており，また，「規制改革・民間開放推進３か年計画（改定）」（平成17年３月25日閣議決定）においても，在留資格「興行」の悪用を防止するため，招へい業者等が人身取引に関係することのないよう，上陸許可基準の見直しを17年度中に措置すべきこ

「興行」の在留資格に係る入管法の別表の下欄では，興行に係る活動を本邦の公私の機関との契約に基づいて行うことは要件とされていないが，同改正後は，第２号に規定する場合を除き，演劇等の興行に係る活動を行うときは，(1)から(4)までの要件に該当する本邦の機関との間で当該機関が申請人に対して月額20万円以上の報酬を支払う義務を負うことが明示されている契約（以下「興行契約」という。）を締結し，当該契約に基づいて行うことが必要であるとされた。

「本邦の機関」とは，日本国内に事業所等を有する機関を意味する。したがって，日本国内に全く事業所等を有しない機関との契約と当該機関と本邦の機関との間の契約に基づいて，活動する場合は基準には適合しないこととなる。第１章総論のⅣを参照。

「当該機関が申請人に対して月額二十万円以上の報酬を支払う義務を負うことが明示されているものに限る。」とは，演劇等の興行に係る活動に従事することに係る興行契約の一方の当事者である本邦の機関が，もう一方の当事者である申請人に対して，月額20万円以上の報酬を支払う義務を負うことが興行契約に明示されていることを要件として定めたものである。

ロのただし書は，外国の民族料理を提供する飲食店を運営する機関との契約に基づいて当該飲食店において当該外国の民族音楽に関する歌謡，舞踊又は演奏に係る活動に従事しようとする場合は，当該飲食店を運営する機関は，第１号ロの(1)から(4)までの要件に該当することは必要としないこととするものである。

ただし，

①　当該飲食店が主として外国の民族料理を提供する飲食店であること。

とされた。これらを踏まえ，在留資格「興行」に係る基準省令を改正し，演劇等の興行活動を行おうとする外国人芸能人と「興行契約」を締結する機関（契約機関）及び出演施設を運営する機関の経営者及び常勤の職員について，過去に人身取引や外国人の不法就労に関与した者，暴力団員等に該当しないことを要件とした。さらに契約機関については，外国人芸能人との間において，月額20万円以上の報酬を支払う義務を負うことが明示されている興行契約を締結し，かつ，過去３年間に締結した興行契約に基づく報酬の全額を支払っていることを要件とした」（97頁）

② 当該飲食店が，風営法第２条第１項第１号に規定する営業[77]を営む施設ではないこと。

③ 月額20万円以上の報酬を受けて当該活動に従事すること。

が必要である。

なお，このただし書の活動に従事しようとする者は，当該外国の出身者であることは要件とされていないが，第１号イの規定により，当該外国の民族音楽に関する歌謡，舞踊又は演奏に係る活動について，同号イの(2)又は(3)に規定されている経歴を有することが必要である。

（第１号ロ(1)から(4)まで）

ロの(1)から(4)までは，興行契約の一方の当事者となることができる本邦の機関の要件を定めたものである。(1)から(4)までのいずれにも該当することが必要である。

(1)は，当該機関の経営者又は管理者の中に，外国人の興行に係る業務について通算して３年以上の経験を有する者がいることを要件として定めたものである。

(2)は，当該機関が，５名以上の職員を常勤で雇用していることを要件として定めたものである。

(3)は，当該機関の経営者又は常勤の職員について，(i)から(v)までのいずれにも該当しないことを要件として定めたものである。

(3)の(i)は，「人身取引等を行い，唆し，又はこれを助けた者」である。「人身取引等を行い，唆し，又はこれを助けた者」は退去強制事由として，第24条第４号ハに規定されている。したがって，これに該当する者が外国人であれば退去強制事由にも該当することとなる。しかし，この規定は，このこととは別に興行契約の一方の当事者である本邦の機関の経営者又は常勤の職員が，「人身取引等を行い，唆し，又はこれを助けた者」に該当しないことを当該機関の要件として定めたものであり，興行契約の一方の当事者である本邦の機関の経営者又は常勤の職員がこれに該当するときは，興行契約の他方

77）風営法第２条第１項第１号に規定する営業は，「キャバレー，待合，料理店，カフエーその他設備を設けて客の接待をして客に遊興又は飲食をさせる営業」である。

の当事者である上陸の申請を行った外国人が，「興行」の在留資格に係る基準に適合しないことから上陸のための条件に適合しないこととなる。

当該機関の経営者又は常勤の職員は，退去強制手続の対象となり得る者である必要はなく，日本人や特別永住者である場合も，また，第24条第４号ハの規定によりにより退去強制手続が行われた結果在留特別許可を受けた場合であっても，(i)に該当するものとして，当該機関との興行契約に基づいて演劇等の興行に従事しようとする外国人は第１号の基準に適合しない。なお，この点は，(ii)及び(iii)についても同様である。

「人身取引等を行い，唆し，又はこれを助けた者」については，入管関係法大全第１部の第24条第４号ハの解説を参照。

(3)の(ii)は，「過去五年間に法第二十四条第三号の四イからハまでに掲げるいずれかの行為を行い，唆し，又はこれを助けた者」であるが，第24条第3号の４イからハまでに掲げる行為は，いわゆる不法就労助長行為であり，これらの行為を「行い，唆し，又はこれを助けた者」は，第24条第３号の４で退去強制事由としても定められている。

この規定も，当該機関の経営者又は常勤の職員が，過去５年間に，第24条第３号の４イからハまでに定める不法就労助長行為を行い，唆し又はこれを助けたことがないことを当該機関の要件として定めたものである。過去５年間の起算点は，上陸の申請を行った外国人に対する許可又は不許可（退去命令）の処分を行うときである。

なお，第24条第３号の４イからハまでに掲げる行為については，入管関係法大全第１部の第24条第３号の４の解説を参照。

(3)の(iii)は，当該機関の経営者又は常勤の職員が，「過去五年間に当該機関の事業活動に関し，外国人に不正に法第三章第一節若しくは第二節の規定による証明書の交付，上陸許可の証印（法第九条第四項の規定による記録を含む。以下同じ。）若しくは許可，同章第四節の規定による上陸の許可又は法第四章第一節，第二節若しくは法第五章第三節の規定による許可を受けさせる目的で，文書若しくは図画を偽造し，若しくは変造し，虚偽の文書若しくは図画を作成し，若しくは偽造若しくは変造された文書若しくは図画若しくは虚偽の文書若しくは図画を行使し，所持し，若しくは提供し，又はこれらの行為を唆し，若しくはこれを助けた者」ではないことを要件として定めたものである。

第24条第３号は，他の外国人に同様の目的で同様の行為を行った者を退去強制事由として定めている。

(3)の(iii)は，興行契約の当事者である本邦の機関の経営者又は常勤の職員が上記の目的で上記の行為を過去５年間に当該機関の事業活動に関して行ったことがないことを要件としたものである。この場合も過去５年関の起算点は，上陸の申請を行った外国人に対する許可又は不許可（退去命令）の処分を行うときである。

なお，入管関係法大全第１部の第24条第３号の解説を参照。

(3)の(iv)は，「法第七十四条から第七十四条の八までの罪又は売春防止法（昭和三十一年法律第百十八号）第六条から第十三条までの罪により刑に処せられ，その執行を終わり，又は執行を受けることがなくなった日から五年を経過しない者」であり，当該機関の経営者又は常勤の職員が，第74条から第74条の８までの罪（集団密航に関与する罪等，入管関係法大全第１部の74条から74条の８までの解説を参照）又は売春防止法第６条から第13条までの罪（売春の周旋，場所の提供等売春に関与する罪）により刑に処せられた者でないこと，仮にそのような刑に処せられた者である場合は，その執行を終わり，又は執行を受けることがなくなった日から５年を経過していることを要件としたものである。

(3)の(v)は，当該機関の経営者又は常勤の職員が，「暴力団員による不当な行為の防止等に関する法律」（平成３年法律第77号）第２条第６号に規定する暴力団員（以下「暴力団員」という。）でなく，かつ，暴力団員であったことがないこと，仮に暴力団員であったことがある場合には，暴力団員でなくなった日から５年を経過していることを要件としたものである。

(4)の，「過去三年間に締結した興行契約に基づいて興行の在留資格をもって在留する外国人に対して支払義務を負う報酬の全額を支払っていること。」は，上陸の申請を行った外国人の興行契約の相手方である本邦の機関が，過去３年間に当該外国人又は他の外国人と締結した興行契約に基づいて「興行」の在留資格をもって在留する外国人に対して支払義務を負う報酬の全額を既に支払っていることを要件としたものである。

興行契約は，当該契約の一方の当事者である本邦の機関が当該契約の他方の当事者である申請人に対して月額20万円以上の報酬を支払う義務を負うことが明示されているものであることが要件とされているが，(4)は，その履行の確保を図る規定である。

(第1号ハ)

第1号のハは，申請に係る演劇等を行うことを予定している施設に関する要件を定めたものである。ただし書の定める場合を除き，(1)から(6)までに掲げられている要件のいずれにも適合することが必要である。

(第1号ハ(1))

第1号ハ(1)は，「不特定かつ多数の客を対象として外国人の興行を行う施設であること。」であり，この規定は，演劇等が不特定多数の者が利用可能な施設で行われることを要件として定めたものである。[78)]

ただ，対象者が一定の範囲に限定されている場合でも，例えば，ホテル等がその宿泊客のみを対象としてショーを行う宴会場などは，この要件に適合するものと解される。

(第1号ハ(2))

第1号ハ(2)は，演劇等が行われる施設が風営法第2条第1項第1号に規定する営業を営む施設である場合に限って求められる要件である。風営法第2条第1項第1号に規定する営業については客の接待を行うことが定められていることから，①専ら客の接待に従事する従業員が5名以上いること（第1号ハ(2)(i))，及び②興行に係る活動に従事する「興行」の在留資格をもって在留する者が客の接待に従事するおそれがないと認められること（第1号ハ(2)(ii)）のいずれにも適合していることが必要であるとされている。その施設が風営法第2条第1項第1号に規定する営業を営む施設であれば，同法による

78）この規定について，「平成10年版入管白書」には，次のように記載されている。「外国人芸能人については，公開興行に出演するものとして受け入れるという趣旨を明らかにするため，「不特定かつ多数の客を対象」とする原則を規定した。したがって，実質的にメンバーを限定した排他的な「会員制クラブ」等は，この規定に抵触することとなる。」(93-94頁)

営業の許可を受けているか否かは問わない。許可を受けていない場合であっても「風営法第二条第一項第一号に規定する営業を営む施設」である。

なお，(i)の規定の「接待」に付された括弧書の規定は，ここにおける「接待」を風営法第2条第3項に規定する接待，すなわち，「歓楽的雰囲気を醸し出す方法により客をもてなすこと」(同法同条同項) をいうとするものである。

(第1号ハ(3)及び(4))

第1号ハ(3)は，演劇等が行われる施設に13平方メートル以上の面積の舞台があることを，また，第1号ハ(4)は，9平方メートル以上の面積の出演者用の控室があることを要件として定めたものである。

ただし，控室については，括弧書の規定により，出演者が5名を超える場合は，9平方メートルに5名を超える人数の1名につき1.6平方メートルを加えた面積が必要とされる。

(第1号ハ(5))

第1号ハ(5)は演劇等が行われる施設に5名以上の従業員がいることを要件として定めたものである。

(第1号ハ(6))

第1号ハ(6)は，演劇等が行われる施設を運営する機関の経営者又は当該施設に係る業務に従事する常勤の職員が，第1号ハ(6)の(i)から(v)までのいずれにも該当しないことを要件として定めたものである。(i)から(v)までの規定は，興行契約の当事者である本邦の機関の経営者又は常勤の職員に関する第1号ロ(3)の(i)から(v)までの規定と同様である。

なお，第1号ロ(3)の場合は，興行契約の当事者である本邦の機関の経営者又は常勤の職員が，その(i)から(v)までのいずれかに該当すれば，第1号ロ(3)に該当しないこととされているところ，演劇等が行われる施設を運営する機関の経営者については，(i)から(v)までのいずれかに該当する者がいれば第1号ハ(6)の要件に適合しないことになるが，演劇等が行われる施設を運営する機関の常勤の職員については，その中に(i)から(v)までのいずれかに該当する者がいても，その者が「当該施設に係る業務に従事する」ものでない場合には，第1号ハ(6)の要件に適合しないこととはならない。

（第２号）

第２号も，第１号と同様，演劇等の興行に係る活動に従事する場合に関する規定であるが，第２号に規定する場合は，第１号の規定する要件に適合することが必要とされない。第２号の定める要件は，そのイからホまでのいずれかに該当することである。

（第２号イ）

第２号イは，二つの場合を規定している。

第１は，わが国の国若しくは地方公共団体の機関又はわが国の法律により直接に設立された法人若しくはわが国の特別の法律により特別の設立行為をもって設立された法人（特殊法人）が主催する演劇等の興行に係る活動に従事しようとする場合であり，第２は，学校教育法に規定する学校，専修学校又は各種学校において行われる演劇等の興行に係る活動に従事しようとする場合である。

第１の場合は，演劇等の興行の主催者が特定されているのに対し，第２の場合は，演劇等の興行が行われる場所が特定されている。第２の場合には，主催者は学校教育法に規定する学校，専修学校又は各種学校である場合には限られない。

「学校教育法に規定する学校」とは，幼稚園，小学校，中学校，義務教育学校，高等学校，中等教育学校，特別支援学校，大学及び高等専門学校である（学校教育法１条）。

（第２号ロ）

第２号ロは，次のような本邦の公私の機関が主催する演劇等の興行に係る活動に従事しようとする場合である。

① わが国と外国との文化交流に資する目的で設立されたものであること
② 国，地方公共団体又は独立行政法人の資金援助を受けて設立されたものであること

なお，「独立行政法人」とは，「研究」の在留資格に係る基準の柱書の括弧書の規定により，独立行政法人通則法第２条第１項に規定する独立行政法人であり，地方独立行政法人法第２条第１項に規定する地方独立行政法人は含

まれない。

(第２号ハ)

第２号ハは，次のような施設において演劇等の興行に係る活動に従事しようとする場合である。

① 外国の情景又は文化を主題として外国人による演劇等の興行を常時行っている施設であること

② 観光客を招致するために，このような演劇等の興行を常時行っている施設であること

③ 敷地面積が10万平方メートル以上の施設であること

いわゆる，テーマパークなどで行われる演劇等の興行を想定した規定である。

(第２号ニ)

第２号ニは，次のような施設において演劇等の興行に係る活動に従事しようとする場合である。

① 客席において飲食物を有償で提供しない施設であること

② 客の接待をしない施設であること

③ 営利を目的としない本邦の公私の機関が運営する施設又は客席の定員が100人以上の施設であること

「客席において飲食物を有償で提供」とは，客席で注文を受けて飲食物を販売するような場合を意味し，客席と離れた場所にある売店等で飲食物を販売するような場合はこれに該当しない。なお，例えば，入場料以外には金銭の支払いを求めない場合であっても，入場料に飲食物の提供についての料金が含まれているときは，「客席において飲食物を有償で提供」する施設に該当する。

「接待」とは，風営法第２条第３項に規定する接待をいう（第１号ハ(2)(i)の括弧書）。

「営利を目的としない本邦の公私の機関が運営するもの」とは，演劇等の興行が行われる施設を運営する本邦の公私の機関が，営利を目的とする機関ではないことを意味する。

第２号ニは，演劇等の興行が，非営利団体が持つ劇場，ホール等の施設を使って行われる場合，公民館，体育館のような施設を一時的に借りて行われる場合，営利団体が持つ施設であっても相当の規模の劇場等の施設で行われる場合などを想定した規定である。

(第２号ホ)

第２号ホは，次のような条件で演劇等の興行に係る活動に従事しようとする場合である。

① 当該興行により得られる報酬の額（団体で行う興行の場合にあっては当該団体が受ける総額）が１日につき50万円以上であること

② 当該興行に係る活動に従事するために本邦に在留する期間が15日を超えないこと

「十五日を超えない期間本邦に在留して」とは，当該興行に係る活動に従事する者が，演劇等の興行に係る活動に従事する期間が15日を超えないことを意味するのではなく，当該活動に従事するために本邦に在留する期間が15日を超えないことを意味する。

第２号ホは，著名な芸能人が短期間来日して行う興行を想定した規定である。

(第３号―演劇等の興行に係る活動以外の興行に係る活動)

第３号は，演劇等の興行に係る活動以外の興行に係る活動に従事する場合に係る基準である。

日本で開催されるプロスポーツの競技会等のほか，ゲームの大会，ダンスの選手権，各種のコンテスト，ファッションショー等が興行として行われる場合に，これらの催しに出場，出演する外国人等の当該興行に係る活動に従事しようとする外国人に対してこの規定が適用される。

本号の定める要件，すなわち，演劇等の興行に係る活動以外の興行に係る活動に従事する場合の基準に適合するための要件は，「日本人が従事する場合に受ける報酬と同等額以上の報酬を受けて従事すること」である。

この要件については，第１章総論のⅦを参照。

なお，報酬は日本国内で支払われることは必要でなく，本邦の公私の機関が支払うことも必要ではない。例えば，複数の国のチームが参加するプロリーグがあり，そのリーグ戦の一部の試合が日本で行われる場合に，当該日本において行われる試合に参加したことに対する対価としての報酬が個別には支払われず，当該日本において行われる試合に参加したことを含めて外国の所属チームから外国で報酬が支払われる場合であっても，当該報酬の額及び報酬の支払われる条件が日本人の参加者と同等以上であれば，本号の要件に適合するものと解される。

また，報酬が上位の入賞者にのみ賞金として支払われる場合や，競技会の勝者の方が敗者よりも多く報酬が支払われる場合，報酬の額が定額ではなく入場料収入の額等によって変わる場合などであっても，支払いを受ける条件が日本人と同等以上であれば，本号の要件に適合するものと解される。[79)]

（第４号―興行に係る活動以外の芸能活動）

第４号は，興行に係る活動には該当しない芸能活動に従事しようとする場合に適用される基準である。

「興行に係る活動以外の」と定められているので，芸能活動であっても，興行に係る活動に該当するものは，本号の適用の対象とはならない。この場合は，第１号から第３号までに定められている基準のいずれかに適合することが必要となる。

興行に係る活動以外の芸能活動に従事する場合について，本号は，本号のイ，ロ，ハ，ニのいずれかに該当すること及び日本人が従事する場合に受ける報酬と同等額以上の報酬を受けることを要件として定めている。

「次のいずれかに該当する」と定められているが，イ，ロ，ハ，ニの活動のうちの一つではなく複数に該当する場合もこれに含まれる。[80)]

ただし，当然のことながら，従事しようとする活動がイ，ロ，ハ，ニのい

79）前出「解説「興行」の在留資格とその基準」には，「スポーツの興行に係る活動の場合，定額の報酬が支払われるのではなく賞金制の場合があります。賞金制の場合，賞金獲得のチャンスが日本人と同等であれば，「日本人が従事する場合に受ける報酬と同等額以上の報酬を受けて従事する」ものと言えます。」（15頁）と記載されている。

80）前出「解説「興行」の在留資格とその基準」には，「イに該当する活動はロからニまでにも該当することがありますが，イからニまでの二つ以上に該当しても差し支えありません。」（16頁）と記載されている。

ずれかに該当するだけではなく，「芸能活動」でなければ，本号の適用の対象とはならない。[81)]

「日本人が従事する場合に受ける報酬と同等額以上の報酬を受けること」については，第1章総論のⅦを参照。

イの「**商品又は事業の宣伝に係る活動**」には，商品や事業の宣伝のために行われる催し（例えば，見本市やファッションショー（興行に該当するものを除く。））に係る活動，商品や事業の宣伝のために使う写真や動画の撮影に係る活動などがある。なお，撮影された写真や動画が日本国内で使われることが予定されていない場合も含まれる。

ロの「**放送番組（有線放送番組を含む。）又は映画の製作に係る活動**」には，出演者としての活動のほか，映画監督や，製作者，脚本家等としての活動も含まれる。[82)] 商品や事業の宣伝用の映画や映画館等で上映されるのではなくBD，DVD等に録画されて販売される映画や動画として配信される映画の製作に係る活動も含まれる。また，放送番組や映画は，日本の放送局や映画会社の製作するものには限られず，日本国内で放送や上映が予定されているものにも限られないものと解される。

ハの「**商業用写真の撮影に係る活動**」には，ポスターに使用する写真や雑誌に掲載する写真の撮影に係る活動などが該当し得るが，撮影する写真が商品や事業の宣伝に使うための写真の場合は，イの「商品又は事業の宣伝に係る活動」にも該当する。

ニの「**商業用のレコード，ビデオテープその他の記録媒体に録音又は録画を行う活動**」には，CDへの吹き込みやBD，DVD等に録画をするための活動などがある。

なお，基準省令の制定当初，ニは，「商業用レコードの録音に係る活動」

81）前出「解説「興行」の在留資格とその基準」には，「テレビの番組でもニュース等の報道番組の製作に係る活動は，通常は，「芸能活動」ではありませんので，「興行」の在留資格には該当しません。この場合は，「人文知識・国際業務」等の在留資格に該当する可能性があります。」（16頁）と記載されている。

82）前出「解説「興行」の在留資格とその基準」には，「「放送番組（有線放送番組を含む。）又は映画の製作に係る活動」に該当し得るものとしては，テレビ・ラジオの番組若しくは映画の監督，制作者，脚本家，出演者等としての活動があります。」（16頁）と記載されている。

であったが，平成18年法務省令第21号による改正で，現行のように改正された。

技 能

本邦の公私の機関との契約に基づいて行う産業上の特殊な分野に属する熟練した技能を要する業務に従事する活動

1 技能の在留資格

（対象となる者及び活動の内容）

産業上の特殊な分野に属する熟練した技能を有する者が対象となり，このような者が本邦の公私の機関との間で雇用その他の契約を締結し，当該契約に基づいてそのような技能を必要とする業務に従事する活動が「技能」の在留資格に対応する活動である。

後述するように，「技能」の在留資格に係る基準として，特定の技能を要する業務に従事する者が限定的に列挙されており，この列挙された者のいずれかに該当することが基準に適合するための要件とされていることから，上陸特別許可による場合など特別な場合を除き，基準として定められた者が「技能」の在留資格の対象となる者となっている。

「本邦の公私の機関」については第１章総論のⅣを，また「契約に基づいて」については，第１章総論のⅤをそれぞれ参照。

「産業上の特殊な分野」には，外国に特有又は外国においてわが国よりも高い水準にある産業分野のほか，その技能を有する者が日本には少数しかいない産業分野等も含まれる。[83)]

この結果，「技能」の在留資格による入国・在留には，いわゆる日本人と

83）法務省入国管理局政策課「『技能』の在留資格をもって入国・在留する外国人」（国際人流1993年４月号17頁）には，「「産業上の特殊な分野に属する」とは，国内の技能者との競合回避等のため，その技能が我が国において一般的でない分野に属するものに限定する趣旨です。」（18頁）と記載されている。

の非代替性又は代替困難性が求められることとなり，「技能」の在留資格の対象となる者の範囲は狭く限定されている。

しかし，人手不足の観点から技能就労者の受入れ範囲の拡大の要望が強く，これに対応して，「出入国管理及び難民認定法及び法務省設置法の一部を改正する法律」（平成30年法律第102号。以下「平成30年改正法」という。）による入管法の改正で「特定技能」の在留資格（「特定技能１号」及び「特定技能２号」）が新設された。これにより，産業上の特殊な分野に属しない一般的分野で就労する技能就労者が「特定技能」の在留資格により入国・在留することが可能となり，外国人就労者の受入れ範囲が拡大された。なお，「特定技能」の在留資格については，入管関係法大全第４部を参照。

「熟練した技能」とは，相当期間の経験を積むことによって修得することができる能力であり，[84]「熟練した技能を要する業務」とはこのような能力を有している者でなくては従事することができない業務を意味する。[85]

平成30年改正法により「特定技能」の在留資格として「特定技能１号」と「特定技能２号」が新設されたが，このうち「特定技能２号」については従事する業務が「法務省令で定める熟練した技能を要する業務」であることが要件として定められた。しかし，「特定技能１号」については，従事する業務が「法務省令で定める相当程度の知識又は経験を必要とする技能を要する業務」とされた。これにより，分野だけではなく，技能水準についても，外

84）前出「『技能』の在留資格をもって入国・在留する外国人」には，「技能」とは，一定事項について主として個人が自己の経験の集積によって有している能力を指します」（18頁）と記載されている。

85）前出「『技能』の在留資格をもって入国・在留する外国人」には，「「熟練した技能を要する業務」とは，一定期間の経験の集積によって修得することとなった熟達した技量を必要とする業務を意味します」（国際人流1993年４月号18頁）と記載されている。また，「平成10年版入管白書」には，「「技能」の在留資格に該当する活動は，産業上の特殊な分野に属する熟練した技能を必要とする業務に従事する活動であり，外国特有の産業分野に帰属するなど，その技能が我が国において一般的でない分野に属し，自己の経験の集積によって修得した能力であって，長年の実務経験を通して初めて身につけることができるものである。」（103-104頁）と記載されている。さらに「技術」の在留資格との違いについて，同書には，「他方，「技術」の在留資格に該当する活動は，理学，工学その他の自然科学の分野の専門技術・知識を有しなければ行うことができない活動であり，その理論を実際に応用して処理する能力であり，大学等で自然科学系の科目を専攻し，卒業していれば，必ずしも実務経験は要しない。」（104頁）と記載されている。

国人技能就労者の受入れ範囲が拡大された。

(在留期間)

「技能」の在留資格に伴う在留期間は，５年，３年，１年又は３月である（入管法施行規則３条及び同規則別表第二）。

２　技能の基準

申請人が次のいずれかに該当し，かつ，日本人が従事する場合に受ける報酬と同等額以上の報酬を受けること。

一　料理の調理又は食品の製造に係る技能で外国において考案され我が国において特殊なものを要する業務に従事する者で，次のいずれかに該当するもの（第九号に掲げる者を除く。）

イ　当該技能について十年以上の実務経験（外国の教育機関において当該料理の調理又は食品の製造に係る科目を専攻した期間を含む。）**を有する者**

ロ　経済上の連携に関する日本国とタイ王国との間の協定附属書七第一部Ａ第五節１(c)の規定の適用を受ける者

二　外国に特有の建築又は土木に係る技能について十年（当該技能を要する業務に十年以上の実務経験を有する外国人の指揮監督を受けて従事する者の場合にあっては，五年）**以上の実務経験**（外国の教育機関において当該建築又は土木に係る科目を専攻した期間を含む。）**を有する者で，当該技能を要する業務に従事するもの**

三　外国に特有の製品の製造又は修理に係る技能について十年以上の実務経験（外国の教育機関において当該製品の製造又は修理に係る科目を専攻した期間を含む。）**を有する者で，当該技能を要する業務に従事するもの**

四　宝石，貴金属又は毛皮の加工に係る技能について十年以上の実務経験（外国の教育機関において当該加工に係る科目を専攻した期間を含む。）**を有する者で，当該技能を要する業務に従事するもの**

五　動物の調教に係る技能について十年以上の実務経験（外国の教育機関において動物の調教に係る科目を専攻した期間を含む。）**を有する者で，当該技能を要する業務に従事するもの**

六　石油探査のための海底掘削，地熱開発のための掘削又は海底鉱物探査のための海底地質調査に係る技能について十年以上の実務経験（外国の教育機関において石油探査のための海底掘削，地熱開発のための掘削又は海底鉱物探査のための海底地質調査に係る科目を専攻した期間を含む。）を有する者で，当該技能を要する業務に従事するもの

七　航空機の操縦に係る技能について二百五十時間以上の飛行経歴を有する者で，航空法（昭和二十七年法律第二百三十一号）第二条第十八項に規定する航空運送事業の用に供する航空機に乗り組んで操縦者としての業務に従事するもの

八　スポーツの指導に係る技能について三年以上の実務経験（外国の教育機関において当該スポーツの指導に係る科目を専攻した期間及び報酬を受けて当該スポーツに従事していた期間を含む。）を有する者若しくはこれに準ずる者として法務大臣が告示をもって定める者で，当該技能を要する業務に従事するもの又はスポーツの選手としてオリンピック大会，世界選手権大会その他の国際的な競技会に出場したことがある者で，当該スポーツの指導に係る技能を要する業務に従事するもの

九　ぶどう酒の品質の鑑定，評価及び保持並びにぶどう酒の提供（以下「ワイン鑑定等」という。）に係る技能について五年以上の実務経験（外国の教育機関においてワイン鑑定等に係る科目を専攻した期間を含む。）を有する次のいずれかに該当する者で，当該技能を要する業務に従事するもの

　イ　ワイン鑑定等に係る技能に関する国際的な規模で開催される競技会（以下「国際ソムリエコンクール」という。）において優秀な成績を収めたことがある者

　ロ　国際ソムリエコンクール（出場者が一国につき一名に制限されているものに限る。）に出場したことがある者

　ハ　ワイン鑑定等に係る技能に関して国（外国を含む。）若しくは地方公共団体（外国の地方公共団体を含む。）又はこれらに準ずる公私の機関が認定する資格で法務大臣が告示をもって定めるものを有する者

（柱書の規定）

柱書は，第１号から第９号までのいずれかに該当すること及び日本人が従事する場合に受ける報酬と同等額以上の報酬を受けることを要件として定めている。

第１号から第９号までには，特定の技能を要する業務に従事する者が列挙されており，「技能」の在留資格に係る基準に適合する外国人は，第１号から第９号までに限定的に列挙されている技能を要する業務に従事する外国人に限られる。

「日本人が従事する場合に受ける報酬と同等額以上の報酬を受けること」については，第１章総論のⅦを参照。

（第１号）

第１号は，料理の調理又は食品の製造に係る技能で外国において考案されわが国において特殊なものを要する業務に従事する者で本号のイ又はロのいずれかに該当するものである。ただし，本号の柱書の末尾の括弧書の規定により，第９号に掲げられている者は除かれている。

料理の調理又は食品の製造に係る技能で外国において考案され我が国において特殊なもの

「料理」や「食品」そのものが外国において考案されわが国において特殊なものであることは必要ではないが，その調理や製造に係る技能が外国において考案されたもので，かつ，わが国においてあまり普及していないものであることを要件としたものである。[86)]

「要する業務」とは，このような技能を有する者でなければ従事することができない業務を意味する。

イの「当該技能について十年以上の実務経験（外国の教育機関において当該料

86）前出「『技能』の在留資格をもって入国・在留する外国人」には，「「料理の調理又は食品の製造に係る技能で外国において考案され我が国において特殊なもの」とは，具体的には，中国料理，フランス料理等外国料理のコックとしての業務に必要とされる技能や，外国菓子等食品の製造コックとしての業務に必要とされる技能が挙げられます。ただし，ラーメンのように，外国料理に起源があるとしても我が国において特殊なものとは言えないものは，含まれません。」（19頁）と記載されている。

理の調理又は食品の製造に係る科目を専攻した期間を含む。）を有する者」とは，料理の調理又は食品の製造に係る技能で外国において考案され，わが国において特殊なものについて10年以上の実務経験を有する者であることを要件としたものである。

ただし，この実務経験の期間には，「実務経験」の次の括弧書の規定により，外国の教育機関において当該料理の調理又は食品の製造に係る科目を専攻した期間を含むものとされている。なお，「外国の教育機関」については，【興行の基準】の解説を参照。

ロは，経済上の連携に関する日本国とタイ王国との間の協定（平成19年条約第14号）の附属書七を受けて平成19年法務省令第50号による改正で設けられた規定である。この協定の適用を受けるタイ料理人は，10年以上の実務経験を有することは必要とされない。

同協定附属書七の第一部Ａ第五節１は，「日本国にある公私の機関との間の個人的な契約に基づき，日本国における一時的な滞在の間に次のいずれかの業務活動であってサービスの提供に係るものに従事するタイの自然人については，一年間又は三年間（この期間は，更新することができる。），入国及び一時的な滞在が許可される。」とし，その(c)において「タイ料理に関する専門的な技能を必要とする活動であって，出入国管理及び難民認定法でその範囲が定められている「技能」の在留資格に基づくもの。ただし，当該活動に従事する自然人が次の要件を満たすことを条件とする。」として，次の(i)から(iii)までを定めている。

(i)　タイ料理人として五年以上の実務経験を有していること（タイ労働省が発行するタイ料理人としての技能水準に関する証明書を取得するための要件を満たすために教育機関において教育を受けた期間を含む。）。

(ii)　初級以上のタイ料理人としての技能水準に関する証明書を取得していること。

(iii)　日本国への入国及び一時的な滞在に係る申請を行った日の直前の一年の期間に，タイにおいてタイ料理人として妥当な額の報酬を受けており，又は受けていたことがあること。

なお，この規定には，注釈が付されており，その1は，「この(c)の規定の適用上，「妥当な額の報酬」とは，日本国の当局が毎年計算するタイ国内のすべての産業における被用者の平均賃金額を超える額の報酬又はこれに相当するもの（現金によるものに限る。）であって，タイ情報技術通信省国家統計局が公表する労働力調査において示される入手可能な最新の統計資料に基づくものをいう。」である。

「経済上の連携に関する日本国とタイ王国との間の協定附属書七第一部A第五節1(c)の規定の適用を受ける者」とは，上記同協定附属書七第一部A第五節1(c)の(i)から(iii)までの要件に適合する者である。

（第2号）

第2号は，外国に特有の建築又は土木に係る技能を有し，わが国において建築や土木の工事等当該技能を要する業務に従事する者である。原則としては，10年以上の実務経験を有することが要件とされるが，「十年」の次の括弧書の規定により，当該技能を要する業務に10年以上の実務経験を有する外国人の指揮監督を受けて従事する者の場合は5年以上の実務経験で足りることとされている。チームで作業をするような場合を想定した規定である。また，本号の実務経験の期間は，「実務経験」の次の括弧書の規定により，外国の教育機関において当該建築又は土木に係る科目を専攻した期間が含まれる。

「外国に特有の建築又は土木に係る技能」には，外国に特有の伝統的建築様式に係る技能のほか，外国で新たに考案されていまだわが国では普及していない建築様式や工法に係る技能も含まれるものと解される。[87]

（第3号）

第3号は，外国の伝統的製品など外国に特有の製品の製造又は修理に係る

87）前出「『技能』の在留資格をもって入国・在留する外国人」には，「基準の二号中「外国に特有の」とは，建築物などが外国固有のもので我が国に存在しない（例えば，外国の伝統建築）ため，施工に際して外国人技能者の感性，経験などを含んだいわば“腕”に頼らざるを得ない場合や，外国で新たに考案されて我が国にまだ普及していない外国の建築・土木の技能を導入する場合…などを意味します。ただし，プロセスが特有であっても結果について特有性がない場合は，含まれません。」（19頁）と記載されている。

技能を有し，そのような技能を必要とする業務に従事する者である。本号の場合も，10年以上の実務経験を有することが要件として定められている。

「外国に特有の製品」とは，わが国においてはほとんど製造されていないような製品を意味する。

本号の場合も，「実務経験」の次の括弧書の規定により，実務経験の期間には，外国の教育機関において当該製品の製造又は修理に係る科目を専攻した期間が含まれる。

（第４号）

第４号は，宝石，貴金属又は毛皮の加工に係る技能を有し，そのような技能を要する業務に従事する者である。

本号の場合は，「外国に特有」等の要件は定められていないが，10年以上の実務経験を有することが必要である。

実務経験の期間には，「実務経験」の次の括弧書の規定により，外国の教育機関において宝石，貴金属又は毛皮の加工に係る科目を専攻した期間が含まれる。

（第５号）

本号は，動物の調教師など，動物の調教に係る技能を有する者で，そのような技能を要する業務に従事するものである。

本号の場合も「外国に特有」等の要件は定められていないが，10年以上の実務経験を有することが必要である。

実務経験の期間には，「実務経験」の次の括弧書の規定により，外国の教育機関において動物の調教に係る科目を専攻した期間が含まれる。

（第６号）

第６号は，石油探査のための海底掘削，地熱開発のための掘削又は海底鉱物探査のための海底地質調査のいずれかに係る技能を有している者で，そのような技能を必要とする業務に従事するものである。

「地熱開発のための掘削」は，平成６年法務省令第15号による改正で加えられた。[88]

本号の場合も，10年以上の実務経験を有することが要件として定められているが，この実務経験の期間には，「実務経験」の次の括弧書の規定により，外国の教育機関において石油探査のための海底掘削，地熱開発のための掘削又は海底鉱物探査のための海底地質調査に係る科目を専攻した期間が含まれる。

（第７号）

第７号は，航空機の操縦士である。

本号も，前記平成６年法務省令第15号による基準省令の改正で追加されたものである。[89]

「航空法（昭和27年法律第231号）第二条第十八項に規定する航空運送事業」とは，「他人の需要に応じ，航空機を使用して有償で旅客又は貨物を運送する事業」（同法同条同項）である。

航空機の操縦に係る技能について250時間以上の飛行経歴を有すること及びこのような航空運送事業の用に供する航空機に乗り組んで操縦者としての

88）この改正について，法務省入国管理局「「技能」等に係る基準省令の一部改正」（国際人流1994年５月号58頁）には，次のように記載されている。「地熱発電に使用する蒸気を誘導するために掘削された井戸を生産井，発電に使用した蒸気及び熱水を地下に戻すために掘削された井戸を還元井といい，これらの井戸を掘削する作業を地熱開発のための掘削と言います。当該業務に従事する者については，改正入管法（平成元年法律第79号による改正後の入管法を意味する―筆者注）施行前に入国を認めた実例があること等に配慮して，今回の改正により基準に追加されたものです。」（59頁）

89）同改正で加えられた第７号は，「航空機の操縦に係る技能について二千五百時間以上の飛行経歴を有する者で，航空法（昭和二十七年法律第二百三十一号）第二十四条に規定する定期運送用操縦士の技能証明を有するものでなければ機長として操縦を行うことができない同法第二条第十六項に規定する航空運送事業の用に供する航空機に乗り組んで操縦者としての業務に従事するもの」との規定であった。この改正について，前出「「技能」等に係る基準省令の一部改正」には，「航空機の操縦に係る業務のうち，旅客や貨物を輸送する定期便の航空機や不定期便の大型機等の操縦者としての業務が基準に追加されました」（59頁）と記載されている。その後，本号は，平成17年法務省令第95号等により改正されたが，同省令による改正について，「平成18年版入管白書」には，次のように記載されている。「「技能」の在留資格に係る基準省令において，航空運送事業の用に供する航空機に乗り組む操縦者に係る飛行経験の要件を定めているところ，当該飛行時間は大型航空機の機長レベルに合わせたものであり，今後，空港の拡張や中型機等の需要の拡大が見込まれるなどの航空業務を取り巻く環境の変化に伴い，その専門性の高さを考慮した上で，操縦者を受け入れるための所要の規定を整備することとし，…航空法に規定する航空運送事業の用に供する航空機に乗り組んで操縦者としての業務に従事する者については，現行の飛行経歴の要件を「2500時間以上」から「1000時間以上」とした。」（116頁）。そして，その後さらに，平成27年法務省令第59号による改正により「250時間以上」に改正された。

業務に従事することが要件として定められている。

（第８号）

第８号は，スポーツの指導を行う者が対象である。

本号も前記平成６年法務省令第15号による基準省令の改正で追加された。

本号が定めているのは，次のいずれかに該当する者である。

①　スポーツの指導に係る技能について３年以上の実務経験（外国の教育機関において当該スポーツに係る科目を専攻した期間及び報酬を受けて当該スポーツに従事していた期間を含む。）を有する者で当該技能を要する業務に従事するもの

②　①に準ずる者として法務大臣が告示をもって定める者で当該技能を要する業務に従事するもの

③　スポーツの選手としてオリンピック大会，世界選手権大会その他の国際的な競技会に出場したことがある者で当該スポーツの指導に係る技能を要する業務に従事するもの

オリンピック大会及び世界選手権大会は，「国際的な競技会」の例示であるが，「国際的な競技会」といえるためには，これらの例示された大会に匹敵するような，世界規模又は少なくとも地域規模の大きな競技会であることが必要である。

②は平成28年法務省令第40号による改正により新たに規定されたものである。[90]

②の①に準ずる者については，「出入国管理及び難民認定法第七条第一項

90）「平成29年度入管白書」には，「スキーインストラクターの在留資格要件の見直し」として，次のとおり記載されている。

「「日本再興戦略」改訂2015」（平成27年６月30日閣議決定）において，日本でスキーを楽しむ外国人旅行者が増加していることを踏まえ，外国人インストラクターの在留資格要件について，早期にスノーリゾート関係者のニーズ調査を実施し，実務経験年数要件に替わる要件の検討を進め，結論を得ることが盛り込まれた。これを受けて検討した結果，外国人スキーインストラクターに係る上陸許可基準の見直しを行い，在留資格「技能」で入国・在留しようとする外国人スキーインストラクターについて，スポーツの指導に係る３年以上の実務経験がない場合であっても，これに準ずる者には入国・在留を認めることとし，具体的には，スキーの指導に係る技能について国際スキー教師連盟（ISIA）が発行するISIAカードの交付を受けている者とし，平成28年７月22日から運用を開始した。（77頁）

第二号の基準を定める省令の技能の在留資格に係る基準の規定に基づきスポーツの指導に係る技能について三年以上の実務経験を有する者に準ずる者を定める件」（平成28年法務省告示第406号）により，「スキーの指導に係る技能について国際スキー教師連盟（ISIA）が発行するISIAカードの交付を受けている者」（スキーインストラクター）が定められている。

（第９号）

第９号は，ソムリエ等に係る規定である。

本号は，平成16年法務省令第12号による基準省令の改正で追加されたものであり，該当する者の要件は次のとおりである。[91)]

① ぶどう酒の品質の鑑定，評価及び保持並びにぶどう酒の提供（以下「ワイン鑑定等」という。）に係る技能について，５年以上の実務経験（外国の教育機関においてワイン鑑定等に係る科目を専攻した期間を含む。）を有すること

② ワイン鑑定等に係る技能を要する業務に従事すること

③ 本号のイ，ロ，ハのいずれかに該当すること

ワイン鑑定等に係る技能を要する業務に従事する者は，第１号の「料理の調理又は食品の製造に係る技能で外国において考案され我が国において特殊なものを要する業務に従事する者」にも該当し得るが，第１号の規定の適用を受けた場合10年以上の実務経験が必要となる。そこで，ワイン鑑定等に係る技能を要する業務に従事する者について本号が規定され，本号の適用を受けた場合には，５年以上の実務経験で足りることとされた。なお，本号に掲げられている者は，第１号の適用の対象から除外されている（第１号の柱書の括弧書の規定）。

③のイ，ロ，ハの要件は，次のとおりである。

イは，ワイン鑑定等に係る技能に関する国際的規模で開催される競技会（以下「国際ソムリエコンクール」という。）において優秀な成績を収めたことがあ

91）この改正について，「平成16年版入管白書」には次のように記載されている。「「構造改革特区の第２次提案に対する政府の対応方針」（平成15年２月27日構造改革特区推進本部決定）において，「技能」の在留資格をもって上陸しようとする外国人ソムリエ等に係る上陸許可基準の緩和措置を講ずることとされ，16年２月27日，在留資格「技能」に係る基準省令（上陸許可基準）を一部改正し（同日施行），ソムリエの受入れに関する緩和措置を講じた。」（103頁）

ることである。

「優秀な成績を収めた」に該当するためには，入賞以上の成績を収めたことが必要と解される。

ロは，出場者が一国につき一名に限定されている国際ソムリエコンクールに出場したことがあることである。

ハは，ワイン鑑定等に係る技能に関して国若しくは地方公共団体又はこれらに準ずる公私の機関が認定する資格で法務大臣が告示をもって定めるものを有することである。

「国」及び「地方公共団体」に付された括弧書の規定により，「国」には外国を含み，「地方公共団体」にも外国の地方公共団体が含まれる。

「これらに準ずる公私の機関」とは，外国を含む国又は外国の地方公共団体を含む地方公共団体に準ずる公私の機関である。

なお，現在のところこの資格を定める告示は行われていない。

(国家戦略特別区域外国人海外需要開拓支援等活動促進事業に係る特例)

平成29年法律第71号による国家戦略特別区域法の改正により国家戦略特別区域法第16条の７が新設され，同条第１項の国家戦略特別区域外国人海外需要開拓支援等活動促進事業に係る国家戦略特別区域において，外国人が「技能」の在留資格に対応する活動を本邦において行おうとする活動として在留資格認定証明書の交付の申請を行った場合は，上陸基準省令に定める上陸基準に代えて，海外需要開拓支援等外国人上陸審査基準が適用される（同法第16条の７第１項）。

そして，この国家戦略特別区域法第16条の７第１項の規定により交付された在留資格認定証明書を提出して一般上陸の申請を行った外国人については，入管法第７条第１項第２号の上陸のための条件の適用に関しても，上陸許可基準は海外需要開拓支援等外国人上陸審査基準とされる（同法同条第２項）。

なお，この特例は，「技術・人文知識・国際業務」の在留資格に係る国家戦略特別区域外国人海外需要開拓支援等活動促進事業の特例と同様であり，技術・人文知識・国家業務の３の（国家戦略特別区域外国人海外需要開拓支援等活動促進事業に係る特例）の解説を参照。

特定技能 及び **技能実習**

入管関係法大全　第３部技能実習法・第４部特定技能（2022年３月刊行予定）**において，在留資格と関係条文の解説をする。**

三の表

文化活動

収入を伴わない学術上若しくは芸術上の活動又は我が国特有の文化若しくは技芸について専門的な研究を行い若しくは専門家の指導を受けてこれを修得する活動（四の表の留学の項から研修の項までの下欄に掲げる活動を除く。）

（活動の内容）

「文化活動」の在留資格に係る別表の下欄は，①収入を伴わない学術上の活動，②収入を伴わない芸術上の活動，③わが国特有の文化又は技芸について専門的な研究を行う活動，④わが国特有の文化又は技芸について専門家の指導を受けてこれを修得する活動の四つの類型の活動を定めている。「文化活動」の在留資格に該当する活動は，これらの活動のいずれかに属する活動であるが，同欄の末尾の括弧書の規定により，「留学」又は「研修」の在留資格に対応する活動に該当する活動は除かれる。また，「文化活動」の在留資格は，非就労資格であるので，規定上「収入を伴わない」と明示されている活動に限らず，報酬を受ける活動に当たる活動や収入を伴う事業を運営する活動に当たる活動は「文化活動」の在留資格に対応する活動には含まれない。

収入を伴わない学術上若しくは芸術上の活動

「収入を伴わない」とは，その活動を行うことにより金銭その他の財産上の利益を得ないことを意味する。「収入」は報酬を含むが報酬より広い概念であり，「収入を伴わない」活動であるということができるためには，その活動を行ったことによる結果として何らかの財産上の利益を得るということがないことが必要である。

「学術上の活動」には，学問の研究や研究の指導などの活動がある。

大学の教授等の指導の下で報酬等を受けない研究員として研究を行うような活動も，収入を伴わない学術上の活動に該当する場合がある。

外国の大学や研究機関等に所属する者が，その機関における活動の一環として，日本国内において研究や研究に係る調査を行う活動なども収入を伴わない学術上の活動に含まれ得る。

ただし，この場合に，日本の大学や研究機関等に拠点を置いて活動することがあるが，これらの機関から報酬を受ける場合には，収入を伴わない学術上の活動にはならないので「文化活動」の在留資格には該当しない。これらの機関から直接報酬を受けることはなく，外国の大学や研究機関等から報酬を受ける場合でも，事実上わが国に基盤を置く就労活動であると認められる場合にも，「文化活動」の在留資格には該当しない。

「芸術上の活動」には，芸術作品の創作や芸術の指導などの活動があるが，収入を伴わない「芸術上の活動」としては，画家や小説家が，外国を基盤として行う創作活動の一環としての活動を日本国内において行う場合のほか，日本において自らが創作した芸術作品の発表を行うことなども含まれる。

学術上の活動であっても芸術上の活動であっても，その活動が就労活動に当たる場合は，「文化活動」の在留資格には該当しない。例えば，画家が日本において個展を開催することなどがあるが，当該個展が専ら作品の販売を目的とするものであったり興行に該当するようなものであったりする場合には，「文化活動」の在留資格には該当しない。就労活動に当たる学術上の活動は，「教授」や「研究」等の在留資格に該当する場合がある。また，収入を伴う芸術上の活動は，「芸術」又は「興行」の在留資格に該当する。

なお，「芸術上の活動」については，芸術の在留資格の解説を参照。

我が国特有の文化若しくは技芸について専門的な研究を行い若しくは専門家の指導を受けてこれを修得する活動

「我が国特有の文化若しくは技芸」とは，わが国に固有の文化又は技芸の他わが国に固有の文化又は技芸ではないが，わが国において特有の発展を遂げている文化又は技芸を含む。

「我が国特有の文化若しくは技芸について専門的な研究を行い若しくは専門家の指導を受けてこれを修得する活動」とは，このようなわが国特有の文化若しくは技芸について自ら専門的に研究を行う活動，又はわが国特有の文化若しくは技芸を専門家の指導を受けて修得する活動である。ただし，就労活動に当たる場合は，「文化活動」の在留資格には該当しない。

(括弧書の規定)

括弧書の規定により，「留学」及び「研修」の在留資格に係る入管法別表の下欄に掲げられている活動は「文化活動」の在留資格に対応する活動から除かれる。

したがって，例えば，専門家の指導を受けてわが国特有の文化若しくは技芸を修得する活動を「留学」の在留資格に係る別表の下欄に規定されている機関における教育を受ける活動として行う場合や，その他の本邦の公私の機関に受け入れられて技能等の修得をする活動として行う場合には，「文化活動」の在留資格ではなく，「留学」や「研修」の在留資格の対象となる。

(在留期間)

「文化活動」の在留資格に伴う在留期間は，３年，１年，６月又は３月である（入管法施行規則３条及び同規則別表第二）。

短期滞在

本邦に短期間滞在して行う観光，保養，スポーツ，親族の訪問，見学，講習又は会合への参加，業務連絡その他これらに類似する活動

(対象となる者)

観光客，日本に商談等のために出張してきたビジネスマン，日本において開催される講習や会議に出席するため来日した者，日本にいる親族・知人等を訪問するため来日した者などが対象となる。

「本邦に短期間滞在して」とは，在留の目的である活動を本邦において行う期間自体が短期間で終了することを意味する。1回の在留期間が短くても，在留の目的を達成するためには，出国後短期間のうちに再び入国し在留することを繰り返すことにより事実上長期間にわたって滞在することとなる場合は対象とはならない。

「短期間」がどのくらいの期間を意味するかについては，180日を超える滞在は，原則として，「短期間」の滞在とはいえないものと解される[92]。

（活動の内容）

滞在期間が短期間であること及び滞在中に就労活動に該当する活動をしないことが必要であるが，活動内容は広い範囲に及ぶ。

「観光，保養，スポーツ，親族の訪問，見学，講習又は会合への参加，業務連絡その他これらに類似する活動」と定められているが，滞在期間が短期間であり，かつ，就労活動に該当しない活動であれば，活動の内容は相当広い範囲に及び得る。

「業務連絡」又は業務連絡に類似する活動には，日本の取引先等との商談や打ち合わせ，市場調査，アフターサービス等のいわゆる短期商用活動が含まれるが，日本に基盤を置いて行われる職業活動は，「短期滞在」の在留資格には該当しない[93]。例えば，外国にある事業所等に所属している外国人が外国の事業所等において従事している業務の一環として一時的に日本において一定の業務に従事するような活動が「短期滞在」の在留資格に該当する。ただし，日本で従事する業務の遂行のために必要な滞在期間が「短期間滞在して」との要件に適合することが必要である。上記のとおり，1回の滞在が短期間であっても，繰り返し「短期滞在」の在留資格で滞在することにより事実上「短期間」の範囲を超えて滞在することが必要な場合は，「短期滞在」

92）本邦に入国して「短期滞在」の在留資格に該当する活動を行おうとする者については，多くの国との間で査証免除の取決め等が行われており，その期間の最長も180日である。

93）前出「「投資・経営」の在留資格とその基準について」には，次のように記載されている。「外国人が日本で行う商用活動のうち，一時的に日本に滞在することが予定されているものであって，職業活動の基盤を日本国内に有しないで行う商談，契約調印，業務連絡，アフターサービス，宣伝，市場調査等の活動は，「短期滞在」の在留資格に該当します。」（14頁）

の在留資格には該当しない。なお，1年の半分以上にわたって日本で業務に従事するような場合は，その業務に従事する活動は，通常は，就労活動となる。

(在留期間)

「短期滞在」の在留資格に伴う在留期間は，90日若しくは30日又は15日以内の日を単位とする期間（入管法施行規則3条及び同規則別表第二）である。

「十五日以内の日を単位とする期間」とは，1日から15日までの日単位で決定する期間である。

四の表

留　学

本邦の大学，高等専門学校，高等学校（中等教育学校の後期課程を含む。）若しくは特別支援学校の高等部，中学校（義務教育学校の後期課程及び中等教育学校の前期課程を含む。）若しくは特別支援学校の中学部，小学校（義務教育学校の前期課程を含む。）若しくは特別支援学校の小学部，専修学校若しくは各種学校又は設備及び編制に関してこれらに準ずる機関において教育を受ける活動

1　留学の在留資格

(「留学」と「就学」の統合)

「留学」の在留資格は，平成21年法律第79号による入管法の改正で同在留資格に対応する活動の内容が大きく変更された。

「留学」の在留資格は，他の在留資格とともに，平成元年法律第79号による入管法の改正で創設されたが，創設当初は，対応する活動は，「本邦の大学若しくはこれに準ずる機関，専修学校の専門課程，外国において十二年の学校教育を修了した者に対して本邦の大学に入学するための教育を行う機関又は高等専門学校において教育を受ける活動」であった。[94)]

平成元年法律第79号による入管法の改正では，この「留学」の在留資格とは別に，「就学」の在留資格が定められ，同在留資格に対応する活動は，「本邦の高等学校若しくは盲学校，聾(ろう)学校若しくは養護学校の高等部，専修学校の高等課程若しくは一般課程又は各種学校（この表の留学の項の下欄に規定する機関を除く。）若しくは設備及び編制に関してこれに準ずる教育機関において教育を受ける活動」であった。[95)]

この「留学」と「就学」の在留資格の区分は，所属する教育機関等の種類により在留資格を区分するもので，専修学校の専門課程等について一部異なるところはあったが，基本的には「教授」と「教育」の在留資格の区分にも対応するものであった。

しかし，「留学」及び「就学」の二つの在留資格は，いずれも外国人が日本において教育を受ける活動に係る非就労資格であり，法律上の取扱いには大きな差異がなかった。

そして，平成21年１月には，第五次出入国管理政策懇談会から，在留資格「留学」・「就学」の一本化の提言が行われた。[96)] このようなこと等を踏まえて検討が行われた結果，「留学」及び「就学」の在留資格を一本化する方針が打ち出され，平成21年法律第79号により，留学の項の下欄を改めて「留学」の在留資格の対象となる者を拡大するとともに就学の項を削る改正が行われ

94）平成元年法律第79号による改正前の入管法は，その第４条第１項第６号で，「本邦の学術研究機関又は教育機関において特定の研究を行い，又は教育を受けようとする者」としての在留資格を定めていた。

95）「就学」の在留資格に係る別表下欄の規定は，その後の改正により，平成21年法律第79号による入管法の改正時には，「本邦の高等学校（中等教育学校の後期課程を含む。）若しくは特別支援学校の高等部，専修学校の高等課程若しくは一般課程又は各種学校（この表の留学の項の下欄に規定する機関を除く。）若しくは設備及び編制に関してこれに準ずる教育機関において教育を受ける活動」となっていた。

96）第五次出入国管理政策懇談会は，平成21年１月の報告書「留学生及び就学生の受入れに関する提言」において，「外国人の本邦において教育を受ける活動については在留資格の区分をなくし，「留学」と「就学」の一本化を図るべきであるが，一方で，在留資格を一本化しつつも，「我が国の産業及び国民生活に与える影響その他の事情を勘案して法務省令で定める基準」として定める上陸許可の要件については，引き続き教育機関の形態に応じたものとし，適正な在留管理を行うべきである。」（６頁）とした。

た。[97)]

平成21年法律第79号による入管法の改正は，基本的に，「就学」の在留資格を「留学」の在留資格に吸収する形で一本化したものであるが，これに併せて，一部，対象の拡大も行われた。すなわち，改正前の「就学」の在留資格に係る別表の下欄では，「設備及び編制に関してこれに準ずる教育機関において教育を受ける活動」が規定され，「これ」は各種学校を指すものであったが，改正後の「留学」の在留資格に係る別表の下欄には，「設備及び編制に関してこれらに準ずる機関において教育を受ける活動」と規定されている。この「これら」には，各種学校だけではなく，「本邦の大学，高等専門学校，高等学校（中等教育学校の後期課程を含む。）」等「留学」の在留資格に対応する活動において「設備及び編制に関してこれらに準ずる機関」の前に列挙されている機関がすべて含まれるので，範囲が大幅に拡大された。

「留学」の在留資格に対応する活動については，その後，平成26年法律第74号による改正で「中学校（中等教育学校の前期課程を含む。）若しくは特別支援学校の中学部，小学校若しくは特別支援学校の小学部」において教育を受ける活動が加えられ，[98)] さらに，学校教育法等の一部を改正する法律（平成27年法

97）この改正について，「平成21年版入管白書」には，次のように記載されている。「平成20年１月に，福田内閣総理大臣（当時）の施政方針演説において，「留学生30万人計画」が提唱されたことを受け，同年７月には，文部科学省を始めとする関係省庁により，「留学生30万人計画」骨子が策定された。「留学生30万人計画」の実現に向けた出入国管理行政の在り方について幅広く有識者の意見を伺うため，法務大臣の私的懇談会である出入国管理政策懇談会において議論していただき，本年１月には，同懇談会における「留学生及び就学生の受入れに関する提言」…が法務大臣に報告されたところ，これを踏まえ，留学生の安定的な在留のため，在留資格「留学」と「就学」の区分をなくし，「留学」の在留資格へと一本化した。」（61頁）また，「平成22年版入管白書」には，「近年，在留資格「就学」に係る不法残留者数が減少傾向にあること，「就学」を「留学」のワンステップとする位置付けが強まっていることなどから，外国人が教育を受ける活動の在留資格について「留学」に一本化することとし，このことを盛り込んだ改正入管法が平成21年７月に成立し，22年７月から施行されている。」（81頁）と記載されている。また，同書には，「在留資格の一本化に伴い，平成22年７月から，外国人学生の資格外活動については，原則として１週28時間以内の包括的な許可を行うこととした。」（81頁）と記載されている。

98）榊原法務省入国管理局長は，平成26年６月10日の参議院法務委員会において，「留学に係る改正におきまして留学の在留資格に小学校及び中学校において教育を受ける活動を加えましたのは，初等中等教育の段階から文化や伝統，生活習慣の異なる同世代の児童又は生徒が交流を深められるようになることにより，相互理解の増進や友好関係の深化，将来において我が国と諸外国との間で親密な人的ネットワークの形成が図られることが見込まれ，国際交流促進に資すると考えられたことによるものであります。」と述べている（186回参法22号13頁）。

律第46号）による入管法の改正で，義務教育学校において教育を受ける活動が加えられるとともに，中学校について義務教育学校の後期課程を，小学校について義務教育学校の前期課程を含むこととする旨の改正が行われた。

（対象となる者）

「留学」の在留資格は，本邦の大学，高等専門学校，高等学校，中等教育学校（前期課程，後期課程），特別支援学校（高等部，中学部，小学部），中学校，義務教育学校（前期課程，後期課程），小学校，専修学校，各種学校又は設備及び編制に関してこれらの教育機関に準ずる教育機関において教育を受ける者を対象とする。

本邦において教育を受ける場合であっても，上記以外の機関において受ける者は，「留学」の在留資格の対象とはならない。また，短期間の場合は，上記の教育機関で教育を受ける場合であっても，「短期滞在」の在留資格の対象となる場合がある。

大学，高等専門学校，高等学校，中等教育学校，特別支援学校，中学校，義務教育学校，小学校は，いずれも学校教育法第１条の定める学校である。ただし，学校教育法第１条の定める学校のうち，幼稚園は含まれていない。なお，「大学」については，「教授」の在留資格の解説を参照。

「専修学校」は，学校教育法第124条に規定する専修学校を，「各種学校」は，学校教育法第134条第１項に規定する各種学校を意味する。

「設備及び編制に関してこれらに準ずる機関」の「これら」は，それより前に規定されている機関全て（本邦の大学，高等専門学校，高等学校，中等教育学校（前期課程，後期課程），特別支援学校（高等部，中学部，小学部），中学校，義務教育学校（前期課程，後期課程），小学校，専修学校及び各種学校）を意味し，「これらに準ずる機関」とは，設備及び編制に関してこれらの教育機関のいずれかに準ずる機関をいう。設備及び編制に関してこれらの教育機関に準ずる機関であれば「教育機関」である必要はない。「教育」の在留資格に係る別表の下欄の「これに準ずる教育機関」は，各種学校に準ずる教育機関を意味するが，「留学」の在留資格に係る別表下欄の「これらに準ずる機関」は，対象がより広いものとなっている。

「設備及び編制に関して…準ずる」については，教育の在留資格の解説を参照。

(活動の内容)

「留学」の在留資格に対応する活動は，本邦の大学，高等専門学校，高等学校，中等教育学校（前期課程，後期課程），特別支援学校（高等部，中学部，小学部），中学校，義務教育学校（前期課程，後期課程），小学校，専修学校，各種学校，設備及び編制に関してこれらに準ずる機関において「教育を受ける活動」である。上記の機関において行う活動であっても，教育を受ける活動以外の活動は「留学」の在留資格には該当しない。ただし，例えば，教育を受ける活動を行う傍ら，研究にも従事することは，その活動が就労活動に該当する場合でなければ可能である。また，就労活動に該当する場合であっても，資格外活動許可を受けて行うことは可能である。

なお，「留学の在留資格をもって在留する者で大学又は高等専門学校（第四学年，第五学年及び専攻科に限る。）において教育を受けるものが当該大学又は高等専門学校との契約に基づいて行う教育又は研究を補助する活動」については，報酬を受けて行う場合であっても，当該活動に対する報酬は，入管法上の「報酬」とはならないこととされており（19条１項２号及び入管法施行規則19条の３第３号），したがって，資格外活動の許可を受けることなく行うことができる。

(在留期間)

「留学」の在留資格に伴う在留期間は，４年３月を超えない範囲内で法務大臣が個々の外国人について指定する期間である（入管法施行規則３条及び同規則別表第二）。

最長の在留期間が４年３月と定められているのは，留学生が，日本での生活の準備等のため，実際に入学する日より前に来日する場合があることなどを考慮したものである。

なお，令和３年法務省令第16号による入管法施行規則の改正により，「４年３月，４年，３年３月，３年，２年３月，２年，１年３月，１年，６月又は３月」という規定が現行のとおり改正された。４年３月という最長期間は同じであるが，この改正により卒業等までの教育機関における在籍期間に応じて在留期間を決定することができるようにされた。

2　留学の基準

一　申請人が次のいずれかに該当していること。

イ　申請人が本邦の大学若しくはこれに準ずる機関，専修学校の専門課程，外国において十二年の学校教育を修了した者に対して本邦の大学に入学するための教育を行う機関又は高等専門学校に入学して教育を受けること（専ら夜間通学して又は通信により教育を受ける場合を除く。）。

ロ　申請人が本邦の大学に入学して，当該大学の夜間において授業を行う大学院の研究科（当該大学が当該研究科において教育を受ける外国人の出席状況及び法（入管法—筆者）第十九条第一項の規定の遵守状況を十分に管理する体制を整備している場合に限る。）において専ら夜間通学して教育を受けること。

ハ　申請人が本邦の高等学校（定時制を除き，中等教育学校の後期課程を含む。以下この項において同じ。）若しくは特別支援学校の高等部，中学校（義務教育学校の後期課程及び中等教育学校の前期課程を含む。以下この項において同じ。）若しくは特別支援学校の中学部，小学校（義務教育学校の前期課程を含む。以下この項において同じ。）若しくは特別支援学校の小学部，専修学校の高等課程若しくは一般課程又は各種学校若しくは設備及び編制に関してこれに準ずる教育機関に入学して教育を受けること（専ら夜間通学して又は通信により教育を受ける場合を除く。）。

二　申請人がその本邦に在留する期間中の生活に要する費用を支弁する十分な資産，奨学金その他の手段を有すること。ただし，申請人以外の者が申請人の生活費用を支弁する場合は，この限りでない。

三　申請人が専ら聴講による教育を受ける研究生又は聴講生として教育を受ける場合は，第一号イ又はロに該当し，当該教育を受ける教育機関が行う入学選考に基づいて入学の許可を受け，かつ，当該教育機関において一週間につき十時間以上聴講をすること。

四　申請人が高等学校において教育を受けようとする場合は，年齢が二十歳以下であり，かつ，教育機関において一年以上の日本語の教育又は日本語による教育を受けていること。ただし，我が国の国若しくは地方公共団体の機関，独立行政法人，国立大学法人，学校法人，公益社団法人又は公益財団法人の策定した学生交換計画その他これに準ずる国際交流計画に基づき生徒として受け入れられて教育を受けようとする場合は，この限りでない。

四の二　申請人が中学校若しくは特別支援学校の中学部又は小学校若しくは特別支援学校の小学部において教育を受けようとする場合は，次のいずれにも該当していること。ただし，我が国の国若しくは地方公共団体の機関，独立行政法人，国立大学法人，学校法人，公益社団法人又は公益財団法人の策定した学生交換計画その他これに準ずる国際交流計画に基づき生徒又は児童として受け入れられて教育を受けようとする場合は，イ及びロに該当することを要しない。

イ　申請人が中学校において教育を受けようとする場合は，年齢が十七歳以下であること。

ロ　申請人が小学校において教育を受けようとする場合は，年齢が十四歳以下であること。

ハ　本邦において申請人を監護する者がいること。

ニ　申請人が教育を受けようとする教育機関に外国人生徒又は児童の生活の指導を担当する常勤の職員が置かれていること。

ホ　常駐の職員が置かれている寄宿舎その他の申請人が日常生活を支障なく営むことができる宿泊施設が確保されていること。

五　申請人が専修学校又は各種学校において教育を受けようとする場合（専ら日本語の教育を受けようとする場合を除く。）は，次のいずれにも該当していること。ただし，申請人が外国から相当数の外国人を入学させて初等教育又は中等教育を外国語により施すことを目的として設立された教育機関において教育を受ける活動に従事する場合は，イに該当することを要しない。

イ　申請人が外国人に対する日本語教育を行う教育機関（以下「日本語教育機関」という。）で法務大臣が文部科学大臣の意見を聴いて告示をもって

定めるものにおいて六か月以上の日本語の教育を受けた者，専修学校若しくは各種学校において教育を受けるに足りる日本語能力を試験により証明された者又は学校教育法第一条に規定する学校（幼稚園を除く。）において一年以上の教育を受けた者であること。

ロ　申請人が教育を受けようとする教育機関に外国人学生の生活の指導を担当する常勤の職員が置かれていること。

六　申請人が専修学校，各種学校又は設備及び編制に関して各種学校に準ずる教育機関において専ら日本語の教育を受けようとする場合は，当該教育機関が法務大臣が文部科学大臣の意見を聴いて告示をもって定める日本語教育機関であること。

七　申請人が外国において十二年の学校教育を修了した者に対して本邦の大学に入学するための教育を行う機関において教育を受けようとする場合は，当該機関が法務大臣が文部科学大臣の意見を聴いて告示をもって定めるものであること。

八　申請人が設備及び編制に関して各種学校に準ずる教育機関において教育を受けようとする場合（専ら日本語の教育を受けようとする場合を除く。）は，当該教育機関が法務大臣が告示をもって定めるものであること。

(各号の適用される場合等)

「留学」の在留資格に係る基準は，前記平成21年法律第79号による入管法別表の改正で対象となる教育機関が拡大されたことに伴って，平成22年法務省令第10号による基準省令の改正で大幅に改正された。同改正により，従来は，「就学」の在留資格の対象となっていた機関において教育を受ける活動に係る基準を「留学」の在留資格の基準に加えるなどの改正が行われた。さらに，平成26年法律第74号による入管法の改正で中学校（中等教育学校の前期課程を含む。），特別支援学校の中学部，小学校及び特別支援学校の小学部において教育を受ける外国人を「留学」の在留資格の対象としたことに伴い，平成26年法務省令第35号により第１号ハについてこれらの教育機関に入学して教育を受けることを加えるとともに第４号の２を加える改正が行われ，さらに，「学校教育法等の一部を改正する法律」（平成27年法律第46号）による入管法の改正で中学校に義務教育学校の後期課程を，小学校に義務教育学校の前期課程をそれぞれ含む旨の改正が行われたことに伴い，平成27年法務省令第59号により第１号ハについても中学校には義務教育学校の後期課程を，小学校には義務教育学校の前期課程を含むものとする改正が行われた。

「留学」の在留資格に係る基準は，第１号から第８号まで定められているが，このうち第１号と第２号は，「留学」の在留資格の決定を受けて上陸しようとする外国人の全てに適用される規定である。また，第３号は専ら聴講による教育を受けようとする場合に適用される規定である。これに対して第４号から第８号までの規定は，申請人が所属して教育を受けようとする機関の種類等に応じて適用される規定である。

（第１号）

本号は，同号のイ，ロ，ハのいずれかに該当することを要件として定めている。イ，ロ，ハのいずれかに該当すれば，第１号に適合することとなる。

第１号イは，申請人が，大学等（本邦の大学，大学に準ずる機関，高等専門学校）又は専修学校の専門課程若しくは外国において12年の学校教育を修了した者に対して本邦の大学に入学するための教育を行う機関のいずれかに入学して教育を受けることである。ただし，専ら夜間通学して教育を受ける場合又は通信により教育を受ける場合は，除くこととされている。

「大学若しくは大学に準ずる機関」については，［教授］の在留資格の解説を参照。

第１号イの末尾の括弧書の「専ら夜間通学して又は通信により教育を受ける場合を除く。」との規定は，大学等又は専修学校の専門課程若しくは外国において12年の学校教育を修了した者に対して本邦の大学に入学するための教育機関に入学して教育を受ける場合であっても，専ら夜間通学して教育を受ける場合や通信により教育を受ける場合は，イに該当しないとするものである。この規定は，制度的に夜間通学して又は通信により教育を受けることとされている課程で教育を受ける場合を意味するのではなく，事実として専ら夜間通学して又は通信により教育を受ける場合を意味するものと解される。

したがって，本人の履修計画上ほとんどの授業を夜間に受ける場合や授業の大部分がそれが実際に行われている場所とは別の場所に送信して視聴させるような方式で行われる場合も，「専ら夜間通学して又は通信により教育を受ける場合」に該当する。ただし，「専ら」と規定されているので，授業の一部が夜間に行われ，あるいは，通信により行われるものであっても「専ら夜間通学して又は通信により教育を受ける場合」には当たらない。

第１号ロは，第１号イの末尾の括弧書の規定により専ら夜間に通学して教育を受ける場合はイに該当しないこととされているが，本邦の大学に入学して当該大学の夜間に授業を行う大学院の研究科において専ら夜間通学して教育を受ける場合は，ロに該当する。ただし，当該大学が，当該研究科において教育を受ける外国人の出席状況及び第19条第１項の規定の遵守状況を十分に管理する体制を整備している場合に限られる。[99)]

括弧書の「当該大学が当該研究科において教育を受ける外国人の出席状況及び法第十九号第一項の規定の遵守状況を十分に管理する体制を整備している場合に限る」との規定は，「当該大学の夜間において授業を行う大学院の研究科」についての要件である。

大学が，その夜間において授業を行う大学院の研究科において教育を受ける外国人が真摯に勉学に取り組むことを確保するため，当該外国人の出席状況を十分に管理する体制を整備し，かつ，「留学」の在留資格をもって在留

99）制定当初の第１号では，専ら夜間に通学して本邦の大学において教育を受ける者は，一律に「留学」の在留資格に係る基準には適合しないこととされていた。

しかし，その後，構造改革特別区域法に基づく特例として，「法務省関係構造改革特別区域法第二条第三項に規定する省令の特例に関する措置及びその適用を受ける特定事業を定める省令」（平成15年法務省令第63号）の第２条で「夜間大学院留学生の受入れに係る基準省令の特例」が定められた。これについて，「平成18年版入管白書」には，次のように記載されている。「学習形態が多様化する中で，夜間大学院において学習するという形態に対応することにより，海外の優秀な人材である大学院留学生の受け入れを促進していくことも重要であることから，…特区内で，夜間授業を行う大学院の研究科で教育を受ける留学生について，当該大学院が置かれている大学による徹底した在籍管理がなされる場合に，夜間通学して教育を受ける場合であっても「留学」の在留資格を付与することとし，併せて，当該留学生について，現行と同様，週28時間以内の包括的な資格外活動許可を与える措置を講じた。」（120頁）その後，この特例措置が全国展開されることとなり，平成18年法務省令第29号により「留学」の在留資格に係る基準の第１号が改正され，柱書として「申請人が次のいずれかに該当していること。」が定められ，ロの規定が定められた。

する外国人は，資格外活動の許可を受けて行う場合を除き，就労活動を行ってはならないことを定めている第19条第１項の規定の遵守状況を十分に管理する体制を整備していることを要件として定めたものである。

この要件は，専ら夜間通学して教育を受ける学生の場合，昼間に時間的余裕があることから，勉学の目的ではなく昼間に労働することを主たる目的としてこの制度を悪用する者が生じることが考えられるので，このようなことを防止する観点から規定された。

第１号ハは，本邦の高等学校（定時制を除き，中等教育学校の後期課程を含む。），特別支援学校の高等部，中学校（義務教育学校の後期課程及び中等教育学校の前期課程を含む。），特別支援学校の中学部，小学校（義務教育学校の前期課程を含む。），特別支援学校の小学部，専修学校の高等課程若しくは一般課程，各種学校，設備及び編制に関して各種学校に準ずる教育機関のいずれかに入学して教育を受けることである。ただし，いずれの機関に入学して教育を受ける場合についても，専ら夜間通学して又は通信により教育を受ける場合は除かれている。

「設備及び編制に関してこれに準ずる教育機関」の「これ」は各種学校を指す。設備及び編制に関して各種学校に準ずる教育機関については，教育の在留資格の解説を参照。

（第２号）

本号は，留学生の滞在費用に関する規定である。

「留学」の在留資格は，非就労資格であるので，資格外活動の許可を受けて行う場合を除き，就労活動を行うことができない（19条１項）。そのため，留学生が本邦に在留中の生活に要する費用を支弁する十分な資産，奨学金その他の手段を有することが要件として定められている（本号本文）。ただし，「申請人以外の者が申請人の生活費を支弁する場合」は，このような「資産，奨学金その他の手段」を有することは必要ではない（本号ただし書）。

本号は，実際に本邦で教育を受ける活動を継続して行いながら生活することができなければならないという観点から，当然に必要となることを定めたものということができる。

(第3号)

本号は，専ら聴講による教育を受ける研究生又は聴講生として教育を受ける場合についての規定である。次のいずれにも適合することが必要とされている。

① 第1号のイ又はロに該当すること

② 当該教育を受ける教育機関が行う入学選考に基づいて入学の許可を受けたこと

③ 当該教育を受ける教育機関において1週間につき10時間以上の聴講をすること

(第4号)

本号は，高等学校において教育を受けようとする場合に関する規定である。なお，ここにいう高等学校は，定時制を除き，中等教育学校の後期課程を含む（第1号ハ)。

ただし書の規定の適用を受ける場合を除き，

① 年齢が20歳以下であること

② 「教育機関」において1年以上の「日本語の教育」又は「日本語による教育」を受けていること

が要件として定められている。

②の「教育機関」は，必ずしも，日本の教育機関には限られない。「日本語の教育」は，教育の内容が日本語を教えるものであることを意味する。また，「日本語による教育」は，教育の内容には関係なく，その教育が日本語によって行われたものであることを意味する。

本号のただし書は，わが国の国若しくは地方公共団体の機関，独立行政法人（「研究」の在留資格に係る基準の柱書の括弧書の規定により，独立行政法人通則法第2条第1項に規定する独立行政法人をいう。)，国立大学法人，学校法人，公益社団法人又は公益財団法人の策定した学生交換計画その他これに準ずる国際交流計画に基づき生徒として受け入れられて教育を受けようとする場合については，上記本号本文の定める①及び②の要件に適合することは必要とされないこととするものである。

（第４号の２）

本号は，中学校，特別支援学校の中学部，小学校及び特別支援学校の小学部において教育を受けようとする場合に関する規定である。第１号ハにより，中学校には義務教育学校の後期課程及び中等教育学校の前期課程を，小学校には義務教育学校の前期課程を，それぞれ含む。

次の要件が定められている。

① 中学校において教育を受けようとする場合は，年齢が17歳以下であること。

② 小学校において教育を受けようとする場合は，年齢が14歳以下であること。

③ 本邦において申請人を監護する者がいること。

④ 申請人が教育を受けようとする教育機関に外国人生徒又は児童の生活の指導を担当する常勤の職員が置かれていること。

⑤ 常駐の職員が置かれている寄宿舎その他の申請人が日常生活を支障なく営むことができる宿泊施設が確保されていること。

宿泊施設は本邦に居住する親族の居宅であっても差し支えないが，この場合の③の「申請人を監護する者」は当該本邦に居住する親族になる。

ただし書は，わが国の国若しくは地方公共団体の機関，独立行政法人（「研究」の在留資格に係る基準の柱書の括弧書の規定により，独立行政法人通則法第２条第１項に規定する独立行政法人をいう。），国立大学法人，学校法人，公益社団法人又は公益財団法人の策定した学生交換計画その他これに準ずる国際交流計画に基づき生徒として受け入れられて教育を受けようとする場合については，上記本号本文の定める①及び②の要件に適合することは必要とされないこととするものである。このただし書の適用される場合も，③から⑤までの要件に適合することは必要である。

（第５号）

本号は，専修学校又は各種学校において教育を受けようとする場合に関する規定である。ただし，専ら日本語の教育を受けようとする場合は除かれる。この場合は，本号ではなく第６号が適用される。

ただし書に該当する場合を除き，本号の次のイ，ロのいずれにも該当することが必要である。

ただし書は，外国から相当数の外国人を入学させて初等教育又は中等教育を外国語により施すことを目的として設立された教育機関において教育を受ける活動に従事する場合は，イに該当する必要はなく，ロに該当すれば足りることとするものである。

「外国から相当数の外国人を入学させて初等教育又は中等教育を外国語により施すことを目的として設立された教育機関」とは，海外から相当数の外国人を留学生等として入国させ，また，入学させて外国語により初等教育又は中等教育を行うことを目的として設立された，インターナショナルスクールである。[100)]

なお，本号は専修学校又は各種学校において教育を受けようとする場合に関する規定であり，上記教育機関（インターナショナルスクール）も専修学校又は各種学校であるものに限られる。

第5号イは，申請人が，

① 外国人に対する日本語教育を行う教育機関（日本語教育機関）で法務大臣が文部科学大臣の意見を聴いて告示をもって定めるものにおいて6月以上の日本語の教育を受けた者

② 専修学校若しくは各種学校において教育を受けるに足りる日本語能力を試験により証明された者

③ 学校教育法第1条に規定する学校（幼稚園を除く。）において1年以上の教育を受けた者

のいずれかであることである。

100）本号のただし書は，元々は，平成16年法務省令第12号による基準省令の改正で，当時の「就学」の在留資格に係る基準の第4号に加えられた規定であるが，平成21年法律第79号による改正を受けた平成22年法務省令第10号による基準省令の改正で，本号の柱書に加えられた。なお，「インターナショナルスクールで教育を受けようとする外国人に係る特例」（平成16年版入管白書159頁）として定められたものであるが，「教育」の在留資格に係る基準の第1号のただし書に定められているインターナショナルスクール（各種学校又は設備及び編制に関してこれに準ずる教育機関であって，法別表第一の一の表の外交若しくは公用の在留資格又は四の表の家族滞在の在留資格をもって在留する子女に対して，初等教育又は中等教育を外国語により施すことを目的として設立された教育機関）とは設立の目的を異にする。

平成28年法務省令第40号による改正により，①の告示を定めるに当たっては法務大臣は文部科学大臣の意見を聴くこととされている。この法務大臣が告示をもって定める日本語教育機関は，「出入国管理及び難民認定法第七条第一項第二号の基準を定める省令の留学の在留資格に係る基準の規定に基づき日本語教育機関等を定める件」（平成２年法務省告示第145号）の第１号により，同告示の別表第一から別表第三までのとおりとすると定められている。

なお，この告示に係る基準として，「日本語教育機関の告示基準」（平成28年７月22日，令和２年４月改正）が定められている。[101)]

③の学校教育法第１条に規定する学校（幼稚園を除く。）とは，小学校，中学校，義務教育学校，高等学校，中等教育学校，特別支援学校，大学及び高等専門学校である。なお，日本の学校教育法に基づくものに限られる。

第５号ロは，申請人が教育を受けようとする教育機関に外国人学生の生活の指導を担当する常勤の職員が置かれていることを要件としたものである。

（第６号）

本号は，専修学校，各種学校又は設備及び編制に関して各種学校に準ずる教育機関において専ら日本語の教育を受けようとする場合に関する規定である。

教育を受けようとする教育機関が，法務大臣が文部科学大臣の意見を聴いて告示をもって定める日本語教育機関であることが要件として定められている。

学校教育法等には，「日本語教育機関」あるいは「日本語学校」という制度はなく，実際に日本語教育を行っている教育機関の設置形態は様々である。

101）「平成29年版入管白書」には，「日本語教育機関の告示基準の策定」として，次のとおり記載されている（78頁）。

在留資格「留学」に係る日本語教育機関については，民間組織が行った審査結果を参考にして法務省告示をもって定めていたが，平成22年５月に実施された行政刷新会議ワーキンググループにおいて，その枠組みを定めた入管法施行規則第63条は不明確であり，法的により明確な制度に改めるべきであるとの指摘を受けていた。これに対応するため，平成28年７月に同規則第63条の規定を廃止し，上陸基準省令において法務大臣が文部科学大臣の意見を聴いて告示を行うことを規定した。併せて，告示の際の判断基準として「日本語教育機関の告示基準」を策定し，平成29年10月以降に開校する日本語教育機関に適用するとともに，既存の日本語教育機関については，30年７月末までに同基準への適合を求めることとした。

専修学校や各種学校のほか，学校教育法の規定による認可等を受けないで設置，運営されている日本語学校も多い。このため，平成元年法律第79号による改正では，「就学」の在留資格に係る別表の下欄に，各種学校に準ずる教育機関において教育を受ける活動が定められた。[102)]

そして基準省令においては，制定当初から「専ら日本語の教育を受ける場合」に関する規定が定められ，[103)]「留学」及び「就学」の在留資格を一本化した平成21年法律第79号による改正後の「留学」の在留資格に係る基準においても，本号において，「申請人が専修学校，各種学校又は設備及び編制に関して各種学校に準ずる教育機関において専ら日本語の教育を受けようとする場合」に関する規定が定められた。

「法務大臣が文部科学大臣の意見を聴いて告示をもって定める日本語教育機関」は，前出「出入国管理及び難民認定法第七条第一項第二号の基準を定める省令の留学の在留資格に係る基準の規定に基づき日本語教育機関等を定める件」の第２号により同告示の別表第一のとおりとすると定められている。

専ら日本語の教育を受けようとする場合について，当該日本語の教育を受けようとする教育機関が法務大臣が文部科学大臣の意見を聴いて告示をもって定めるものであることを要件として定めているのは，日本において日本語

102)「平成10年版入管白書」には，「日本語教育施設（いわゆる日本語学校）の多くは各種学校又はこれに準ずる教育機関であり，その学生は「就学生」となるが，大学や専修学校の専門課程で日本語教育を行っている教育機関も少なくな」(83頁）い旨記載されている。

103）制定当初の基準省令では，「留学」の在留資格に係る基準の第５号において「申請人が専修学校の専門課程において専ら日本語の教育を受けようとする場合は，当該教育機関が日本語教育施設の教育条件等について審査等を行うものとして主務大臣が認定した事業を実施する者により審査等を受けている日本語教育施設で法務大臣が告示をもって定めるものであること。」との規定が，また，「就学」在留資格に係る基準の第６号において「申請人が専修学校の高等課程若しくは一般課程，各種学校又は設備及び編制に関して各種学校に準ずる教育機関において専ら日本語の教育を受けようとする場合は，当該教育機関が日本語教育施設の教育条件等について審査等を行うものとして主務大臣が認定した事業を実施する者により審査等を受けている日本語教育施設で法務大臣が告示をもって定めるものであること。」との規定が定められた。これらの規定は，その後，平成12年法務省令第35号による改正で「主務大臣」が「文部科学大臣」と改正され，平成13年法務省令第46号により，「留学」の在留資格に係る基準の第５号及び「就学」在留資格に係る基準の第６号のいずれについても「当該教育機関が」以下が「当該教育機関が法務大臣が告示をもって定める日本語教育機関であること。」に改められた。さらに，平成28年法務省令第40号により法務大臣が告示を定めるに当たり，文部科学大臣の意見を聴く旨が規定された。

を学ぶために来日する外国人を対象に日本語の教育を行う日本語教育機関について，その日本語教育の質の確保と外国人の適正な在留の確保を図るためである。

ところで，この告示には，個別具体的な日本語教育機関が定められているが，この告示は，基準省令の規定に基づいて上陸許可基準（の一部）を定めるものであり，その効果は，専修学校，各種学校又は設備及び編制に関して各種学校に準ずる教育機関において専ら日本語の教育を受けようとする外国人が上陸の申請を行った場合に，当該教育機関が同告示の別表第一の一に列挙されている日本語教育機関でなければ，当該外国人が上陸のための条件に適合しないということにとどまり，これらの機関の設置自体の可否に係るものではない。

（第７号）

本号は，外国において12年の学校教育を修了した者に対して本邦の大学に入学するための教育を行う機関において教育を受けようとする場合に関する規定である。この場合も，当該機関が法務大臣が文部科学大臣の意見を聴いて告示をもって定めるものであることが要件として定められている。

この「法務大臣が文部科学大臣の意見を聴いて告示をもって定める」機関は，「出入国管理及び難民認定法第七条第一項第二号の基準を定める省令の留学の在留資格に係る基準の規定に基づき日本語教育機関等を定める件」の第３号により，同告示の別表第二のとおりとすると定められている。

（第８号）

本号は，設備及び編制に関して各種学校に準ずる教育機関において教育を受けようとする場合に関する規定である。ただし，専ら日本語の教育を受けようとする場合は除かれている。この場合は，本号ではなく第６号が適用される。

本号の場合も，当該教育機関が法務大臣が文部科学大臣の意見を聴いて告示をもって定めるものであることが要件として定められており，「法務大臣が文部科学大臣の意見を聴いて告示をもって定める」教育機関は，「出入国管理及び難民認定法第七条第一項第二号の基準を定める省令の留学の在留資格に係る基準の規定に基づき日本語教育機関等を定める件」の第4号により，同告示の別表第四のとおりとすると定められている。

研 修

本邦の公私の機関により受け入れられて行う技能等の修得をする活動（二の表の技能実習の項の下欄第一号及びこの表の留学の項の下欄に掲げる活動を除く。）

1 研修の在留資格

（研修制度）

制定当初の入管法には，外国人の研修に関する在留資格は定められていなかったが，昭和56年法律第85号による入管法の改正で，在留資格を定めていた第4条第1項に第6号の2として「本邦の公私の機関により受け入れられて産業上の技術又は技能を習得しようとする者」が定められた。[104)]

その後，この第6号の2を含めて第4条の規定は，平成元年法律第79号による改正で削除され，在留資格は新たに別表に定められた。そして，同法により新設された別表第一の四の表に「研修」の在留資格が新設された。

この改正で新設された「研修」の在留資格は，非就労資格であり，した

104）第4条第1項第6号の2の新設について，「昭和61年版入管白書」には，次のように記載されている。「在留資格制度については，制定以来30年を経過する間に，我が国における外国人の在留の態様の多様化により実情にそぐわない点が生じていた。これに対しては，「4－1－16－3」（法務大臣が特に認める者）の在留資格を弾力的に運用することによって実情に即した対応がなされてきたが，この改正では，短期滞在者の在留資格，技能実習生の在留資格等についての改正が行われた。……近年我が国に技術研修の目的で入国する者の数が増大してきていることに対応して，6号の2として「本邦の公私の機関により受け入れられて産業上の技術又は技能を習得しようとする者」が新設された。」（4頁）また，「平成10年版入管白書」には，「外国人を我が国に受け入れて技術研修を行うというニーズが発生したのは，我が国の経済が国際化し，多くの企業が海外に進出するようになった昭和40年代ころからである。すなわち，海外進出した日系企業が，現地法人や取引関係にある企業の社員を我が国に呼び，関連する技術や技能，知識を我が国の会社の中で効果的に修得させた後，その社員が現地の会社に戻り，修得した技術等を活かして大いに活躍することを期待して行ったものが始まりである。こうした動きを受けて，昭和56年の入管法改正の際，「4－1－6の2」（同法第4条第1項第6号の2の意）として，外国人研修生を受け入れるための在留資格が創設された。ちなみに当時の在留資格「4－1－6」は，留学生のための在留資格であったので，外国人研修生は，言わば留学生の一形態として位置付けられていたものであった。」（70頁）と記載されている。

がって，「研修」の在留資格に対応する活動を行うことによって報酬を受けることはできない（19条１項）が，同改正後，「研修」の在留資格をもって在留し，一定の水準以上の技能等を修得した外国人について，本邦の企業等が雇用し，報酬を受けて当該技能等をより実践的に修得する制度として技能実習制度が創設された。ただし，この時点では，技能実習制度のための在留資格は新設されず，技能実習生は，「特定活動」の在留資格をもって在留することとされた。「技能実習」の在留資格が新設されたのは，平成21年法律第79号による入管法の改正によってである。

なお，平成元年法律第79号による新設当初の「研修」の在留資格に係る別表下欄に掲げられていた活動は，「本邦の公私の機関により受け入れられて行う技術，技能又は知識の修得をする活動（この表の留学の項及び就学の項の下欄に掲げる活動を除く。）」であったが，平成21年法律第79号による入管法の改正で新設された「技能実習」の在留資格に対応する活動の中で「技能，技術若しくは知識」を「技能等」というと定義されたこと及び「就学」の在留資格が削られたことに伴い，現行のように改正された。

（平成21年法律第79号による改正前の研修・技能実習制度）

平成21年法律第79号による入管法の改正により「技能実習」の在留資格が創設される前は，「特定活動」の在留資格による技能実習が行われていた。

この平成21年法律第79号による改正前の制度では，日本の企業等においてその業務に従事して技能，技術又は知識を修得しようとする外国人は，まず，「研修」の在留資格で入国し，在留中に実務研修等を通じて一定の水準以上の技術，技能又は知識を修得することが必要とされた。その上で，さらに実践的な技術，技能又は知識を修得することを希望する者は「特定活動」の在留資格への在留資格の変更の許可を受け，技能実習に係る活動の指定を受けて本邦の公私の機関との雇用契約に基づき実習することとされていた。[105)]

105）平成21年法律第79号による入管法の改正前の技能実習制度では，技能実習生は，「特定活動」の在留資格をもって在留し，技能実習に係る活動が指定されていたため，入管法第７条第１項第２号の規定に基づく基準制度の適用はなく，また，この「特定活動」の在留資格の取得は，「研修」の在留資格をもって在留する外国人が在留資格の変更の許可を受けて行われるのが原則であったため，同号の規定に基づく告示の対象でもなかった。しかし，指針として，「技能実習このように，平成21年法律第79号による入管法の改正前は，研修と技能実習が，それぞれ別の制度として存在していたのではなく，研修制度が基本的制度として存在し，技能実習は，一定期間の研修を終了した外国人を対象として，そのような外国人が希望する場合に受けることができる特別な制度とされ，研修の後半として雇用契約に基づき研修として業務に従事するというような性格のものであった。このため，制度の名称も，同改正前は，「技能実習制度」というよりも，「研修・技能実習制度」と呼ばれることが多かった（以下，同改正前の研修・技能実習制度を「旧研修・技能実習制度」ということとする。）。

旧研修・技能実習制度の下においても，「研修」の在留資格をもって在留する外国人が，「実務研修」を行うことが認められていた。実務研修は，「研修」の在留資格に係る基準において「商品を生産し若しくは販売する業務又は対価を得て役務の提供を行う業務に従事することにより，技術，技能又は知識を修得する研修をいう。」と定義されたが，この実務研修は，受入れ機関の業務に従事するという点では，当該機関の従業員と変わりがなかった。ただ，業務従事の目的が研修目的であるという点と報酬を受けて行うもので

制度に係る出入国管理上の取扱いに関する指針」（平成５年法務省告示第141号）が定められ，この告示が，技能実習の対象者，研修成果の評価，実習実施機関等について定めていた。

この平成21年法律第79号による入管法の改正前の技能実習制度について，「平成10年版入管白書」には，「平成５年には，研修により一定水準以上の技術等を修得した外国人について，研修終了後，研修を受けた機関（企業等）と同じ機関において，新たに雇用契約を結び，研修で修得した技術等をより実践的に修得することができるようにする技能実習制度が創設され」（71頁）たと記載されている。また，同書には，「平成５年に創設された技能実習制度は，同３年12月の臨時行政改革推進審議会第２次答申等を踏まえたものであるが，その導入については，同５年度の行革大綱（「平成５年度に講ずべき措置を中心とする行政改革の実施方針について」）において，「一定期間の研修を経た上で技術，技能等の評価を行い，一定の水準に達したことなどの要件を満たした場合に，その後雇用関係の下で技術，技能等を修得することができる『技能実習制度』を導入する。」ことが盛り込まれ，それを実現したものである。この技能実習制度は，研修生の受入れを通じての技術移転と人づくりをより効果的に行うことによる国際貢献と，一定期間技術等を教え込んだ研修生を雇用契約を結んだ従業員として活躍させることを期待する受入れ機関の要望と，さらには従業員として賃金を得て実習を行うことによる研修生の技術向上に対する志気の高揚を期待する送り出し機関の期待等のいずれをも満たすことが可能となるような総合対策的な新制度であり，出入国管理行政上，これまでの「働く外国人」と「学ぶ外国人」を明確に隔てていた外国人受入れの枠組みの一部を，「学習である研修」と「労働による訓練である技能実習」という新たな組合せで編み直したものであるという点において，新たな試みであったと言える。」（74-75頁）と記載されている。

はないという点が，従業員の活動と異なっていた。一般論としていえば，研修目的で従事することと，報酬を受け取ることは必ずしも矛盾するものではないが（例えば，新規採用された従業員が研修の目的で，他の授業員の指導の下に業務に従事することは通常のことである。），報酬を受けて従事する場合は，たとえ研修の目的であっても，就労活動に該当し，就労資格の取得が必要である。[106)]

しかし，現行の在留資格制度が定められた平成元年法律第79号による改正においては，就労資格は，特に雇用労働に関しては，専門的・技術的分野における場合に限って受け入れるとの方針に基づいて定められ，「研修」の在留資格は，非就労資格として設けられた。このため，「研修」の在留資格で在留している外国人は，実際の業務に従事する実務研修を受けている間も，その活動に対して報酬を受けることは認められず，また，労働者ではないことから労働者に対して適用される労働法上の保護の適用もない。実際には，研修手当という名目で一定の金銭等の支給が行われる場合が多いが，これも実費弁償の範囲内に限って認められるものである。

ところが，研修生，特に実務研修を受ける研修生は，従業員と同様に業務に従事することから，「研修」の在留資格をもって在留する外国人を受け入れて実際に実務研修を実施する機関の中には，研修を名目として外国人を受け入れ，事実上の労働者として使用する例が後を絶たなかった。

（平成21年法律第79号による「技能実習」の在留資格の新設）

上記のような事情を受けて，前記平成21年法律第79号による入管法の改正では，新たに「技能実習」の在留資格が新設され，旧研修・技能実習制度における「実務研修」は，原則として，この「技能実習」の在留資格により雇用契約に基づいて報酬を受けて行われるものとされ，労働関係法令が適用されることとされた。[107)] これに伴い，同改正では，「研修」の在留資格に係る入

106）このようなものとして，「医療」の在留資格に係る基準の第２号に定められている「研修として業務を行う」という活動がある。

107）従来，実務研修として行われていた活動について，労働関係法令を適用することについては，「規制改革推進のための３か年計画（改定）」（平成20年３月25日閣議決定）において，「研修生に対し，非実務研修（いわゆる座学研修）に加え，実務研修を実施する場合，原則として，実務研修には労働基準法や最低賃金法等の労働関係法令を適用することとし，労働法上の保護が受けられるようにすべき」（222頁）であるとされた。

管法別表の下欄の末尾の括弧書が改正され，「研修」の在留資格に対応する活動から除外される活動に，「二の表の技能実習の項の下欄第一号」に掲げる活動が加えられ，これにより研修・技能実習制度はなくなり，研修制度と技能実習制度がそれぞれ独立した制度として存在することとなった。[108)]

なお，その後の技能実習法の制定と同法による入管法の改正により技能実習制度は，更に大きく変更された。この点については，入管関係法大全第3部を参照。

(対象となる者)

「研修」の在留資格は，第一号企業単独型技能実習，第一号団体監理型技能実習又は「留学」の在留資格に対応する活動に該当する場合を除いて，本邦の公私の機関に受け入れられて技能，技術又は知識を学ぶ外国人が広く対象となる。

企業の日本にある研修施設で，その企業の外国にある事業所で勤務する外国人やその企業の取引先の企業等の職員が研修を受ける場合，日本にある公務員のための研修施設において外国の公務員が研修を受ける場合などが対象となるほか，研修施設ではなく，日本にある学術・文化施設において開催される講習会に参加して専ら知識を学ぶ場合も，「短期滞在」の在留資格の対

また，平成21年法律第79号による入管法の改正に関して，森法務大臣は，平成21年3月24日の参議院法務委員会において，次のように述べている。「今回の研修・技能実習制度の見直しは，一部の受入れ機関において不適正な受入れが行われ，研修生，技能実習生が実質的に低賃金労働者として扱われるなどの問題が増加しているその現状にかんがみまして，それに対処して，研修生，技能実習生の保護の強化を図る観点から，実務研修は雇用契約を締結した上で実施させることとし，実務研修中の研修生が労働関係法令上の保護を受けられるようにすることを目的としたものであります。」(171回参法4号2頁)

108)「技能実習」の在留資格の創設については，「規制改革推進のための3か年計画（平成19年6月22日閣議決定）において，「技能実習生の安定的な法的地位を確立する観点から，出入国管理及び難民認定法別表第一に，技能実習に係る在留資格を早急に整備する。」(216頁）とされ，同様のことが，前出「規制改革推進のための3か年計画（改定)」にも盛り込まれた。

「平成21年版入管白書」には，この改正について，次のように記載されている。「研修・技能実習制度の改正は，研修生・技能実習生を実質的に低賃金労働者として扱うなど，不適正な受入れが増加している現状…に対処し，研修生・技能実習生の保護の強化を図るため所要の措置を行ったものである。具体的には，平成20年3月25日に閣議決定された「規制改革の推進のための3か年計画（改定)」において，実務研修中の研修生に対する労働関係法令等の適用，及び，技能実習生に係る在留資格の整備が盛り込まれ，…たことを踏まえ，所要の規定の整備を行ったものである。

象となる場合を除いて対象となる。

本邦の企業等の業務に従事することにより技能等を修得する，後述する「実務研修」もこの在留資格の対象となるが，実務研修については，原則として本邦の公私の機関との間で雇用契約を締結し，当該雇用契約に基づいて労働関係法令の適用を受ける形で行うことが適当であるとの考えに基づき，平成21年法律第79号による入管法の改正で，「技能実習」の在留資格が新設され，同時に，入管法別表第一の四の表の研修の項の下欄の括弧書の規定が改正されて，「研修」の在留資格に対応する活動から，「技能実習」の在留資格に係る別表の下欄の第１号に掲げる活動（第一号企業単独型技能実習及び第一号団体監理型技能実習に対応する活動）を除くこととされた。[109)]

この改正の結果，実務研修は，基本的に当該企業等との間で雇用契約を締結して技能実習として行うこととされている。ただ，「実務研修」という形態の研修が全く否定されたのではなく，後述するように，現行法の下においても，公的機関等が実施する場合等の実務研修が基準省令に規定されている。

（活動の内容）

「研修」の在留資格に該当する活動は，「本邦の公私の機関により受け入れられて行う技能等の修得をする活動」でなければならない。

本邦の公私の機関により受け入れられて

「受け入れられて」とは，単なる「所属」より強い意味を有し，受け入れた本邦の公私の機関は「研修」の在留資格をもって在留する外国人について自らの責任の下に積極的・直接的に指導をすることが求められる。[110)]

技能等の修得をする活動

「技能等」とは，「技能，技術若しくは知識」を意味する（「技能実習」の在留資格に係る別表の下欄第１号イ）。したがって，「技能等の修得をする活動」と

---

109)「平成21年版入管白書」には，平成21年法律第79号によるこの点の改正について，次のように記載されている。「在留資格「研修」の活動のうち実務研修を伴うもの（国等が受け入れる場合を除く。）について，労働関係法令の適用を可能とするため，及び，この活動に従事し，技能等を修得した者が雇用契約に基づき修得した技能を要する業務に従事するための活動を在留資格「技能実習」として整備した。」（60頁）

110)「平成４年版入管白書」には，「受入れ機関とは，自らの責任と直接的指導の下に実際に外国人に対する研修を実施する機関をいう。」（79頁）と記載されている。

は，技能，技術又は知識を修得する活動であり，この点では，第一号企業単独型技能実習及び第一号団体監理型技能実習と同様であるが，第一号企業単独型技能実習及び第一号団体監理型技能実習に係る活動には，雇用契約に基づかない知識の修得をする活動も含まれてはいるものの，基本的には，雇用契約に基づいて行う活動である。これに対し，「研修」の在留資格に対応する活動は，全て「本邦の公私の機関により受け入れられて行う」活動であり，本邦の公私の機関との間の雇用契約に基づいて行う活動などの就労活動を「研修」の在留資格に基づいて行うことはできない（19条1項2号）。

なお，「研修」の在留資格をもって在留する外国人に対して，研修手当等として金銭が支給される場合があるが，これは，滞在に要する費用の実費弁償の範囲内でなくてはならない。[111)]

二の表の技能実習の項の下欄第一号及びこの表の留学の項の下欄に掲げる活動を除く

この「研修」の在留資格に係る別表下欄の末尾の括弧書の規定のうち，二の表の技能実習の項の下欄第１号に掲げる活動（「技能実習１号イ」又は「技能実習１号ロ」に対応する活動）が除かれることとされていることについては，前述したとおりである。[112)]

「留学の項の下欄に掲げる活動」が除かれているのは，本邦の大学等「留学」の在留資格に係る入管法別表の下欄に規定された機関における教育を受ける活動として技能等の修得をする場合は，「留学」の在留資格の対象となり，「研修」の在留資格の対象とはならないとするものである。したがって，逆に，「留学」の在留資格に係る別表下欄に規定されている機関以外の機関において教育を受ける活動は，本邦の公私の機関により受け入れられて技能等を修得するものであれば，「研修」の在留資格に係る別表の下欄の末尾の

111）研修手当について，「平成10年版入管白書」には，「研修生は我が国での生活費等の実費の弁償として支払われる「研修手当」を受けることができるが，労働力の提供に対する対価として給付される「報酬」を受けることは認められていない。」（71頁）と記載されている。この点で，「研修として業務を行う」という場合とは異なる。「医療」の在留資格の基準の解説を参照。

112）技能実習の項の下欄第２号及び第３号に掲げる活動については特に規定されていないが，技能実習の項の下欄第２号及び第３号に掲げる活動は，雇用契約に基づいて業務に従事する活動であり，当然に，「研修」の在留資格に対応する活動には含まれない。

括弧書の規定で除かれる「技能実習１号イ」又は「技能実習１号ロ」に該当する場合を除き，「研修」の在留資格に対応する活動に含まれる。

外国人が本邦において企業等の業務に従事することなく技能，技術又は知識，とりわけ知識を修得しようとする場合，期間が短期間であれば，「短期滞在」の在留資格で，また，わが国固有の文化又は技芸について専門家の指導を受けてこれを修得するなどの場合には，「文化活動」の在留資格で入国・在留することができる。しかし，それ以外の場合には，「留学」の在留資格に係る別表の下欄に規定された機関において教育を受ける場合を除いては，「研修」の在留資格によることとなる。[113)]

（在留期間）

「研修」の在留資格に伴う在留期間は，１年，６月又は３月である（入管法施行規則３条及び同規則別表第二）。

２　研修の基準

一　申請人が修得しようとする技能等が同一の作業の反復のみによって修得できるものではないこと。

二　申請人が十八歳以上であり，かつ，国籍又は住所を有する国に帰国後本邦において修得した技能等を要する業務に従事することが予定されていること。

三　申請人が住所を有する地域において修得することが不可能又は困難である技能等を修得しようとすること。

四　申請人が受けようとする研修が研修生を受け入れる本邦の公私の機関（以下「受入れ機関」という。）の常勤の職員で修得しようとする技能等について五年以上の経験を有するものの指導の下に行われること。

五　申請人が本邦において受けようとする研修の中に実務研修（商品の生産若しくは販売をする業務又は対価を得て役務の提供を行う業務に従事することにより技能

113）このような場合として，例えば，企業が海外の事業所の職員を対象として日本の事業所や研修施設等において研修会を行う場合，日本の研究施設等が海外から関心のある外国人も招待して講習会を行う場合等が考えられる。

等を修得する研修（商品の生産をする業務に係るものにあっては，生産機器の操作に係る実習（商品を生産する場所とあらかじめ区分された場所又は商品を生産する時間とあらかじめ区分された時間において行われるものを除く。）を含む。）をいう。第八号において同じ。）が含まれている場合は，次のいずれかに該当していること。

イ　申請人が，我が国の国若しくは地方公共団体の機関又は独立行政法人が自ら実施する研修を受ける場合

ロ　申請人が独立行政法人国際観光振興機構の事業として行われる研修を受ける場合

ハ　申請人が独立行政法人国際協力機構の事業として行われる研修を受ける場合

ニ　申請人が独立行政法人石油天然ガス・金属鉱物資源機構石油開発技術センターの事業として行われる研修を受ける場合

ホ　申請人が国際機関の事業として行われる研修を受ける場合

ヘ　イからニに掲げるもののほか，申請人が我が国の国，地方公共団体又は我が国の法律により直接に設立された法人若しくは我が国の特別の法律により特別の設立行為をもって設立された法人若しくは独立行政法人の資金により主として運営される事業として行われる研修を受ける場合で受入れ機関が次のいずれにも該当するとき。

(1)　研修生用の宿泊施設を確保していること（申請人が受けようとする研修の実施についてあっせんを行う機関（以下この号及び次号において「あっせん機関」という。）が宿泊施設を確保していることを含む。）。

(2)　研修生用の研修施設を確保していること。

(3)　申請人の生活の指導を担当する職員を置いていること。

(4)　申請人が研修中に死亡し，負傷し，又は疾病に罹患した場合における保険（労働者災害補償保険を除く。）への加入その他の保障措置を講じていること（あっせん機関が当該保障措置を講じていることを含む。）。

(5)　研修施設について労働安全衛生法（昭和四十七年法律第五十七号）の規定する安全衛生上必要な措置に準じた措置を講じていること。

ト　申請人が外国の国若しくは地方公共団体又はこれらに準ずる機関の常

勤の職員である場合で受入れ機関がへの⑴から⑸までのいずれにも該当するとき。

チ　申請人が外国の国又は地方公共団体の指名に基づき，我が国の国の援助及び指導を受けて行う研修を受ける場合で次のいずれにも該当するとき。

⑴　申請人が外国の住所を有する地域において技能等を広く普及する業務に従事していること。

⑵　受入れ機関がへの⑴から⑸までのいずれにも該当すること。

六　受入れ機関又はあっせん機関が研修生の帰国旅費の確保その他の帰国担保措置を講じていること。

七　受入れ機関が研修の実施状況に係る文書を作成し，研修を実施する事業所に備え付け，当該研修の終了の日から一年以上保存することとされていること。

八　申請人が本邦において受けようとする研修の中に実務研修が含まれている場合は，当該実務研修を受ける時間（二以上の受入れ機関が申請人に対して実務研修を実施する場合にあっては，これらの機関が実施する実務研修を受ける時間を合計した時間）が，本邦において研修を受ける時間全体の三分の二以下であること。ただし，申請人が，次のいずれかに該当し，かつ，実務研修の時間が本邦において研修を受ける時間全体の四分の三以下であるとき又は次のいずれにも該当し，かつ，実務研修の時間が本邦において研修を受ける時間全体の五分の四以下であるときは，この限りでない。

イ　申請人が，本邦において当該申請に係る実務研修を四月以上行うことが予定されている場合

ロ　申請人が，過去六月以内に外国の公的機関又は教育機関が申請人の本邦において受けようとする研修に資する目的で本邦外において実施した当該研修と直接に関係のある研修（実務研修を除く。）で，一月以上の期間を有し，かつ，百六十時間以上の課程を有するもの（受入れ機関においてその内容が本邦における研修と同等以上であることを確認したものに限る。）を受けた場合

(改正の経緯)

前述したように,「研修」の在留資格は，前記平成21年法律第79号による入管法の改正前は,「特定活動」の在留資格による技能実習制度とともに「研修・技能実習制度」として運用されており，この制度の中心は，わが国の企業等において行われる実務研修であった。このため，基準省令においても，実務研修に係る規定，特に実務研修が適正に実施されるための規定が数多く定められ，さらに，基準省令の委任に基づいて多数の告示も定められていた。

しかし，平成21年法律第79号による入管法の改正で，新たに「技能実習」の在留資格が新設され，従来，実務研修として実施されていたものの多くが新設された「技能実習」の在留資格に基づいて行われることとなったことから,「研修」の在留資格に係る基準も改正された。

さらに，平成28年の技能実習法の制定に伴い，不正行為に係る基準を削除する等の改正が行われた。

「研修」の在留資格に係る基準は，第１号から第８号まで定められている。これらの規定は,「…の場合は」というように，適用される場合が限定されているものを除き，そのいずれにも適合することが必要である。また，適用される場合が限定されている規定については，その適用される場合に該当するときは，他の規定に加えて当該規定にも適合することが必要である。

(第１号)

本号は，修得しようとする技能等についての要件であり,「同一の作業の反復のみによって修得できるものでないこと」が必要である。同一の作業の反復のみによって修得できるのであれば，元来「研修」の在留資格をもって在留して修得する必要がないからである。

(第２号)

本号は，申請人に関する要件で，二つのことを定めている。一つは，年齢が18歳以上であることであり，他の一つは,「国籍又は住所を有する国に帰国後本邦において修得した技能等を要する業務に従事することが予定されていること」である。後者は，海外技術協力の観点から，帰国後に修得した技能等を活かして業務に従事することを要件としたものである。

（第３号）

本号は，修得しようとする技能等についての要件で，申請人が住所を有する地域において修得することが不可能又は困難であることを要件として定めている。研修という趣旨から日本で修得する必要性に係る要件である。

（第４号）

本号は，研修が，研修生を受け入れる本邦の公私の機関（以下「受入れ機関」という。）の常勤の職員で修得しようとする技能等について５年以上の経験を有するものの指導の下に行われることを要件として定めたものである。なお，常勤の職員については，経営・管理の在留資格に係る基準の解説を参照。

（第５号）

本号は，申請人が受けようとする研修に実務研修が含まれている場合に適合しなければならない要件を定めた規定である。本号のイからチまでのいずれかに該当することが必要とされている。

なお，「実務研修」とは，「商品の生産若しくは販売をする業務又は対価を得て役務の提供を行う業務に従事することにより技能等を修得する研修（商品の生産をする業務に係るものにあっては，生産機器の操作に係る実習（商品を生産する場所とあらかじめ区分された場所又は商品を生産する時間とあらかじめ区分された時間において行われるものを除く。）を含む。）をいう。」と定められている。実務研修は，企業等の商品の生産・販売あるいは有償でのサービスの提供の業務に実際に従事することによって技能等を修得する研修であり，技能等を修得することを目的として行うものではあっても，形態的には，当該企業等の従業員の就労活動と変わりがないことから，実務研修の制度を悪用して，事実上，労働者として使用されることがないよう，実務研修を含まない研修の場合に比して追加的な要件が課されている。

なお，実務研修の定義中の「研修」の次の括弧書の規定は，商品の生産をする業務に係る研修の場合は，生産機器の操作に係る実習は，商品を生産する場所とあらかじめ区分された場所において行われる場合又は商品を生産する時間とあらかじめ区分された時間に行われる場合を除き，実務研修に含まれるとするものである。

イは，「我が国の国若しくは地方公共団体の機関又は独立行政法人が自ら実施する研修」を受ける場合である。いわゆる行政研修等が該当する。

ロからニまでは，特定の独立行政法人等（独立行政法人国際観光振興機構，独立行政法人国際協力機構及び独立行政法人石油天然ガス・金属鉱物資源機構石油開発技術センター）の事業として行われる研修を受ける場合である。

ある機関の「事業として行われる研修」とは，当該機関が，自らの事業として自らの責任で運営する研修であることを意味する。この事業の実施主体（以下「事業主体」という。）は，自ら受入れ機関ともなるのが通常であるが，自らが受入れ機関となることは必要条件ではない。

なお，研修生の「受入れ機関」は，複合的な研修の場合，時期によって変わり得る。例えば，独立行政法人の事業として行われる研修の場合に，最初のオリエンテーション等の非実務研修を当該独立行政法人が自ら行い，その後は，企業に依頼して実務研修を行うというような場合がしばしば見られるが，この場合，当初の非実務研修については，当該独立行政法人が事業主体であると同時に受入れ機関でもあり，その後の実務研修については，事業主体は依然として当該独立行政法人であるが，受入れ機関は，研修の実施を依頼された企業である。

また，この場合，独立行政法人が，実務研修の受入れ機関である企業に研修生をあっせんしていることから，当該独立行政法人は，実務研修に関しては，後述するあっせん機関としての立場にも立つこととなる。[114)]

なお，実務研修の場合はまれと思われるが，受入れ機関が一定のカリキュラムのうちの一部を他の機関に委託する場合などには，受入れ機関は，依然

114）平成21年法律第79号による入管法の改正前のものであるが，「平成４年版入管白書」には，次のように記載されている。「研修事業の主体とは，外国人に対する研修を自らの事業として行う機関をいう。研修生のあっせんを行うだけの機関は，研修事業の主体ではない。研修事業の主体であっても，自ら直接に研修を実施するのではなく，その包括的な管理・指導の下に他の機関に研修を実施させる場合には，その研修事業の主体は受入れ機関とはならない。研修事業の主体が，ある場合には，受入れ機関となり，ある場合にはあっせんを行うというようなこともあり得る。」（79頁）また，法務省入国管理局政策課「解説在留資格制度と外国人研修生の受入れ」（国際人流，1991年11月号）５頁参照。

として当該委託をした機関のままである（委託を受けた機関が受入れ機関とはならない。）という場合もある。例えば，全体の研修のうち日本語の学習の部分だけを日本語学校に依頼するような場合である。

ホは，国際機関の事業として行われる研修を受ける場合である。

へは，イからニまでに掲げられているもののほか，「我が国の国，地方公共団体又は我が国の法律により直接に設立された法人若しくは我が国の特別の法律により特別の設立行為をもって設立された法人若しくは独立行政法人の資金により主として運営される事業として行われる研修」を受ける場合である。

「我が国の法律により直接に設立された法人若しくは我が国の特別の法律により特別の設立行為をもって設立された法人」とは，特殊法人をいう。

「資金により主として運営される事業として行われる研修」とは，これらわが国の国，地方公共団体，特殊法人又は独立行政法人がその事業の運営に必要な経費の主たる部分を負担していることを意味する。

へに該当する場合は，さらに，次の(1)から(5)までのいずれにも該当することが必要とされている。

(1)　受入れ機関又はあっせん機関が，研修生用の宿泊施設を確保していること。

(2)　受入れ機関が，研修生用の研修施設を確保していること。

(3)　受入れ機関が，申請人の生活の指導を担当する職員を置いていること。

(4)　受入れ機関又はあっせん機関が，研修生が研修中に死亡し，負傷し又は疾病に罹患した場合のための保険（労働者災害補償保険を除く。）への加入その他の保障措置を講じていること。

(5)　受入れ機関が，研修施設について労働安全衛生法の規定する安全衛生上必要な措置に準じた措置を講じていること。

ここで，「あっせん機関」は，「申請人が受けようとする研修の実施についてあっせんを行う機関」をいうものとされている。なお，前述したように研修の事業主体が，申請人が受けようとする研修に実施についてあっせんを行う場合には，あっせん機関にもなる。

(4)及び(5)の要件は，実務研修を受ける研修生は，労働者としてではなくても，実際の業務に従事することを考慮したものである。

トは，研修生が外国の国若しくは地方公共団体又はこれらに準ずる機関の常勤の職員である場合である，この場合は，受入れ機関が，への(1)から(5)までのいずれにも該当することが要件として定められている。

なお，「外国の国若しくは地方公共団体」には，連邦国家における地方政府等も含まれるものと解される。

チは，研修生が外国の国又は地方公共団体の指名に基づき，わが国の国の援助及び指導を受けて行われる研修を受ける場合である。ただし，申請人が外国の住所を有する地域において技能等を広く普及する業務に従事していること及び受入れ機関がへの(1)から(5)までのいずれにも該当することが必要である。なお，この場合の「外国の国又は地方公共団体」も，連邦国家における地方政府等も含まれるものと解される。

(第6号)

本号は，受入れ機関又はあっせん機関が，研修生の帰国旅費の確保その他の帰国担保措置を講じていることを要件として定めた規定である。

(第7号)

本号は，受入れ機関が，研修の実施状況に係る文書を作成し，その文書を研修を実施する事業所に備え付け，当該研修の終了の日から1年以上保存することとされていることを要件として定めた規定である。「○○することとされていること」という規定となっているのは，上陸許可基準は，上陸の申請を行った外国人が適合すべき要件として規定されているが，○○をするのは当該外国人ではなく受入れ機関であり，しかも，当該受入れ機関が当該外国人の上陸後に行うことであるからである。

(第8号)

本号は，申請人が受けようとする研修が，実務研修を含む研修である場合について，研修の時間全体に対する実務研修の占める時間の割合の上限を定めた規定である。ただし書の適用を受ける場合を除き，実務研修を受ける時間が，本邦において研修を受ける時間全体の3分の2以下であることが要件として定められている。なお，本号の柱書の括弧書の規定により，複数の受入れ機関が申請人に対して実務研修を実施する場合には，「実務研修を受ける時間」は，これらの複数の機関が実施する実務研修を受ける時間を合計した時間である。

本号のただし書は，本号の本文の規定の例外として，

① 本号のイ又はロのいずれかに該当し，実務研修を受ける時間が本邦において研修を受ける時間全体の４分の３以下であるとき

② 本号のイ又はロのいずれにも該当し，実務研修を受ける時間が本邦において研修を受ける時間全体の５分の４以下であるとき

には，実務研修を受ける時間が，本邦において研修を受ける時間全体の３分の２を超えることが可能とするものである。

イは，本邦において実務研修を４月以上行うことが予定されている場合であり，申請人が，比較的長期間の研修を受けることを予定している場合である。

ロは，申請人が，過去６月以内に次のような要件に適合する研修を受けた場合である。

① 外国の公的機関又は教育機関が，申請人の本邦において受けようとする研修に資する目的で本邦外において実施した研修であること。

② 申請人の本邦において受けようとする研修と直接に関係のある研修であること。

③ 実務研修ではないこと。

④ １月以上の期間を有し，かつ，160時間以上の課程を有する研修であること。

⑤ 受入れ機関において，その内容が本邦における研修と同等以上であることを確認した研修であること。

家族滞在

一の表，二の表又は三の表の上欄の在留資格（外交，公用，特定技能（二の表

の特定技能の項の下欄第一号に係るものに限る。），技能実習及び短期滞在を除く。）をもって在留する者又はこの表の留学の在留資格をもって在留する者の扶養を受ける配偶者又は子として行う日常的な活動

1　家族滞在の在留資格

（改正の経緯）

「家族滞在」の在留資格も，他の在留資格とともに，平成元年法律第79号による入管法の改正で創設されたが，平成21年法律第79号による入管法の改正で，対象となる活動が改正された。制定当初の「家族滞在」の在留資格に係る別表の下欄には，「一の表，二の表又は三の表の上欄の在留資格（外交，公用及び短期滞在を除く。）をもって在留する者又はこの表の留学，就学若しくは研修の在留資格をもって在留する者の扶養を受ける配偶者又は子として行う日常的な活動」が定められていた。

しかし，判定当時の基準省令が，「家族滞在」の在留資格に係る基準として，「申請人が法別表第一の一の表若しくは二の表の上欄の在留資格，文化活動の在留資格又は留学の在留資格をもって在留する者の扶養を受けて在留すること。」と定めていたことから，「就学」及び「研修」の在留資格をもって在留する外国人の扶養を受けて在留する配偶者及び子は基準に適合せず，したがって上陸特別許可以外の通常の一般上陸の許可を受けることができなかった。なお，平成21年法律第79号による改正前は「特定活動」の在留資格とされていた技能実習生についても，その扶養を受ける配偶者及び子についての活動は，特定活動の告示に定められていなかった。

このようなことを前提として，前記平成21年法律第79号は，「家族滞在」の在留資格に係る別表下欄を改正し，対応する活動を，「外交」，「公用」，「技能実習」及び「短期滞在」を除く別表第一の一から三までの表の在留資格をもって在留する外国人又は「留学」の在留資格をもって在留する外国人の「扶養を受ける配偶者又は子として行う日常的な活動」とした。これにより，「技能実習」及び「研修」の在留資格をもって在留する外国人の扶養を受ける配偶者及び子として行う日常的活動は，「家族滞在」の在留資格に対応する活動から除かれた。

その後，平成30年法律第102号による入管法の改正により「特定技能」の在留が新設されたが，そのうち，「特定技能１号」については，その扶養を受ける配偶者及び子として行う日常的な活動は，「家族滞在」の在留資格に係る活動から除かれている。これに対し，「特定技能２号」については，その扶養を受ける配偶者及び子として行う日常的な活動は，「家族滞在」の在留資格に係る活動に含まれる。

（対象となる者）

「家族滞在」の在留資格の対象となるのは，「外交」，「公用」，「特定技能１号」，「技能実習」，「短期滞在」，「研修」及び「家族滞在」を除く別表第一の一から四までの表の上欄の在留資格をもって在留する者の扶養を受ける配偶者及び子である。

配偶者及び子以外の家族は対象とはならない。子には養子も含まれる。子は未成年者であることは要件とされておらず，成年に達していてもよい。配偶者は，これらの在留資格をもって在留する外国人と現に婚姻している外国人である。婚姻は法的に有効に成立したものでなければならず，内縁の配偶者は，ここにいう配偶者には含まれない。

また，配偶者又は子であっても，上記の在留資格をもって在留する者の扶養を受けていない者は対象とはならない。

扶養を受ける者であることが要件とされているのは，現行入管法が自らが就労しそれにより得られる収入により生活する者は，家族としてではなく本邦において就労活動に従事する外国人としてその受入れの可否を決めることを原則としていることによる。

なお，「外交」又は「公用」の在留資格をもって在留する者の扶養を受ける配偶者及び子が「家族滞在」の在留資格の対象とされていないのは，「外交」及び「公用」の在留資格に対応する活動そのものに同一の世帯に属する家族の構成員としての活動が含まれていることによる。「技能実習」又は「研修」の在留資格をもって在留する外国人の扶養を受ける配偶者及び子が「家族滞在」の在留資格の対象とされていないのは，「技能実習」及び「研修」の在留資格の性格から，これらの在留資格をもって在留する者の家族の家族としての在留を認めないとの方針がとられていることによる。同様に，「特定技能１号」の在留資格についても，この在留資格をもって在留する者の家族の家族としての在留を認めないという方針がとられており，その配偶者又は子は「家族滞在」の在留資格の対象とされていない。また，「短期滞在」の在留資格をもって在留する外国人の扶養を受ける配偶者及び子が「家族滞在」の在留資格の対象とされていないのは，「短期滞在」の在留資格をもって在留する外国人の扶養を受ける配偶者又は子は，「短期滞在」の在留資格をもって在留し得るのが普通であることによる。

このほか「特定活動」の在留資格をもって在留する外国人の扶養を受ける配偶者及び子も「家族滞在」の在留資格の対象とされていないが，「特定活動」の在留資格をもって在留する外国人の扶養を受ける配偶者及び子については，その家族としての在留が認められる場合には，当該配偶者又は子も「特定活動」の在留資格によって入国・在留が認められることとなる。[115)]

（活動の内容）

「家族滞在」の在留資格に対応する活動は，「外交」，「公用」，「特定技能１号」，「技能実習」，「短期滞在」，「研修」及び「家族滞在」を除く別表第一の一から四までの表の上欄の在留資格をもって在留する者の「扶養を受ける配偶者と子として行う日常的な活動」である。

「日常的な活動」とは，日々の生活を送る上で通常行う活動一般を意味する。就労活動は除かれるが，本邦の学校に通学して教育を受ける活動なども含めて幅広い活動が含まれる。

（在留期間）

「家族滞在」の在留資格に伴う在留期間は，５年を超えない範囲内で法務大臣が個々の外国人について指定する期間である（入管法施行規則３条及び同規則別表第二）。

115）「特定活動」の在留資格をもって在留する外国人のうち，特定活動の告示をもって定められている活動を指定されている者の家族については，当該告示自体に，その配偶者又は子に係る活動等が定められている場合がある。「特定活動」の在留資格の解説を参照。

令和３年法務省令第16号による改正により，「５年，４年３月，４年，３年３月，３年，２年３月，２年，１年３月，１年，６月又は３月」という規定が現行のとおり改正された。扶養する外国人の在留期間に合わせることができるようにしたものである。

2　家族滞在の基準

申請人が法別表第一の一の表若しくは二の表の上欄の在留資格，文化活動の在留資格又は留学の在留資格（この表の法別表第一の四の表の留学の項の下欄に掲げる活動の項第一号イ又はロに該当するものに限る。）をもって在留する者の扶養を受けて在留すること。

「家族滞在」の在留資格に係る基準は，「家族滞在」の在留資格をもって在留する外国人を扶養する者の範囲を限定し，次のいずれかの者の扶養を受けて在留する者であることを要件として定めている。

① 入管法別表第一の一の表の上欄の在留資格をもって在留する者（ただし，「外交」及び「公用」の在留資格をもって在留する者は，入管法別表の下欄の規定により対象とはならない。）

② 入管法別表第一の二の表の上欄の在留資格をもって在留する者（ただし，「特定技能１号」及び「技能実習」の在留資格をもって在留する者は，入管法別表の下欄の規定により対象とはならない。）

③「文化活動」の在留資格をもって在留する者

④「留学」の在留資格をもって在留する者で「留学」の在留資格に係る基準の第１号イに該当するもの（本邦の大学若しくはこれに準ずる機関，専修学校の専門課程，外国において12年の学校教育を修了した者に対して本邦の大学に入学するための教育を行う機関又は高等専門学校に入学してこれらの機関において教育を受ける者，ただし，専ら夜間通学して又は通信により教育を受ける者は除く。）[116)]

---

116) 前述したように，基準省令の制定当初の「家族滞在」の在留資格に係る基準は，「申請人が法別表第一の一の表若しくは二の表の上欄の在留資格，文化活動の在留資格又は留学の在留資格をもって在留する者の扶養を受けて在留すること。」との規定であったが，「留学」の在留資格

⑤「留学」の在留資格をもって在留する者で「留学」の在留資格に係る基準の第１号ロに該当するもの（本邦の大学に入学して，当該大学の夜間において授業を行う大学院の研究科（当該大学が当該研究科において教育を受ける外国人の出席状況及び入管法第19条第１項の規定の遵守状況を十分に管理する体制を整備している場合に限る。）において専ら夜間通学して教育を受ける者）

五の表

特定活動

法務大臣が個々の外国人について特に指定する活動

1　特定活動の在留資格

（在留資格の決定）

「特定活動」の在留資格は，法務大臣が個々の外国人に対して，一定の活動を指定して決定する在留資格である。それゆえ，「特定活動」の在留資格は，個々の外国人ごとに，また，指定活動ごとに異なるものとなる。

「特定活動」の在留資格は，法務大臣が個々の外国人について個別に活動を指定して，その都度創設する在留資格である。

（対応する活動）

「特定活動」の在留資格に対応する活動は，法務大臣が，個々の外国人について特に指定する活動（以下「指定活動」という。）である。

法務大臣が，具体的にどのような活動を指定するかは，在留を認めることとした外国人に対して「特定活動」の在留資格を決定する際に，当該外国人の個々の事情等を考慮して決定される。

したがって，指定活動は，在留を許可する外国人に「特定活動」の在留資

に対応する活動を改正し，「留学」の在留資格と「就学」の在留資格を一本化した平成21年法律第79号による入管法の改正を受けた平成22年法務省令第10号による基準省令の改正で，「留学の在留資格」の次の括弧書の規定が加えられた。

格を決定するに当たって，個々に創設され，そのそれぞれが全く異なる活動となる。もっとも，複数の外国人について同じ内容の活動を指定することはあり得る。特に後述する入管法第７条第１項第２号の規定に基づいて法務大臣が告示をもって定める活動が指定される場合は，複数の外国人に対して同じ内容の活動が指定される。

このようなことから，「特定活動」の在留資格の場合は，許可の要件としての在留資格該当性は，ほとんど意味がないものということができる。ただし，入管法第７条第１項第２号の規定に基づき法務大臣があらかじめ告示をもって定める活動については，具体的活動が告示で定められていることから，この告示をもって定める活動に該当することが，通常の在留資格に該当することと同様となる。

「特定活動」の在留資格の決定を受けた外国人が本邦において行うことができる活動は，当該「特定活動」の在留資格の決定に際して法務大臣が指定した指定活動であり，当該外国人は，この指定活動に属しない就労活動を行ってはならない（入管法19条１項）。

このように，「特定活動」の在留資格は，法務大臣が個々の外国人に上陸又は在留を許可する都度，当該外国人について活動を指定して創設する在留資格であり，したがって，法務大臣でなければ，「特定活動」の在留資格を決定することができないこととなるが，例外的に法務大臣が告示をもって定める活動を指定する場合は，法務大臣が行うものではない通常の一般上陸の許可で「特定活動」の在留資格を決定することが可能とされている（７条１項２号）。

(改正の経緯)

「特定活動」の在留資格は，平成元年法律第79号による入管法の改正で在留資格が別表形式で定められたときに別表第一の五の表に定められたものであるが，制定当初の同表の下欄には，「特定活動」の在留資格に対応する活動として「法務大臣が個々の外国人について特に指定する活動」が掲げられていた。

しかし，構造改革特別区域法（平成14年法律第189号）に定められていた入管法の特例の全国展開のため，平成18年法律第43号による入管法の改正で同表の下欄に次のイ，ロ及びハが規定され，同改正前の活動については，同表の下欄にニとして「イからハまでに掲げる活動以外の活動」が規定された。そして，柱書として，「法務大臣が個々の外国人について次のイからニまでのいずれかに該当するものとして特に指定する活動」が定められた。

イ　本邦の公私の機関（高度な専門的地職を必要とする特定の分野に関する研究の効率的促進又はこれに関連する産業の発展に資するものとして法務省令で定める要件に該当する事業活動を行う機関であって，法務大臣が指定するものに限る。）との契約に基づいて当該機関の施設において当該特定の分野に関する研究，研究の指導若しくは教育をする活動（教育については，大学若しくはこれに準ずる機関又は高等専門学校においてするものに限る。）又は当該活動と併せて当該特定の分野に関する研究，研究の指導若しくは教育に関連する事業を自ら経営する活動

ロ　本邦の公私の機関（情報処理（情報処理の促進に関する法律（昭和四十五年法律第九十号）第二条第一項に規定する情報処理をいう。以下同じ。）に関する産業の発展に資するものとして法務省令で定める要件に該当する事業活動を行う機関であって，法務大臣が指定するものに限る。）との契約に基づいて当該機関の事業所（当該機関から労働者派遣事業の適正な運営の確保及び派遣労働者の就業条件の整備等に関する法律（昭和六十年法律第八十八号）第二条第二項に規定する派遣労働者として他の機関に派遣される場合にあっては，当該他の機関の事業所）において自然科学又は人文科学の分野に属する技術又は知識を要する情報処理に係る業務に従事する活動

ハ　イ又はロに掲げる活動を行う外国人の扶養を受ける配偶者又は子として行う日常的な活動

その後，ロについては，「労働者派遣事業の適正な運営の確保及び派遣労働者の就業条件の整備等に関する法律等の一部を改正する法律」（平成24年法律第27号）により，「労働者派遣事業の適正な運営の確保及び派遣労働者の就業条件の整備等に関する法律」（昭和60年法律第88号）の題名が「労働者派遣事業の適正な運営の確保及び派遣労働者の就業条件の整備等に関する法律」か

ら「労働者派遣事業の適正な運営の確保及び派遣労働者の保護等に関する法律」に改正されたことに伴う改正が行われた。

そして，平成26年法律第74号による入管法の改正により「高度専門職」の在留資格が新設され，「特定活動」に係る別表第一の五の表の下欄のイ及びロに係る活動は，それぞれ，実質的に別表第一の二の表の高度専門職の項の下欄の第１号イ及びロの一部となったこと，「高度専門職１号イ」又は「高度専門職１号ロ」の在留資格をもって在留する者の扶養を受ける配偶者又は子として行う日常的な活動は，他の就労資格をもって在留する者の扶養を受ける配偶者又は子と同じく，「家族滞在」の在留資格に該当することから，同改正により，「特定活動」イからハまでが削除され，「特定活動」の在留資格は平成18年法律第43号による改正前の条文（平成元年法律第79号による改正当時の条文と同じ。）に戻った。ただし，「特定活動」イ及びロは，それぞれ，実質的に，高度専門職１号イ及びロの一部となったが，地域再生法に基づく地域再生計画において活用されている事例もあることから，特定活動の告示第36号及び第37号として引き続き規定された（当該活動を行う者の扶養を受ける配偶者及び子として行う日常的な活動（「特定活動」ハに対応するもの）は特定活動告示第38号として規定された。）。

（活動の指定）

「特定活動」及び「定住者」の在留資格は，他の在留資格のいずれにも該当しない活動を行おうとする外国人の上陸又は在留を許可する場合に決定される在留資格であり，このうち，法務大臣が個々の外国人について本邦において行うことができる活動（指定活動）を指定して決定するのが，「特定活動」の在留資格である。

指定活動の具体的な内容は法定されていないが，「特定活動」の在留資格が設けられた趣旨から，別表第一の一から四までの各表の下欄に掲げられている活動又は「定住者」の在留資格以外の別表第二の在留資格の下欄に掲げられている身分又は地位を有する者としての活動に含まれる活動又はその一部は，指定の対象とはならないものと解されている。

それゆえ，「特定活動」の在留資格は，例えば，従来想定されていなかった新しい類型の活動を行おうとする外国人，時限的に上陸又は在留を許可する外国人，一般の在留資格に対応する活動として定めるのには適しない特別な活動を行おうとする外国人に対して決定される。また，通常では上陸又は在留を許可しない類型の活動を行おうとする外国人に対して，特別な事情があることから上陸又は在留を許可する場合にも，「特定活動」の在留資格が決定される。

このほか，「特定活動」の在留資格は，別表第一の他の在留資格の場合とは異なり，個々に活動を指定することができることから，外国人の勤務先等を特定して許可する必要がある場合にも，「特定活動」の在留資格が決定される。

（活動の変更）

「特定活動」の在留資格は，法務大臣が，個々の外国人に対して個別に活動を指定して創設する在留資格である。それゆえ，同じ「特定活動」の在留資格でも，指定される活動を変更する場合は，在留資格の変更となる（20条1項）。

入国審査官は，入管法第９条第３項の規定により在留資格の決定をする場合において，「特定活動」の在留資格を決定するときは，法務大臣が個々の外国人について特に指定する活動を記載した入管法施行規則別記第７号の４様式による指定書を交付する（同規則７条２項）。また，「特定活動」の在留資格への在留資格の変更を許可する場合，「特定活動」の在留資格の取得を許可する場合，退去強制手続において「特定活動」の在留資格を決定して在留を特別に許可する場合，難民認定手続において「特定活動」の在留資格を決定して在留を特別に許可する場合も，同様に，法務大臣が個々の外国人について特に指定する活動を記載した同規則別記第７号の４様式による指定書を交付するものとされている（同規則20条７項，24条５項，44条２項，56条４項）。

（指定活動の種類）

「特定活動」の在留資格に対応する活動は，四つに分類することができる。

第１は，入管法第７条第１項第２号の規定に基づいて法務大臣があらかじめ告示をもって定める活動として，「出入国管理及び難民認定法第七条第一項第二号の規定に基づき同法別表第一の五の表の下欄に掲げる活動を定める件」（平成２年法務省告示第131号，以下「特定活動の告示」という。）に定められている活動である。

第２は，同じく第７条第１項第２号の規定に基づいて法務大臣があらかじめ告示をもって定める活動であるが，「出入国管理及び難民認定法第七条第一項第二号の規定に基づき高度人材外国人等に係る同法別表第一の五の表の下欄に掲げる活動を定める件」（平成24年法務省告示第126号。以下「高度人材告示」という。）に定められている活動である。

第３は，告示で定められていない活動である。法務大臣の行う許可である上陸特別許可，在留資格の変更の許可，在留資格の取得の許可，退去強制手続における在留特別許可又は難民認定手続における在留特別許可において「特定活動」の在留資格を決定する場合に，この活動の指定が行われる。

第４は，入管法以外の他の法令に基づき上記の告示をもって定める活動とみなされる活動である。総合特別区域法及び国家戦略特別区域法が根拠となる。

２　特定活動の告示

特定活動の告示は，入管法第７条第１項第２号の規定に基づき「同法別表第一の五の表の下欄に掲げる活動であらかじめ定めるもの」を，その第１号から第50号までにおいて次のとおり定めている。

なお，特定活動の告示は，第７条第１項第２号の規定に基づくものであり，したがって，適用の対象は，一般上陸の申請を行った外国人である。しかし，在留資格の変更，在留資格の取得等の在留に関する許可においても，当該許可を受けようとする者が本邦において行おうとする活動が特定活動の告示で定められている活動に該当する場合には，他の在留資格について在留資格該当性がある場合と同様に扱われている。入管関係法大全第１部の第20条の解説等を参照。

上陸の申請を行った外国人が本邦において行おうとする活動が，本号の第１号から第50号までに定められている活動のいずれかに該当し，「特定活動」

の在留資格を決定される場合には，当該該当する活動が，指定活動として指定される。

特定活動の告示は次のとおりである。なお，特定活動の告示のうち，第11号，第13号及び第14号は，削除となっている。

一　別表第一に掲げる外国人に当該外国人が使用する言語により日常会話を行うことができる個人的使用人として雇用された十八歳以上の者が，当該雇用した外国人の家事に従事する活動

二　別表第二に掲げる外国人に当該外国人が使用する言語により日常会話を行うことができる個人的使用人として雇用された十八歳以上の者が，月額二十万円以上の報酬を受けて，当該雇用した外国人の家事に従事する活動

二の二　申請人以外に家事使用人を雇用していない法別表第一の二の表の高度専門職の在留資格をもって在留する外国人（以下「高度専門職外国人」という。）（申請の時点において，当該高度専門職外国人が受ける報酬の年額と，その配偶者が受ける報酬の年額とを合算した額（以下「世帯年収」という。）が千万円以上であるものに限る。）に当該高度専門職外国人が使用する言語により日常会話を行うことができる個人的使用人として雇用された十八歳以上の者（当該高度専門職外国人と共に本邦に転居する場合にあっては，継続して一年以上その者に個人的使用人として雇用されている者，当該高度専門職外国人と共に本邦に転居しない場合にあっては，その者が本邦に転居するまで継続して一年以上その者に個人的使用人として雇用され，かつ，その者の転居後引き続きその者又はその者が本邦に転居する前に同居していた親族に個人的使用人として雇用されている者であって，当該高度専門職外国人の負担においてその者と共に本邦から出国（法第二十六条の規定により再入国許可を受けて出国する場合を除く。）することが予定されているものに限る。）が，月額二十万円以上の報酬を受けて，当該高度専門職外国人の家事に従事する活動

二の三　次のいずれにも該当する高度専門職外国人に当該高度専門職外国人が使用する言語により日常会話を行うことができる個人的使用人として雇用された十八歳以上の者が，月額二十万円以上の報酬を受けて，当該高度

専門職外国人の家事に従事する活動

イ　金融商品取引法（昭和二十三年法律第二十五号）第二十八条第二項に規定する第二種金融商品取引業，同条第三項に規定する投資助言・代理業又は同条第四項に規定する投資運用業に係る業務に従事していること。

ロ　当該高度専門職外国人の世帯年収に係る次の区分に応じそれぞれ次に定める要件に該当すること。

(1)　千万円以上三千万円未満　申請人以外に家事使用人を雇用していないこと。

(2)　三千万円以上　申請人以外に家事使用人を雇用していない又は申請人以外に雇用している家事使用人の数が一人であること。

三　台湾日本関係協会の本邦の事務所の職員又は当該職員と同一の世帯に属する　家族の構成員としての活動

四　駐日パレスチナ総代表部の職員又は当該職員と同一の世帯に属する家族の構成員としての活動

五　日本国政府のオーストラリア政府，ニュージーランド政府，カナダ政府，ドイツ連邦共和国政府，グレート・ブリテン及び北部アイルランド連合王国政府，アイルランド政府，デンマーク王国政府，中華人民共和国香港特別行政区政府，ノルウェー王国政府，スロバキア共和国政府，オーストリア共和国政府，アイスランド共和国政府，リトアニア共和国政府，エストニア共和国政府若しくはオランダ王国政府に対するワーキング・ホリデーに関する口上書，ワーキング・ホリデーに関する日本国政府と大韓民国政府，フランス共和国政府，ポーランド共和国政府，ハンガリー政府，スペイン王国政府，チェコ共和国政府若しくはスウェーデン王国政府との間の協定又はワーキング・ホリデーに関する日本国政府とポルトガル共和国政府，アルゼンチン共和国政府若しくはチリ共和国政府との間の協力覚書の規定の適用を受ける者が，日本文化及び日本国における一般的な生活様式を理解するため本邦において一定期間の休暇を過ごす活動並びに当該活動を行うために必要な旅行資金を補うため必要な範囲内の報酬を受ける活動（風俗営業活動（風俗営業等の規制及び業務の適正化等に関する法律（昭和二十三年法律第百二十二号）第二条第一項に規定する風俗営業，同条第六項に規定する店舗型性風俗特殊営業若しくは同条第十一項に規定する特定遊興飲食店営業が営まれている営業所において行うもの又は同条第七項に規定する無店舗型性風俗特殊営業，同条第八項に規定する映像送信型性風俗特殊営業，同条第九項に規定する店舗型電話異性紹介営業若しくは同条第十項に規定する無店舗型電話異性紹介営業に従事するものをいう。以下同じ。）を除く。）

五の二　別表第三に掲げる要件のいずれにも該当するものとして日本国領事官等（法第二条第四号に規定する日本国領事官等をいう。以下同じ。）の査証（同表において「ワーキング・ホリデー査証」という。）の発給を受けた者が，日本文化及び日本国における一般的な生活様式を理解するため，本邦において一年を超えない期間，休暇を過ごす活動並びに当該活動を行うために必要な旅行資金を補うため必要な範囲内の報酬を受ける活動（風俗営業活動を除く。）

六　オリンピック大会，世界選手権大会その他の国際的な競技会に出場したことがある者で日本のアマチュアスポーツの振興及び水準の向上等のために月額二十五万円以上の報酬を受けることとして本邦の公私の機関に雇用されたものが，その機関のために行うアマチュアスポーツの選手としての活動

七　前号に規定する活動を指定されて在留する者の扶養を受ける配偶者又は子として行う日常的な活動

八　外国弁護士による法律事務の取扱いに関する特別措置法（昭和六十一年法律第六十六号）第五十八条の二に規定する国際仲裁事件の手続等及び国際調停事件の手続についての代理に係る業務に報酬を受けて従事する活動（本邦の公私の機関との契約に基づいて行うものを除く。）

九　外国の大学の学生（卒業又は修了をした者に対して学位の授与される教育課程に在籍する者（通信による教育を行う課程に在籍する者を除く。）に限る。）が，当該教育課程の一部として，当該大学と本邦の公私の機関との間の契約に基づき当該機関から報酬を受けて，一年を超えない期間で，かつ，通算して当該大学の修業年限の二分の一を超えない期間内当該機関の業務に従事する活動

十　日本国政府のグレートブリテン及び北部アイルランド連合王国政府に対するボランティア査証に関する口上書の適用を受ける者が，本邦において一年を超えない期間，国若しくは地方公共団体の機関，日本赤十字社，公益社団法人若しくは公益財団法人，社会福祉法（昭和二十六年法律第四十五号）第二十二条に規定する社会福祉法人，特定非営利活動促進法（平成十年法律第七号）第二条第二項に規定する特定非営利活動法人又は独立行政法人通則法（平成十一年法律第百三号）第二条第一項に規定する独立行政法人に受け入れられて行う福祉に係るボランティア活動

十一　削除

十二　外国の大学の学生（卒業又は修了をした者に対して学位の授与される教育課程に在籍する者（通信による教育を行う課程に在籍する者を除く。）に限る。）が，その学業の遂行及び将来の就業に資するものとして，当該大学と本邦の公私の機関との間の契約に基づき当該機関から報酬を受けて，当該大学における当該者に対する授業が行われない期間で，かつ，三月を超えない期間内当該大学が指定した当該機関の業務に従事する活動

十三及び十四　削除

十五　外国の大学の学生（卒業又は修了した者に対して学位の授与される教育課程に在籍する者（通信による教育を行う課程に在籍する者を除く。）に限る。）が，別表第四に掲げる要件のいずれにも該当する地方公共団体が実施する国際文化交流を目的とした事業に参加し，本邦の公私の機関との契約に基づき当該機関から報酬を受けて，当該大学における当該者に対する授業が行われない期間で，かつ，三月を超えない期間内，本邦の小学校（義務教育学校の前期課程を含む。），中学校（義務教育学校の後期課程を含む。），高等学校，中等教育学校，特別支援学校，専修学校又は各種学校において，国際文化交流に係る講義を行う活動

十六　経済上の連携に関する日本国とインドネシア共和国との間の協定附属書十（以下「インドネシア協定附属書」という。）第一編第六節８(b)の規定に基づく書面（以下「インドネシア協定書面」という。）により通報された者が，保健師助産師看護師法（昭和二十三年法律第二百三号）第七条第三項に規定する

看護師の免許（以下「看護師免許」という。）を受けることを目的として，インドネシア協定附属書第一編第六節6の規定に基づき日本国政府がインドネシア共和国政府に対して通報した本邦の公私の機関（以下「インドネシア協定研修機関」という。）により受け入れられて行う知識の修得をする活動又は当該インドネシア協定書面においてその者について指定された本邦の公私の機関との間の雇用契約に基づき当該インドネシア協定書面においてその者について指定された施設内において，同法第五条に規定する看護師（以下「看護師」という。）の監督の下で看護師として必要な知識及び技能に係る研修として当該機関の業務に従事する活動

十七　インドネシア協定書面により通報された者が，社会福祉士及び介護福祉士法（昭和六十二年法律第三十号）第三十九条に規定する介護福祉士となる資格（以下「介護福祉士資格」という。）を取得することを目的として，インドネシア協定研修機関により受け入れられて行う知識の修得をする活動又は当該インドネシア協定書面においてその者について指定された本邦の公私の機関との間の雇用契約に基づき当該インドネシア協定書面においてその者について指定された施設内において，同法第二条第二項に規定する介護福祉士（以下「介護福祉士」という。）の監督の下で介護福祉士として必要な知識及び技能に係る研修として当該機関の業務に従事する活動

十八　経済上の連携に関する日本国とインドネシア共和国との間の協定（以下「インドネシア協定」という。）に基づき看護師としての業務に従事する活動を指定されて在留する者と同居し，かつ，その扶養を受ける配偶者又は子として行う日常的な活動

十九　インドネシア協定に基づき介護福祉士として社会福祉士及び介護福祉士法第二条第二項に規定する介護等（以下「介護等」という。）の業務に従事する活動を指定されて在留する者と同居し，かつ，その扶養を受ける配偶者又は子として行う日常的な活動

二十　経済上の連携に関する日本国とフィリピン共和国との間の協定第十二条に基づく日本国政府とフィリピン共和国政府との間の実施取極（以下「フィリピン実施取極」という。）第九条に基づく口上書（以下「フィリピン協定口

上書」という。）により通報された者が，看護師免許を受けることを目的として，フィリピン実施取極第十条に基づき日本国政府がフィリピン共和国政府に対して通報した本邦の公私の機関（以下「フィリピン協定研修機関」という。）により受け入れられて行う知識の修得をする活動又は当該フィリピン協定口上書においてその者について指定された本邦の公私の機関との間の雇用契約に基づき当該フィリピン協定口上書においてその者について指定された施設内において，看護師の監督の下で看護師として必要な知識及び技能に係る研修として当該機関の業務に従事する活動

二十一　フィリピン協定口上書により通報された者が，介護福祉士資格を取得することを目的として，フィリピン協定研修機関により受け入れられて行う知識の修得をする活動又は当該フィリピン協定口上書においてその者について指定された本邦の公私の機関との間の雇用契約に基づき当該フィリピン協定口上書においてその者について指定された施設内において，介護福祉士の監督の下で介護福祉士として必要な知識及び技能に係る研修として当該機関の業務に従事する活動

二十二　フィリピン協定口上書により通報された者が，介護福祉士資格を取得することを目的として，フィリピン協定研修機関により受け入れられて行う知識の修得をする活動又は当該フィリピン協定口上書においてその者について指定された社会福祉士及び介護福祉士法第四十条第二項第一号に規定する文部科学大臣及び厚生労働大臣の指定した学校並びに都道府県知事の指定した養成施設（以下「介護福祉士養成施設」という。）において介護福祉士として必要な知識及び技能を修得する活動

二十三　経済上の連携に関する日本国とフィリピン共和国との間の協定（以下「フィリピン協定」という。）に基づき看護師としての業務に従事する活動を指定されて在留する者と同居し，かつ，その扶養を受ける配偶者又は子として行う日常的な活動

二十四　フィリピン協定に基づき介護福祉士として介護等の業務に従事する活動を指定されて在留する者と同居し，かつ，その扶養を受ける配偶者又は子として行う日常的な活動

二十五　本邦に相当期間滞在して，病院又は診療所に入院し疾病又は傷害について医療を受ける活動及び当該入院の前後に当該疾病又は傷害について継続して医療を受ける活動
二十六　前号に掲げる活動を指定されて在留する者の日常生活上の世話をする活動（収入を伴う事業を運営する活動又は報酬を受ける活動を除く。）
二十七　平成二十四年四月十八日にベトナム社会主義共和国政府との間で交換が完了した看護師及び介護福祉士の入国及び一時的な滞在に関する書簡のうち日本側書簡（以下「ベトナム交換公文」という。）5の規定に基づく書面（以下「ベトナム交換公文書面」という。）により通報された者が，看護師免許を受けることを目的として，ベトナム交換公文1注釈の規定に基づき日本国政府がベトナム社会主義共和国政府に対して通報した本邦の公私の機関（以下「ベトナム交換公文研修機関」という。）により受け入れられて行う知識の修得をする活動又は当該ベトナム交換公文書面においてその者について指定された本邦の公私の機関との間の雇用契約に基づき当該ベトナム交換公文書面においてその者について指定された施設内において，看護師の監督の下で看護師として必要な知識及び技能に係る研修として当該機関の業務に従事する活動
二十八　ベトナム交換公文書面により通報された者が，介護福祉士資格を取得することを目的として，ベトナム交換公文研修機関により受け入れられて行う知識の修得をする活動又は当該ベトナム交換公文書面においてその者について指定された本邦の公私の機関との間の雇用契約に基づき当該ベトナム交換公文書面においてその者について指定された施設内において，介護福祉士の監督の下で介護福祉士として必要な知識及び技能に係る研修として当該機関の業務に従事する活動
二十九　ベトナム交換公文書面により通報された者が，介護福祉士資格を取得することを目的として，ベトナム交換公文研修機関により受け入れられて行う知識の修得をする活動又は当該ベトナム交換公文書面においてその者について指定された介護福祉士養成施設において介護福祉士として必要な知識及び技能を修得する活動

三十　ベトナム交換公文に基づき看護師としての業務に従事する活動を指定されて在留する者と同居し，かつ，その扶養を受ける配偶者又は子として行う日常的な活動

三十一　ベトナム交換公文に基づき介護福祉士として介護等の業務に従事する活動を指定されて在留する者と同居し，かつ，その扶養を受ける配偶者又は子として行う日常的な活動

三十二　本邦の公私の機関が策定し，国土交通大臣が認定した適正監理計画（外国人建設就労者受入事業に関する告示（平成二十六年国土交通省告示第八百二十二号）にいう適正監理計画をいう。）に基づき，当該機関との雇用契約に基づいて建設業務に従事する活動

三十三　高度専門職外国人の配偶者（当該高度専門職外国人と同居する者に限る。）が，本邦の公私の機関との契約に基づいて，日本人が従事する場合に受ける報酬と同等額以上の報酬を受けて行う別表第五に掲げるいずれかの活動

三十四　高度専門職外国人（申請の時点において，世帯年収が八百万円以上の者に限る。）と同居し，かつ，当該高度専門職外国人若しくはその配偶者の七歳未満の子を養育し，又は当該高度専門職外国人の妊娠中の配偶者若しくは妊娠中の当該高度専門職外国人に対し介助，家事その他の必要な支援をする当該高度専門職外国人の父若しくは母又は当該高度専門職外国人の配偶者の父若しくは母（当該高度専門職外国人及びその配偶者のうちいずれかの父又は母に限る。）として行う日常的な活動

三十五　本邦の公私の機関が策定し，国土交通大臣が認定した適正監理計画（外国人造船就労者受入事業に関する告示（平成二十六年国土交通省告示第千百九十九号）にいう適正監理計画をいう。）又は企業単独型適正監理計画（同告示にいう企業単独型適正監理計画をいう。）に基づき，当該機関との雇用契約に基づいて造船業務に従事する活動

三十六　本邦の公私の機関（別表第六に掲げる要件のいずれにも該当する事業活動を行う機関であって，法務大臣が指定するものに限る。）との契約に基づいて当該機関の施設において高度の専門的知識を必要とする特定の分野に関する研究，研究の指導若しくは教育をする活動（教育については，大学若しくはこれに準ず

る機関又は高等専門学校においてするものに限る。）又は当該活動と併せて当該特定の分野に関する研究，研究の指導若しくは教育と関連する事業を自ら経営する活動

三十七　別表第七に掲げる要件のいずれにも該当する者が，本邦の公私の機関（別表第八に掲げる要件のいずれにも該当する事業活動を行う機関であって，法務大臣が指定するものに限る。）との契約に基づいて当該機関の事業所（当該機関から労働者派遣事業の適正な運営の確保及び派遣労働者の保護等に関する法律（昭和六十年法律第八十八号。以下「労働者派遣法」という。）第二条第二号に規定する派遣労働者として他の機関に派遣される場合にあっては，当該他の機関の事業所）において自然科学又は人文科学の分野に属する技術又は知識を要する情報処理（情報処理の促進に関する法律（昭和四十五年法律第九十号）第二条第一項に規定する情報処理をいう。以下同じ。）に係る業務に従事する活動

三十八　第三十六号又は前号に掲げる活動を指定されて在留する者の扶養を受ける配偶者又は子として行う日常的な活動

三十九　第三十六号又は第三十七号に掲げる活動を指定されて在留する者と同居し，かつ，その者の扶養を受けるその者の父若しくは母又は配偶者の父若しくは母（外国において当該在留する者と同居し，かつ，その者の扶養を受けていた者であって，当該在留する者と共に本邦に転居をするものに限る。）として行う日常的な活動

四十　次のいずれにも該当する十八歳以上の者が，本邦において一年を超えない期間滞在して行う観光，保養その他これらに類似する活動

イ　我が国が，法令，国際約束又は日本国政府が外国政府に対して行った通告により，旅行形態を限定することなく，その国又は地域（法第二条第五号ロの地域及び国から旅券を発行する権限を付与されている行政区画をいう。以下同じ。）の国籍者等（国にあってはその国の国籍を有する者をいい，地域にあっては当該地域の居住者にのみ発行される旅券を所持する者をいう。以下同じ。）であって，その国又は地域が発行する一般旅券（旅券法（昭和二十六年法律第二百六十七号）第二条第二号に規定する一般旅券に相当するものをいう。以下同じ。）を所持し，観光その他の目的で本邦に短期間滞在しようとするも

のについて，日本国領事官等の査証を必要としないこととしている国又は地域（その国又は地域の一般旅券を所持する者の全てについて査証の取得を勧奨する措置をとっている場合を除く。）のうち，別表第九に掲げるものの国籍者等であること。

ロ　申請の時点において，申請人及びその配偶者の預貯金の額の合計額が日本円に換算して三千万円以上（当該配偶者がこの号に掲げる活動を指定されて在留し又は在留しようとしている場合にあっては，六千万円以上）であること。

ハ　本邦における滞在中に死亡し，負傷し，又は疾病に罹患した場合における保険に加入していること。

四十一　前号に掲げる活動を指定されて在留する者に同行する配偶者であって，同号イ及びハのいずれにも該当するものが，本邦において一年を超えない期間滞在して行う観光，保養その他これらに類似する活動

四十二　本邦の公私の機関が策定し，経済産業大臣が認定した製造特定活動計画（製造業外国従業員受入事業に関する告示（平成二十八年経済産業省告示第四十一号）にいう製造特定活動計画をいう。）に基づき，当該機関の外国にある事業所の職員が，当該機関が当該国に設ける生産施設において中心的な役割を果たすための技術及び知識を身に付けるため，当該機関の本邦における生産拠点において製造業務に従事する活動

四十三　別表第十に掲げる要件のいずれにも該当する者が，本邦において通算して五年を超えない期間，特定の個人又は団体から本号に規定する活動の円滑な遂行に必要な支援を無償で受けることができる環境の下で行う，日本文化及び日本国における一般的な生活様式の理解を目的とする活動（日本語を習得する活動を含む。）並びにこれらの活動を行うために必要な資金を補うため必要な範囲内の報酬を受ける活動（風俗営業活動を除く。）

四十四　経済産業大臣が認定した外国人起業活動管理支援計画（外国人起業活動促進事業に関する告示（平成三十年経済産業省告示第二百五十六号）にいう外国人起業活動管理支援計画をいう。）に基づき，起業準備活動計画（同告示にいう起業準備活動計画をいう。）の確認を受けた者が，一年を超えない期間で，本邦において当該起業準備活動計画に係る貿易その他の事業の経営を開始するた

めに必要な事業所の確保その他の準備行為を行う活動及び当該活動に附随して行う報酬を受ける活動又は本邦において当該起業準備活動計画に係る貿易その他の事業の経営を開始した後引き続き当該事業の経営を行う活動（風俗営業活動を除く。）

四十五　前号に掲げる活動を指定されて在留する者の扶養を受ける配偶者又は子として行う日常的な活動

四十六　別表第十一に掲げる要件のいずれにも該当する者が，法務大臣が指定する本邦の公私の機関との契約に基づいて，当該機関の常勤の職員として行う当該機関の業務に従事する活動（日本語を用いた円滑な意思疎通を要する業務に従事するものを含み，風俗営業活動及び法律上資格を有する者が行うこととされている業務に従事するものを除く。）

四十七　前号に掲げる活動を指定されて在留する者の扶養を受ける配偶者又は子として行う日常的な活動

四十八　東京オリンピック競技大会及び東京パラリンピック競技大会の関係者であって，公益財団法人東京オリンピック・パラリンピック競技大会組織委員会（平成二十六年一月二十四日に一般財団法人東京オリンピック・パラリンピック競技大会組織委員会という名称で設立された法人をいう。）が適当と認めるものが，当該大会に係る事業に従事する活動

四十九　前号に掲げる活動を指定されて在留する者の扶養を受ける配偶者又は子として行う日常的な活動

五十　別表第十二に掲げる要件のいずれにも該当する者が，本邦の公私の機関との契約に基づいてスキーの指導に従事する活動

（第１号から第２号の３まで）

第１号から第２号の３までは，本邦に在留する外国人の家事に従事する個人的使用人（家事使用人）の活動を定めている。このうち，告示第２号に係る告示別表第二の第１号及び告示第２号の２は「高度専門職」の在留資格の新設に伴い，平成26年法務省告示第573号による改正により新設されたものである。また，告示第２号の３は令和３年法務省告示第157号による改正によ

り新設されたものである。[117)]

第１号から第２号の３までのいずれの場合も，雇用主は外国人でなければならないが，第１号の場合は，特定活動の告示の別表第一に掲げられている外国人であること，第２号の場合は，同告示の別表第二に掲げられている外国人であること，第２号の２の場合は，「高度専門職」の在留資格をもって在留する外国人（以下「高度専門職外国人」という。）であること，第２号の３の場合は，高度専門職外国人のうち第二種金融商品取引業等に係る業務に従事するものであることが，それぞれ要件とされている。同告示の別表第一に掲げられている外国人は，次のとおりである。

別表第一

一　日本国政府が接受した外交官又は領事官

二　条約又は国際慣行により外交使節と同様の特権及び免除を受ける者

三　申請人以外に家事使用人を雇用していない日本国政府の承認した外国政府又は国際機関の公務に従事する者（外交官及び領事官を除く。）

四　申請人以外に家事使用人を雇用していない台湾日本関係協会の本邦の事務所の代表又は副代表

五　申請人以外に家事使用人を雇用していない駐日パレスチナ総代表部の代表

六　申請人以外に家事使用人を雇用していない少佐以上の階級にある日本国とアメリカ合衆国との間の相互協力及び安全保障条約第六条に基づく施設及び区域並びに日本国における合衆国軍隊の地位に関する協定（昭和三十五年条約第七号）第一条(a)に規定する合衆国軍隊の構成員又は日本国における国際連合の軍隊の地位に関する協定（昭和二十九年条約第十二号）第一条(e)に規定する国際連合の軍隊の構成員

117)「国民の命と暮らしを守る安心と希望のための総合経済対策」（令和２年12月８日閣議決定）において，海外と比肩しうる魅力ある金融資本市場への改革と海外事業者や高度外国人材を呼び込む環境構築を戦略的に進め，世界に開かれた国際金融センターを実現することとされたことを踏まえて新設されたものである（改正時のパブリックコメント（https://public-comment.e-gov.go.jp/servlet/PcmFileDownload?seqNo=0000219428））。

また，同告示の別表第二に掲げられている外国人は，次のとおりである。

別表第二

一　申請人以外に家事使用人を雇用していない高度専門職外国人で，申請の時点において，十三歳未満の子又は病気等により日常の家事に従事することができない配偶者を有し，かつ，世帯年収が千万円以上であるもの

二　申請人以外に家事使用人を雇用していない法別表第一の二の表の経営・管理の在留資格をもって在留する事業所の長又はこれに準ずる地位にある者で，申請の時点において，十三歳未満の子又は病気等により日常の家事に従事することができない配偶者を有するもの

三　申請人以外に家事使用人を雇用していない法別表第一の二の表の法律・会計業務の在留資格をもって在留する事務所の長又はこれに準ずる地位にある者で，申請の時点において，十三歳未満の子又は病気等により日常の家事に従事することができない配偶者を有するもの

第１号に係る別表第一の第３号から第６号まで，第２号に係る別表第二の各号，第２号の２及び第２号の３ロ(1)の「申請人以外に家事使用人を雇用していない」とは，第１号から第２号の３までの活動を指定活動とする外国人を家事使用人として雇用する外国人が，別の家事使用人を雇用していないことを意味する。これらの外国人が第１号から第２号の３までの活動を指定活動とする外国人を家事使用人として雇用する場合には，その雇用する家事使用人は当該外国人一人のみであることが必要である。

第２号に係る別表第二の各号及び第２号の２の「申請の時点において」の申請は，上陸の申請を意味する。前述したように特定活動の告示は，入管法第７条第１項第２号の上陸のための条件に係るものであるからである。

ただし，特定活動の告示で定められている活動が，在留資格の変更や在留資格の取得等の在留関係の許可に際して指定される場合がある。この場合の「申請の時点」は，この活動を指定して「特定活動」の在留資格の決定が行われた許可の申請の時点を意味する。

なお，「申請の時点において」と定められているのは，その後の在留中に，申請の時点において適合しなければならないものとされている要件に適合しなくなった場合，例えば，雇用主の13歳未満であった子が13歳に達した場合や配偶者が病気の回復等により日常の家事に従事することができるようになった場合に，そのことにより，その申請に係る許可を受けて「特定活動」の在留資格をもって在留する外国人の行う当該雇用主の家事使用人としての活動が入管法第19条第１項の規定に違反する活動（以下「資格外活動」という。）とならないようにするためである。

第１号から第２号の３までの「当該外国人（第２号の３にあっては，「当該高度専門職外国人」―筆者）が使用する言語により日常会話を行うことができる個人的使用人として雇用された」とは，雇用主の使う言語により日常会話を行うことができる会話力を有すること及びそのような会話力を有することから雇用されたことを要件としたものである。

「月額二十万円以上の報酬を受けて」従事することが，第２号から第２号の３までの活動についての要件として定められているが，この要件は，基準省令の定める報酬に係る要件とは異なり，指定されている活動そのものの要件である。したがって第２号から第２号の３までの活動を指定されている外国人が，月額20万円以上の報酬を受けないで家事に従事した場合には資格外活動となる。

第２号については，別表第二において「申請の時点において雇用主が「13歳未満の子又は病気等により日常の家事に従事することができない配偶者を有」することが要件とされているが，この要件に適合することが要件とされている雇用は，家庭事情型と称されており，「家事使用人の雇用主に係る要件の運用について」（平成21年３月。平成27年３月改訂）において，雇用主の配偶者が日常の家事に従事することができない理由に，当該配偶者の怪我・疾病だけでなく，当該配偶者が本邦の企業等で常勤職員として就労していることを含める旨運用することが公表されている。

また，第２号については，別表第二において，雇用主が，(a)高度専門職外国人で世帯年収（当該高度専門職外国人が受ける報酬の年額と，その配偶者が受ける報酬の年額とを合算した額をいう。以下同じ。）が1000万円以上であるもの，(b)「経営・管理」の在留資格をもって在留する事業所の長又はこれに準ずる地位にある者，(c)「法律・会計業務」の在留資格をもって在留する事務所の長又はこれに準ずる地位にある者のいずれかであることが要件とされている。

この要件のうち「事業所（事務所）の長又はこれに準ずる地位」の範囲については，「家事使用人の雇用主に係る要件の運用について」において，事業所等における地位の名称・肩書きにとらわれることなく，事業所等の規模，形態及び業種並びに同人の報酬額及び事業所等における権限等を考慮し，事業所等の長に準ずる地位であるか否か総合的に判断する旨運用することが公表されている。

第２号の２は，入国帯同型と称されている。対象となるのは，申請人以外に家事使用人を雇用していない高度専門職外国人で申請の時点における世帯年収が1000万円以上であるものに当該外国人が使用する言語により日常会話を行うことができる個人的使用人として雇用された18歳以上の外国人のうち，次の(a)又は(b)のいずれかに該当する者である。

(a)　当該高度専門職外国人と共に本邦に転居し，継続して１年以上当該高度専門職外国人に個人的使用人として雇用されている者（同時転居）

(b)　当該高度専門職外国人と共に本邦に転居するものではないが，当該高度専門職外国人が本邦に転居するまで継続して１年以上当該高度専門職外国人に個人的使用人として雇用されていた者で，当該高度専門職外国人の本邦への転居後引き続き当該高度専門職外国人又は当該高度専門職外国人が本邦に転居する前に同居していた親族に個人的使用人として雇用されているもの（後日転居）。ただし，当該高度専門職外国人の負担において当該高度専門職外国人と共に本邦から出国（再入国許可を受けて出国する場合を除く。）することが予定されていることが必要である。

以上の要件に適合する外国人が，月額20万円以上の報酬を受けて，当該高度専門職外国人の家事に従事する活動が，第２号の２の活動である。

同じく，高度専門職外国人に雇用される家事使用人であっても，第２号の場合，雇用する高度専門職外国人が，申請の時点において，13歳未満の子又は病気等により日常の家事に従事することができない配偶者を有することが要件とされているが，第２号の２では，このような要件に適合することは求められていない。

なお，第２号の２は平成29年法務省告示第542号により一部改正され，現行の規定となっている。

第２号の３は，第二種金融商品取引業（金融商品取引法（昭和23年法律第25号）28条２項），投資助言・代理業（同法同条３項）又は投資運用業（同法同条４項）に係る業務に従事している高度専門職外国人に当該高度専門職外国人が使用する言語により日常会話を行うことができる個人的使用人として雇用された18歳以上の外国人が対象となる。

このような外国人が，月額20万円以上の報酬を受けて当該高度専門職外国人の家事に従事する活動が第２号の３の活動である。

なお，第２号の２の場合と異なり，当該高度人材外国人の本邦への転居前の雇用は要件とはされていない。また，当該高度専門職外国人の世帯年収が1000万円以上3000万円未満の場合には，第２号の２の場合と同様，申請人以外に家事使用人を雇用していないことが要件となるが，当該高度専門職外国人の世帯年収が3000万円以上の場合は，申請人以外にも家事使用人を雇用していても一人であれば差し支えないものとされている。

また，第２号の２と同様，雇用する高度専門職外国人が，申請の時点において，13歳未満の子又は病気等により日常の家事に従事することができない配偶者を有することは要件とはされていない。

（第３号・第４号）

第３号は，台湾日本関係協会の本邦の事務所の職員又は当該職員と同一の世帯に属する家族の構成員としての活動を，第４号は，駐日パレスチナ総代表部の職員又は当該職員と同一の世帯に属する家族の構成員としての活動を定めている。

「同一の世帯に属する家族の構成員としての活動」については，外交の在留資格の解説を参照。

(第5号)

本号は，ワーキング・ホリデーに係る活動を定めている。

ワーキング・ホリデーとは，二つの国又は地域の間で相互に，それぞれの国又は地域が，その国又は地域の文化及び一般的な生活様式を理解するためにその国又は地域において，相手国又は地域の青少年が一定期間の休暇を過ごすこと及びその間の滞在費を補うために就労することを認める制度である。

本号の活動の指定の対象となるのは，本号の冒頭に列挙された口上書，協定又は協力覚書の規定の適用を受ける外国人である。これらの口上書，協定又は協力覚書の適用を受ける要件は，それぞれの口上書，協定又は協力覚書に定められているところによる。

本号の活動の指定を受けた者が，本邦において行うことができる活動は，「日本文化及び日本国における一般的生活様式を理解するため本邦において一定期間の休暇を過ごす活動」及び「当該活動を行うために必要な旅行資金を補うため必要な範囲内の報酬を受ける活動」である。

ただし，「当該活動を行うために必要な旅行資金を補うため必要な範囲内の報酬を受ける活動」であっても，次の活動（以下「風俗営業活動」という。）は，本号末尾の括弧書の規定により除くものとされている。

① 風俗営業，店舗型性風俗特殊営業又は特定遊興飲食店営業が営まれている営業所において行うもの

② 無店舗型性風俗特殊営業，映像送信型性風俗特殊営業，店舗型電話異性紹介営業又は無店舗型電話異性紹介営業に従事する活動

なお，①は，風俗営業，店舗型性風俗特殊営業又は特定遊興飲食店営業に従事する活動を本号の活動から除くこととするものではなく，当該報酬を受ける活動がどのような活動であっても，風俗営業，店舗型性風俗特殊営業又は特定遊興飲食店営業が営まれている営業所において行う場合は，本号の活動から除くこととするものである。

(第5号の2)

本号は，台湾の居住者についてのワーキング・ホリデーに係る活動を定めている。

台湾との間では，口上書の交換や協定の締結が行われないことから，ワーキング・ホリデー制度の対象者の要件は，特定活動の告示の別表第三に次のとおり規定されている。[118)]

別表第三

一　ワーキング・ホリデー査証の申請時に台湾の居住者であること。

二　ワーキング・ホリデー査証の申請時の年齢が十八歳以上三十歳以下であること。

三　一年を超えない期間，本邦において主として休暇を過ごす意図を有すること。

四　以前にワーキング・ホリデー査証の発給を受けていないこと。

五　被扶養者を同伴しないこと（当該被扶養者に査証が発給されている場合を除く。）。

六　台湾の権限のある機関が発行した法第二条第五号ロに該当する旅券を所持していること。

七　台湾に戻るための旅行切符又は当該切符を購入するための十分な資金を所持していること。

八　本邦における滞在の当初の期間に生計を維持するための十分な資金を所持していること。

九　健康であり，健全な経歴を有し，かつ，犯罪歴を有しないこと。

十　本邦における滞在中に死亡し，負傷し，又は疾病に罹患した場合における保険に加入していること。

本号の活動に該当するためには，申請人が上記別表第三に掲げる要件のいずれにも該当するものとして日本国領事官等の査証（ワーキング・ホリデー査証）の発給を受けた者であることが必要である。

118）台湾居住者についてのワーキング・ホリデーに関して，「平成22年版入管白書」には，「平成21年４月３日，外務省から法務省に対し，一定の要件を満たす台湾居住者に対して，ワーキング・ホリデー査証を発給することとした旨の通知がなされた。この通知を受けて特定活動告示の定めるワーキング・ホリデーの対象に当該要件を満たす台湾居住者を追加した（平成21年５月29日改正，21年６月１日施行)。」（74頁）と記載されている。

活動の内容は，第５号の場合と同様であるが，活動を行う期間について，「本邦において一年を超えない期間」と定められている。

（第６号）

本号は，アマチュアスポーツの選手としての活動を定めている。

オリンピック大会，世界選手権大会その他の国際的な競技会に出場したことがある者

オリンピック大会及び世界選手権大会は例示であるが，この例示の大会に匹敵する国際的な競技会に出場したことがある者であることが必要である。「国際的な競技会」は，入管法第５条第１項第５号の２の「国際的規模若しくはこれに準ずる規模で開催される競技会」と同様の意味と解される。

すなわち，多数の国が当該国を代表する選手等として個人若しくはチームを派遣して開催されるような競技会又は規模的にこれに準ずるような競技会を意味する。必ずしも各国の政府が正式にその国の代表として選手等を派遣するというようなものでなくてもよいが，少なくとも，相当数の国の個人若しくはチームが当該国を代表する選手として参加するようなものであることが必要であると解される。

日本のアマチュアスポーツの振興及び水準の向上等のために

本邦の公私の機関が，本号の活動の指定を受ける外国人を雇用する目的であり，この目的のために，本邦の公私の機関に雇用されることが要件となる。

月額二十五万円以上の報酬を受けることとして

本邦の公私の機関との間での雇用の条件として，月額で25万円以上の報酬を受けることとされていることを意味する。なお，賞与のように毎月受けるものでない報酬がある場合には，１年間に受ける報酬の総額を12で除して得られた額が25万円以上であれば足りるものと解される。[119)]

119）制定当初の基準省令では，当時の「人文知識・国際業務」の在留資格に係る基準の第２号ハとして「月額二十五万円以上の報酬を受けること。」が定められていたが，この要件について，法務省入国管理局政策課「解説人文知識・国際業務の在留資格とその基準について」（国際人流1991年６月号）には，「月額二十五万円以上，一年間に三百万円以上の報酬を受けることを要件として定めたものです。」（20頁）と記載されている。

その機関のために行う

本号のアマチュアスポーツの選手としての活動は，雇用された本邦の公私の機関のために行うものでなければならないとしたものである。

（第７号）

本号は，第６号の活動を指定されて「特定活動」の在留資格をもって在留する外国人について，「家族滞在」の在留資格に係る活動に相当する活動を定める規定である。

「扶養を受ける配偶者又は子として行う日常的な活動」については，家族滞在の在留資格に関する解説を参照。

（第８号）

本号は，外国弁護士が国際仲裁事件の手続等及び国際調停事件の手続についての代理に係る業務に従事する場合に関する規定である。

外国弁護士が国際仲裁事件の手続等及び国際調停事件の手続についての代理に係る業務に従事する活動は，本邦の公私の機関との契約に基づいて行う場合には「技術・人文知識・国際業務」の在留資格に該当する（それゆえ，本号の末尾の括弧書で「本邦の公私の機関との契約に基づいて行うものを除く。」と規定されている。）が，本邦の公私の機関との契約に基づいて行うものではない場合は，本号の活動に該当する。ただし，本号の活動は「報酬を受けて従事する」場合であり，報酬を受けないで従事する場合は本号に該当しない。「国際仲裁事件の手続等」及び「国際調停事件の手続についての代理」について，技術・人文知識・国際業務の３の（柱書の規定）の解説を参照。

（第９号）

本号は，いわゆるインターンシップに係る規定である。[120)]

本号の活動の主体は，卒業又は修了をした者に対して学位の授与される教

120）本号については，「平成15年版入管白書」に次のように記載されている。「外国の大学の学生が，大学教育の一環として我が国の企業に受け入れられて，就業体験をするいわゆるインターンシップについては，従来は「文化活動」又は「短期滞在」の在留資格で受け入れ，報酬を得る場合には資格外活動許可を認めていたが，インターンシップが既に制度として定着してきていることに加え，国際間の文化的交流に資するものであることから，より一層の発展のため独立した活動として受入れの枠組みを創設することとし，平成11年８月10日インターンシップ制度を特定活動告示…に追加した」（121頁）

育課程に在籍する外国の大学の学生である。ただし，通信による教育を行う課程に在籍する者は除くこととされている。

このような外国人が，当該大学と本邦の公私の機関との間の契約に基づいて，当該機関から報酬を受けて当該機関の業務に従事する活動が本号の活動である。本邦の公私の機関の業務に従事するのは学生であるが，当該業務に従事する活動は，その学生が在籍する大学と当該本邦の公私の機関との契約に基づいて行うこととされている。

ただし，当該業務に従事する活動は，当該外国人が在籍する外国の大学の教育課程の一部として行われること，期間が1年を超えないこと及び通算して当該大学の修業年限の2分の1を超えないことが必要とされている。

（第10号）

本号は，英国人の行うボランティア活動について定めている。

本号の活動の主体は，「日本国政府のグレートブリテン及び北部アイルランド連合王国政府に対するボランティア査証に関する口上書の適用を受ける者」である。[121)]

このような者が，本邦において1年を超えない期間，本号に列挙された機関に受け入れられて行う福祉に係るボランティア活動が本号の活動である。本号に列挙された機関以外の機関に受け入れられて行う活動は本号に該当しない。

（第12号）

本号は，外国の大学の学生が夏期休暇等を利用して短期間本邦の企業の業

121）ボランティア活動を行う英国人の受入れについて，「平成16年版入管白書」には次のように記載されている。「我が国において，ボランティア活動を行おうとする外国人を受け入れるものとして，英国に居住する英国人が，1年を超えない範囲内で我が国の社会福祉法人等に受け入れられ，福祉に係るボランティア活動を行う場合については，「特定活動」の在留資格を付与することとして，平成15年4月28日に「特定活動」の告示を改正し，同年5月1日から施行した。ボランティア活動を行おうとする英国人の入国を認めるに当たっては，非営利の福祉の活動であること（管理事務的な活動又は専ら食事の準備，洗濯等の単純作業を行うものは含まれない。），無報酬で活動すること（日常生活に必要な実費弁償として支払われる居住費，食費，交通費等の手当を除く。），配偶者又は子を同伴しないこと，滞在中に生計を維持するための相当な資金を所持すること，滞在終了時に我が国から出国する意図を有すること，健康であることなどがその条件となっている。」（111頁）

務を体験する活動に関する規定である。サマージョブなどとも呼ばれる。

本号の活動の主体は，第９号の場合と同様，卒業又は修了をした者に対して学位の授与される教育課程に在籍する外国の大学の学生で，通信による教育を行う課程に在籍する者以外のものである。[122)]

活動の内容も，当該大学と本邦の公私の機関との間の契約に基づき，当該機関から報酬を受けて当該機関の業務に従事する活動という点では，第９号の活動と同様であるが，第９号の活動の場合と異なり，当該大学の教育課程の一部として当該機関の業務に従事することは要件とはされていない。したがって，日本で行う本号の活動が，所属する大学の単位の取得に関係するものであることは必要とされない。一方，本号の活動の場合は，「その学業の遂行及び将来の就業に資するものとして」当該機関の業務に従事することが必要とされている。また，当該機関の業務に従事する期間が，「当該大学における当該者に対する授業が行われない期間で，かつ，三月を超えない期間内」であることが必要とされている。

（第15号）

本号は，外国の大学の学生が，夏期休暇期間等に，地方公共団体が実施する国際文化交流を目的とした事業に参加し，本邦の小学校，中学校等において，国際文化交流に係る講義を行う活動について定めている。[123)]

122）本号について，「平成16年版入管白書」には，「「構造改革特別区域基本方針」において全国で実施する規制改革事項として「外国人学生の特定活動ビザ取得要件の緩和」が盛り込まれ，これを受けて平成16年２月27日に「特定活動」の告示が改正され，同日から施行されることとなった。これまでは，外国の大学に在学中の学生（卒業又は修了をした者に対して学位の授与される教育課程に在籍するものに限る。）がその外国の大学の教育課程の一環として日本の企業等で就業体験をする場合，これを「インターンシップ」として受け入れてきたもので，インターンシップは単位の取得が前提となっていたが，今回の緩和措置により，単位の取得を伴わないものであっても，当該大学と我が国の公私の機関との契約に基づき，当該機関から報酬を受けて３月を超えない期間内に，学生が在学する大学が指定するこれらの機関の業務に従事する活動を行うものについても，インターンシップとして入国を認めることとしたものである。」（111-112頁）と記載されている。

123）本号について，「平成17年版入管白書」には，次のように記載されている。「平成16年２月27日，内閣に設置されている地域再生本部（本部長は内閣総理大臣）において，「地域再生推進のためのプログラム」が決定され，同プログラムにおいては，全国において講じる支援措置として，学校の夏期休業等を活用し，報酬を得て外国語講師等を行う外国人大学生に対する在留資格の付与が掲げられ，16年度中に措置することとされた。そこで，外国の大学生が，一定の要件に該当する地方公共団体が実施する国際文化交流を目的とした事業に参加し，本邦の公私の機関本号の活動の主体は，第９号及び第12号の場合と同様，卒業又は修了した者に対して学位の授与される教育課程に在籍する外国の大学の学生で，通信による教育を行う課程に在籍する者以外のものである。

本号の活動は，このような外国の大学の学生が，特定活動の告示の別表第四に掲げられている要件のいずれにも該当する地方公共団体が実施する国際文化交流を目的とした事業に参加して，本邦の公私の機関との契約に基づき当該機関から報酬を受けて，本邦の小学校（義務教育学校の前期課程を含む。），中学校（義務教育学校の後期課程を含む。），高等学校，中等教育学校，特別支援学校，専修学校又は各種学校において，国際文化交流に係る講義を行う活動である。ただし，この活動を行う期間は，第12号の場合と同様に，「当該大学における当該者に対する授業が行われない期間内で，かつ，三月を超えない期間内」であることが必要である。

本号の活動は，第９号及び第12号の活動と異なり，当該活動を行う外国の大学の学生の所属する大学と本邦の公私の機関との契約に基づいて行うこととはされていない。

なお，特定活動の告示の別表第四の定める要件は，次のとおりである。

別表第四

一　当該者に対しその在留期間中の住居の提供その他必要な支援を行う体制を整備していること

二　当該者の出入国及び在留に係る十分な管理を行う体制を整備していること

三　当該事業において当該者が講義を行う場所，期間及び報酬を明確に定めていること

（経済連携協定等に基づく看護師候補者又は介護福祉士候補者等の受入れ）

第16号から第24号まで及び第27号から第31号までは，経済連携協定等に基

との契約に基づき当該機関から報酬を受けて，夏期休業等当該大学生に対して授業が行われない期間で，かつ，３か月を超えない期間，小学校，中学校又は高等学校等において，国際文化交流に係る講義を行う活動について，…特定活動告示…に追加した。」（133頁）

づいて入国する看護師又は介護福祉士候補者及びこれらの候補者が看護師又は介護福祉士の資格を取得して当該協定等に基づいて看護師又は介護福祉士としてわが国において在留している場合におけるその家族に関する規定である。

看護師，介護福祉士及びこれらの候補者の受入れは，現在，「経済上の連携に関する日本国とインドネシア共和国との間の協定（平成二十年条約第二号）」（以下「インドネシア協定」という。），「経済上の連携に関する日本国とフィリピン共和国との間の協定（平成二十年条約第十六号）」（以下「フィリピン協定」という。），「平成二十四年四月十八日にベトナム社会主義共和国政府との間で交換が完了した看護師及び介護福祉士の入国及び一時的な滞在に関する書簡のうち日本側書簡」（以下「ベトナム交換公文」という。）[124] に基づいて行われている。

以下，本書においては，インドネシア協定，フィリピン協定又はベトナム交換公文に基づき，看護師の免許を受けることを目的として本邦に入国し在留する者を「看護師候補者」と，介護福祉士となる資格を取得することを目的として本邦に入国し在留する者を「介護福祉士候補者」という。

なお，フィリピン協定及びベトナム交換公文に基づき入国する介護福祉士候補者については，社会福祉士及び介護福祉士法（昭和62年法律第30号）第40条第２項第１号に規定する文部科学大臣及び厚生労働大臣の指定した学校並びに都道府県知事の指定した養成施設（以下「介護福祉士養成施設」という。）に入学するコースが設けられているが，このフィリピン協定又はベトナム交換公文に基づき介護福祉士養成施設に入学する介護福祉士候補者を，特に，「就学介護福祉士候補者」ということとする。[125]

124）平成24年外務省告示第164号の日本側書簡

125）社会福祉士及び介護福祉士法第40条第２項は介護福祉士となる資格を得るための介護福祉士試験の受験資格について定めた規定であり，同項各号のいずれかに該当する者でなければ介護福祉士試験を受けることができないとし，その第１号は，「学校教育法第九十条第一項の規定により大学に入学することができる者（この号の規定により文部科学大臣及び厚生労働大臣の指定した学校が大学である場合において，当該大学が同条第二項の規定により当該大学に入学させた者を含む。）であって，文部科学大臣及び厚生労働大臣の指定した学校又は都道府県知事の指定した養成施設において二年以上介護福祉士として必要な知識及び技能を修得したもの」を定めている。なお，学校教育法第90条第１項は，「大学に入学することのできる者は，高等学校若しくは中等教育学校を卒業した者若しくは通常の課程による十二年の学校教育を修了した者また，インドネシア協定，フィリピン協定又はベトナム交換公文に基づき，保健師助産師看護師法第５条に規定する看護師としての業務に従事する者として本邦に入国し在留するものを，「協定等看護師」と，インドネシア協定，フィリピン協定又はベトナム交換公文に基づき介護福祉士の名称を用いて介護福祉士法第２条第２項に規定する介護等（以下「介護等」という。）の業務に従事する者として本邦に入国し在留するものを，「協定等介護福祉士」ということとする。

（指　針）

フィリピン協定，インドネシア協定及びベトナム交換公文に基づいて入国し在留する者の出入国管理上の取扱いに関しては，それぞれ，「経済上の連携に関する日本国とインドネシア共和国との間の協定の適用を受けるインドネシア人看護師等の出入国管理上の取扱いに関する指針」（平成20年法務省告示第278号。以下「インドネシア人看護師等に関する指針」という。），「経済上の連携に関する日本国とインドネシア共和国との間の協定の適用を受けるインドネシア人看護師等の出入国管理上の取扱いに関する指針の特例を定める件」（平成23年法務省告示第367号。以下「インドネシア人看護師等に関する指針の特例」という。），「経済上の連携に関する日本国とフィリピン共和国との間の協定の適用を受けるフィリピン人看護師等の出入国管理上の取扱いに関する指針」（平成20年法務省告示第506号。以下「フィリピン人看護師等に関する指針」という。），「経済上の連携に関する日本国とフィリピン共和国との間の協定の適用を受けるフィリピン人看護師等の出入国管理上の取扱いに関する指針の特例を定める件」（平成24年法務省告示第159号。以下「フィリピン人看護師等に関する指針の特例」という。），「平成二十四年四月十八日にベトナム社会主義共和国政府との間で交換が完了した看護師及び介護福祉士の入国及び一時的な滞在に関する書簡の適用を受けるベトナム人看護師等の出入国管理上の取扱いに関する指針」（平成24年法務省告示第411号。以下「ベトナム人看護師等に関する指針」という。）

（通常の課程以外の課程によりこれに相当する学校教育を修了した者を含む。）又は文部科学大臣の定めるところにより，これと同等以上の学力があると認められた者とする。」との規定である。

及び「平成二十四年四月十八日にベトナム社会主義共和国政府との間で交換が完了した看護師及び介護福祉士の入国及び一時的な滞在に関する書簡の適用を受けるベトナム人看護師等の出入国管理上の取扱いに関する指針の特例を定める件」（平成29年法務省告示第248号。以下「ベトナム人看護師等に関する指針の特例」という。）に具体的に定められている。[126)]

（第16号）

第16号は，インドネシア協定に基づく看護師候補者に関する規定である。

インドネシア協定附属書十第一編第六節１は，「次の(a)から(d)までの要件を満たすインドネシアの自然人については，一年間（この期間は，更新することができる。ただし，更新は，その都度一年間ずつとし，かつ，二回を超えてはならない。），入国及び一時的な滞在が許可される。」とし，(b)において，「インドネシア政府により指名され，及び日本国政府に対し通報された者であること。」を定め，(d)において，「日本国における一時的な滞在の間に，日本国の法令に基づいて「看護師」としての資格を取得することを目的とする次のいずれかの活動に従事しようとする者であること。」として，次の(i)及び(ii)を定めている。そして，「ただし，これらの活動については，日本国の法令に基づいて病院を設立している日本国にある公私の機関（日本国の法令に従って日本国の厚生労働省によりその活動を行うことについて許可された調整のための機関であって，日本国政府によりインドネシア政府に対し通報されたものが紹介したもの又はそのような機関がない場合には同省が紹介したものに限る。）との間の個人的な契約に基づいて行われることを条件とする。」と定めている。

(i)　日本語の語学研修を含む六箇月間の研修の課程を履修する活動

(ii)　(i)に規定する研修の修了後の，病院における「看護師」の監督の下での研修を通じた必要な知識及び技術を修得する活動

さらに，インドネシア協定附属書十第一編第六節６は，「日本国政府は，

126）この他に，「経済上の連携に関する日本国とインドネシア共和国との間の協定の適用を受けるインドネシア人看護師等の出入国管理上の取扱いに関する指針の特例を定める件」（平成23年法務省告示第367号）及び「経済上の連携に関する日本国とフィリピン共和国との間の協定の適用を受けるフィリピン人看護師等の出入国管理上の取扱いに関する指針の特例を定める件（平成24年法務省告示第159号）も定められている。

1(d)(i)及び2(d)(i)に規定する研修について，様式その他の関連する情報をインドネシア政府に対し通報する。」と規定し，同節8は，同節「1から3までの規定の適用上，インドネシア政府は，次の事項を行う。」とし，その(b)において，当該事項の一つとして「指名されたインドネシアの自然人並びに公私の機関の名称及び住所を，日本国政府が要求する他の情報とともに，外交上の経路を通じて，日本国政府に対し書面により通報すること。」を定めている。

なお，インドネシア協定附属書十第一編第六節2は介護福祉士候補者に関する規定であり，同節3は，協定等看護師及び協定等介護福祉士に関する規定である。したがって，同節6の規定により日本国政府が行う通報の対象には，看護師候補者に係る同節1 d(i)に規定する研修についての情報だけではなく介護福祉士候補者に係る同節2 d(i)に規定する研修についての情報も含まれる。また，同節8(b)の規定に基づく書面（以下「インドネシア協定書面」という。）による通報の対象となる「指名されたインドネシアの自然人並びに公私の機関の名称及び住所」にも，看護師候補者となる者のみならず介護福祉士候補者となる者に係るものが含まれる。

本号の活動の主体は，インドネシア協定書面により通報された者である。

本号の活動は，このような者が，日本の看護師免許を受けることを目的として，

① インドネシア協定附属書第一編第六節6の規定に基づき日本国政府がインドネシア政府に対して通報した本邦の公私の機関（以下「インドネシア協定研修機関」という。）により受け入れられて行う知識の修得をする活動

又は，

② インドネシア協定書面においてその者について指定された本邦の公私の機関との間の雇用契約に基づき同書面においてその者について指定された施設内において，日本の看護師の監督の下で看護師として必要な知識及び技能に係る研修として当該機関の業務に従事する活動

である。

このうち，②は，研修として実際の業務に従事する活動である。なお，研修として当該機関の業務に従事することについては，医療の２の（第２号）の解説を参照。

（第17号）

第17号は，インドネシア協定に基づく介護福祉士候補者に関する規定である。

インドネシア協定附属書十第一編第六節２は，「次の(a)から(d)までの要件を満たすインドネシアの自然人については，一年間（この期間は，更新することができる。ただし，更新は，その都度一年間ずつとし，かつ，三回を超えてはならない。），入国及び一時的な滞在が許可される。」とし，その(b)において，「インドネシア政府により指名され，及び日本国政府に対し通報された者であること。」を，(d)において，「日本国における一時的な滞在の間に，日本国の法令に基づいて「介護福祉士」としての資格を取得することを目的とする次のいずれかの活動に従事しようとする者であること。」として，次の(i)及び(ii)を定め，さらに，「ただし，これらの活動については，日本国の法令に基づいて介護施設を設立している日本国にある公私の機関（日本国の法令に従って日本国の厚生労働省によりその活動を行うことについて許可された調整のための機関であって，日本国政府によりインドネシア政府に通報されたものが紹介したもの又はそのような機関がない場合には同省が紹介したものに限る。）との間の個人的な契約に基づいて行われることを条件とする。」と定めている。

(i)　日本語の語学研修を含む六箇月間の研修の課程を履修する活動

(ii)　(i)に規定する研修の修了後の，介護施設における「介護福祉士」の監督の下での研修を通じた必要な知識及び技術を修得する活動

そして，前述したとおり，日本国政府は，上記インドネシア協定附属書十第一編第六節２(d)(i)に規定する研修についての情報をインドネシア政府に対して通報し，インドネシア政府は，同節２(b)の規定する「指名され」た者をインドネシア協定書面により日本国政府に対して通報することとされている。第16号の解説を参照。

本号の活動の主体は，このインドネシア協定書面により通報された者であ

る。本号の活動は，インドネシア協定書面により通報された者が，日本の介護福祉士となる資格を取得することを目的として行う次の活動である。

① インドネシア協定研修機関により受け入れられて行う知識の修得をする活動

又は，

② インドネシア協定書面においてその者について指定された本邦の公私の機関との間の雇用契約に基づき，インドネシア協定書面においてその者について指定された施設内において，日本の介護福祉士の監督の下で介護福祉士として必要な知識及び技能に係る研修として当該機関の業務に従事する活動

である。上記①及び②の活動について，第16号の解説を参照。

なお，本号の活動は，「インドネシア協定書面においてその者について指定された施設内において」行うことが要件とされている。

（第18号）

第18号は，インドネシア協定に基づく協定等看護師の家族に関する規定である。[127)]

本号の活動に該当するものとして入国することができるのは，当該協定等看護師の扶養を受ける配偶者又は子であるが，「家族滞在」の在留資格の場合と異なり，当該協定等看護師と同居することが要件とされている。

「扶養を受ける配偶者又は子として行う日常的な活動」については，家族滞在の在留資格の解説を参照。

（第19号）

第19号は，インドネシア協定に基づく協定等介護福祉士の家族に関する規定である。[128)]

127）看護師候補者が看護師国家試験に合格し，厚生労働大臣の免許を受けて協定等看護師としての活動を行おうとする場合は，原則として，在留資格の変更の手続を経て新たな活動の指定をした許可を受ける（インドネシア人看護師等に関する指針第五の三２㈠）。なお，インドネシア協定附属書十第一編第六節３の注釈を参照。

128）介護福祉士候補者が介護福祉士試験に合格し，介護福祉士資格を取得して協定等介護福祉士としての活動を行おうとする場合も，原則として，在留資格の変更手続を経て新たな活動の指定をした許可を受ける（インドネシア人看護師等に関する指針第五の四２㈠）。

協定等看護師に係る第18号の場合と同様，当該協定等介護福祉士と同居することが要件とされている。

「扶養を受ける配偶者又は子として行う日常的な活動」については，家族滞在の１の解説を参照。

（第20号）

第20号は，フィリピン協定に基づく看護師候補者に関する規定である。

フィリピン協定附属書八第一部第六節１は，日本における一時的な滞在の間に，その(a)に定められている「日本の看護師としての資格を取得することを目的とする次の(i)及び(ii)の活動」に従事するフィリピンの自然人で一定の要件に適合するものについては，入国及び一時的な滞在が許可されることを定めている。

フィリピン協定附属書八第一部第六節１(a)の(i)及び(ii)の活動は，次のとおりであるが，「ただし，これらの活動については，日本国の法令に基づき病院を設立している公私の機関であって，日本国にあるもの（日本国の法令に従って日本国の権限のある当局によりその活動を行うことについて許可された調整のための機関であって，日本国政府によりフィリピン政府に通報されたものが紹介したもの又はそのような調整のための機関がない場合には日本国の権限のある当局が紹介したものに限る。）との個人的な契約に基づいて行われることを条件とする。」（フィリピン協定附属書八第一部第六節１(a)）とされている。

(i)　日本語の語学研修を含む六箇月間の研修の課程であって，実施取極に規定するものの履修

(ii)　当該研修の修了後，看護師の監督の下での研修を通じた当該病院における必要な知識及び技術の修得

また，このフィリピンの自然人は，実施取極に従ってフィリピン政府により指名され，及び日本国政府に通報された者に限ることとされている（フィリピン協定附属書八第一部第六節１の柱書の括弧書の規定）。

そして実施取極については，フィリピン協定第12条が，「両締約国政府は，この協定を実施するための詳細及び手続を定める別の取極（以下「実施取極」という。）を締結する」と定めており，「経済上の連携に関する日本国とフィ

リピン共和国との間の協定第十二条に基づく日本国政府とフィリピン共和国政府との間の実施取極」（以下「フィリピン実施取極」という。）第９条１は「基本協定附属書八第一部第六節１及び２の規定の適用上，フィリピン政府は，同節１及び２に定める条件を満たすフィリピンの自然人であって，フィリピンの権限のある当局によって実施された募集課程を経たもののみを指名し，及び日本国政府に対し口上書によって通報する。フィリピン政府は，同節１(a)，(b)及び２に規定する公私の機関並びに同節１(c)に規定する公私の養成のための施設の名称及び住所並びに日本国政府が必要とする他の情報を付して，前段の通報を行う。」と定めている。また，フィリピン実施取極第10条は，「日本国政府は，基本協定附属書八第一部第六節１(a)(i)，(b)(i)及び(c)(i)に規定する研修について，様式その他の関連する情報及びこの研修が日本国で行われるか又はフィリピンで行われるかをフィリピン政府に通報する。」と定めている。

なお，フィリピン協定附属書八第一部第六節１は，(a)において看護師候補者に係る活動を，(b)において介護福祉士候補者（就学介護福祉士候補者を除く。）に係る活動を，また，(c)において就学介護福祉士候補者に係る活動を定めている。また，同節２は，協定等看護師及び協定等介護福祉士に関する規定である。したがって，フィリピン実施取極第９条に基づく口上書（以下「フィリピン協定口上書」という。）による通報の対象となるフィリピン政府の指名する者には，看護師候補者となる者のほか，介護福祉士候補者（就学介護福祉士候補者を含む。）も含まれる。また，フィリピン実施取極第10条に基づき日本国政府が行う通報の対象にも，看護師候補者に係るフィリピン協定附属書八第一部第六節１(a)(i)に規定する研修のほか，介護福祉士候補者（就学介護福祉士候補者を除く。）に係る同節１(b)(i)に規定する研修及び就学介護福祉士候補者に係る同節１(c)(i)に規定する研修についての情報が含まれる。

本号の活動の主体は，上記のフィリピン協定口上書により通報された者である。

本号の活動は，このフィリピン協定口上書により通報された者が，日本の看護師免許を受けることを目的として行う次の活動である。

① フィリピン実施取極第10条に基づき日本国政府がフィリピン共和国政府に対して通報した本邦の公私の機関（以下「フィリピン協定研修機関」という。）により受け入れられて行う知識の修得をする活動

又は，

② フィリピン協定口上書においてその者について指定された本邦の公私の機関との間の雇用契約に基づき，当該フィリピン協定口上書においてその者について指定された施設内において，看護師の監督の下で看護師として必要な知識及び技能に係る研修として当該機関の業務に従事する活動

上記①及び②の活動について，第16号の解説を参照。

（第21号）

フィリピン協定に基づく介護福祉士候補者のうち就学介護福祉士候補者以外の介護福祉士候補者に関する規定である。

フィリピン協定附属書八第一部第六節１は，日本における一時的な滞在の間に，その(b)に定められている日本の介護福祉士としての資格を取得することを目的とする次の(i)及び(ii)の活動に従事するフィリピンの自然人で一定の要件に適合するものについては，入国及び一時的な滞在が許可されると定めている。

フィリピン協定附属書八第一部第六節１(b)の(i)及び(ii)の活動は，次のとおりであるが，「ただし，これらの活動については，日本国の法令に基づき介護施設を設立している公私の機関であって，日本国にあるもの（日本国の法令に従って日本国の権限のある当局によりその活動を行うことについて許可された調整のための機関であって，日本国政府によりフィリピン政府に通報されたものが紹介したもの又はそのような調整のための機関がない場合には日本国の権限のある当局が紹介したものに限る。）との個人的な契約に基づいて行われることを条件とする。」（フィリピン協定附属書八第一部第六節１(b)）とされている。

(i) 日本語の語学研修を含む六箇月間の研修の課程であって，実施取極に規定するものの履修

(ii) 当該研修の修了後，介護福祉士の監督の下での研修を通じた当該介護

施設における必要な知識及び技術の修得

また，このフィリピンの自然人は，実施取極に従ってフィリピン政府により指名され，及び日本国政府に通報された者に限ることとされている（フィリピン協定附属書八第一部第六節１の柱書の括弧書の規定）。

そして，前述したとおり，フィリピン実施取極第９条１に基づき，フィリピン政府は，フィリピン協定附属書八第一部第六節１に定める条件を満たすフィリピンの自然人であって，フィリピンの権限のある当局によって実施された募集課程を経たものを指名し，フィリピン協定口上書により日本国政府に対して通報することとされており，この中には，日本において同節１(b)に従事する者（介護福祉士候補者（就学介護福祉士候補者を除く。）となる者）も含まれる。また，フィリピン実施取極第10条に基づき，日本国政府は，同節１(b)(i)に規定する研修についての情報等をフィリピン政府に通報することとされている。第20号の解説を参照。

本号の活動の主体も，上記フィリピン協定口上書により通報された者であり，本号の活動は，フィリピン協定口上書により通報された者が，介護福祉士資格を取得することを目的として行う次の活動である。

① フィリピン協定研修機関により受け入れられて行う知識の修得をする活動

又は，

② フィリピン協定口上書においてその者について指定された本邦の公私の機関との間の雇用契約に基づき，当該フィリピン協定口上書においてその者について指定された施設内において，介護福祉士の監督の下で介護福祉士として必要な知識及び技能に係る研修として当該機関の業務に従事する活動

なお，第16号及び第17号の解説を参照。

（第22号）

第22号は，フィリピン協定に基づく就学介護福祉士候補者に関する規定である。

フィリピン協定附属書八第一部第六節１は，日本における一時的な滞在の

間に，その(c)において定める日本の介護福祉士としての資格を取得することを目的とする次の(i)及び(ii)の活動に従事するフィリピンの自然人で一定の要件に適合するものについては，入国及び一時的な滞在が許可されることを定めている。

フィリピン協定附属書八第一部第六節１(c)の定める(i)及び(ii)の活動は，次のとおりであるが，「ただし，これらの活動については，日本国にある公私の介護福祉士の養成のための施設であって日本国の法令に基づくものへの入学の許可に基づいて行われることを条件とする。」（フィリピン協定附属書八第一部第六節１(c)）と定められている。

(i)　日本語の語学研修を含む六箇月間の研修の課程であって，実施取極に規定するものの履修

(ii)　当該研修の修了後，当該養成のための施設における必要な知識及び技術の修得。この場合において，当該養成のための施設における養成の課程の期間は，四年を超えないものとする。

また，このフィリピンの自然人は，実施取極に従ってフィリピン政府により指名され，及び日本国政府に通報された者に限ることとされている（フィリピン協定附属書八第一部第六節１の柱書の括弧書の規定）。

そして，前述したとおり，フィリピン実施取極第９条１に基づき，フィリピン政府は，フィリピン協定附属書八第一部第六節１に定める条件を満たすフィリピンの自然人であって，フィリピンの権限のある当局によって実施された募集課程を経たものを指名し，フィリピン協定口上書により日本国政府に対して通報することとされており，この中には，日本において同節１(c)に従事する者（就学介護福祉士候補者となる者）も含まれる。また，日本国政府は，同節１(c)(i)に規定する研修についての情報等をフィリピン政府に通報することとされている。第20号の解説を参照。

本号の活動の主体は，このフィリピン協定口上書により通報された者であり，本号の活動は，フィリピン協定口上書により通報された者が，介護福祉士資格を取得することを目的として行う次の活動である。

①　フィリピン協定研修機関により受け入れられて行う知識の修得をする

活動

又は，

② フィリピン協定口上書においてその者について指定された社会福祉士及び介護福祉士法第40条第2項第1号に規定する文部科学大臣及び厚生労働大臣の指定した学校並びに都道府県知事の指定した養成施設（以下「介護福祉士養成施設」という。）において介護福祉士として必要な知識及び技能を修得する活動

（第23号・第24号）

第23号は，フィリピン協定に基づく協定等看護師の配偶者及び子に関する規定であり，インドネシア協定に基づく協定等看護師の配偶者及び子に関する第18号と同様の規定である。

また，第24号は，フィリピン協定に基づく協定等介護福祉士の配偶者及び子に関する規定であり，インドネシア協定に基づく協定等介護福祉士の配偶者及び子に関する第19号と同様の規定である。

いずれの場合も，協定等看護師又は協定等介護福祉士と「同居」することが要件とされている。第18号及び第19号の解説を参照。

（第27号）[129)]

第27号は，ベトナム交換公文に基づく看護師候補者に関する規定である。

ベトナム交換公文1は，一定の要件を満たすベトナムの自然人で，日本国における一時的な滞在の間に，その(a)において定める，国家試験に合格することにより日本の看護師の資格を取得することを目的とする次の(i)及び(ii)の活動に従事しようとする者については，一定の期間，入国及び一時的な滞在が許可されることを定めている。ベトナム交換公文1(a)の定める(i)及び(ii)の活動は，次のとおりである。

(i) (ii)の活動のための準備の課程を履修する活動

(ii) 病院における日本国の看護師の監督の下での研修を通じた必要な知識及び技術を修得する活動，ただし，当該活動が日本国の法令に基づいて

129) 第25号及び第26号は，経済連携協定等に基づく受入れに係る規定ではないことから，第31号までの解説の後で解説をすることとする。

当該病院を設立している日本国にある公私の機関（11(a)(i)に規定する日本国の調整のための機関が紹介したものに限る。）との間の雇用契約に基づいて行われることを条件とする。

また，ベトナム交換公文5は，「1又は3の規定に基づき入国及び一時的な滞在を許可されるベトナムの自然人の日本への入国に際し，ベトナム政府は，当該ベトナムの自然人に関する情報，1(a)(ii)，1(b)(ii)，3(a)若しくは3(b)に規定する日本国にある公私の機関又は1(c)(ii)に規定する養成のための施設の名称及び住所並びに日本国政府が要求する他の必要な情報を，外交上の経路を通じて，日本国政府に対し書面により通報する。」と定めている。さらにベトナム交換公文1の注釈は，「日本国政府は，(a)から(c)までに規定する活動について，様式その他の関連する情報をベトナム政府に対し通報する。」としている。

なお，ベトナム交換公文1は，(a)において看護師候補者に係る活動を，(b)において介護福祉士候補者（就学介護福祉士候補者を除く。）に係る活動を，また，(c)において就学介護福祉士候補者に係る活動を定めている。また，ベトナム交換公文2は滞在期間に関する規定であり，ベトナム交換公文3は協定等看護師及び協定等介護福祉士に関する規定である。したがって，ベトナム交換公文5の規定に基づく書面（以下「ベトナム交換公文書面」という。）による通報の対象となるベトナムの自然人には，看護師候補者となる者のほか，介護福祉士候補者（就学介護福祉士候補者を含む。）となる者も含まれる。また，ベトナム交換公文1の注釈にある日本国政府の通報の対象にも，看護師候補者に係る(a)に規定する活動のほか，介護福祉士候補者（就学介護福祉士候補者を除く。）に係る(b)に規定する活動及び就学介護福祉士候補者に係る(c)に規定する活動についての情報が含まれる。

本号の活動の主体は，このベトナム交換公文書面により通報された者である。

本号の活動は，ベトナム交換公文書面により通報された者が，看護師免許を受けることを目的として行う次の活動である。

① ベトナム交換公文1注釈の規定に基づき日本国政府がベトナム社会主

義共和国政府に対して通報した本邦の公私の機関（以下「ベトナム交換公文研修機関」という。）により受け入れられて行う知識の修得をする活動

又は，

② ベトナム交換公文書面においてその者について指定された本邦の公私の機関との間の雇用契約に基づき当該ベトナム交換公文書面においてその者について指定された施設内において，看護師の監督の下で看護師として必要な知識及び技能に係る研修として当該機関の業務に従事する活動

なお，上記①及び②の活動について，第16号の解説を参照。

（第28号）

第28号は，ベトナム交換公文に基づく介護福祉士候補者のうちで就学介護福祉士候補者以外の介護福祉士候補者に関する規定である。

ベトナム交換公文１は，一定の要件を満たすベトナムの自然人で，日本国における一時的な滞在の間に，その(b)において定める，国家試験に合格することにより日本の介護福祉士としての資格を取得することを目的とする次の(i)及び(ii)の活動に従事しようとする者については，一定の期間，入国及び一時的な滞在が許可されることを定めている。ベトナム交換公文１(b)の定める(i)及び(ii)の活動は，次のとおりである。

(i) (ii)の活動のための準備の課程を履修する活動

(ii) 介護施設における日本国の介護福祉士の監督の下での研修を通じた必要な知識及び技術を修得する活動，ただし，当該活動が日本国の法令に基づいて当該介護施設を設立している日本国にある公私の機関（11(a)(i)に規定する日本国の調整のための機関が紹介したものに限る。）との間の雇用契約に基づいて行われることを条件とする。

そして前述したとおり，ベトナム交換公文書面による通報の対象となるベトナムの自然人には，介護福祉士候補者（就学介護福祉士候補者を除く。）となる者も含まれ，また，ベトナム交換公文１の注釈による日本国政府の通報の対象にも，介護福祉士候補者（就学介護福祉士候補者を除く。）に係るベトナム交換公文１(b)に規定する活動に係る情報も含まれる。

本号の活動の主体も，このベトナム交換公文公文書面により通報された者であり，本号の活動は，ベトナム交換公文書面により通報された者が，介護福祉士資格を取得することを目的として行う次の活動である。

① ベトナム交換公文研修機関により受け入れられて行う知識の修得をする活動

又は，

② ベトナム交換公文書面においてその者について指定された本邦の公私の機関との間の雇用契約に基づき当該ベトナム交換公文書面においてその者について指定された施設内において，介護福祉士の監督の下で介護福祉士として必要な知識及び技能に係る研修として当該機関の業務に従事する活動

上記①及び②の活動について，第16号及び第17号の解説を参照。

（第29号）

第29号は，ベトナム交換公文に基づく就学介護福祉士候補者に関する規定である。

ベトナム交換公文１は，一定の要件を満たすベトナムの自然人で，日本国における一時的な滞在の間に，その(c)に定める，国家試験に合格することにより日本の介護福祉士としての資格を取得することを目的とする次の(i)及び(ii)の活動に従事しようとする者については，一定の期間，入国及び一時的な滞在が許可されることを定めている。ベトナム交換公文１(c)の定める(i)及び(ii)の活動は，次のとおりである。

(i) (ii)の活動のための準備の課程を履修する活動

(ii) 日本国の法令に基づいて日本国にある公私の機関（11(a)(i)に規定する日本国の調整のための機関が紹介したものに限る。）によって設立された日本国の介護福祉士の養成のための施設における養成を通じた必要な知識及び技術を修得する活動。ただし，当該活動が当該養成のための施設への入学の許可に基づいて行われること及び当該養成のための施設における養成の課程の期間が四年を超えないことを条件とする。

そして前述したとおり，ベトナム交換公文書面による通報の対象となるべ

トナムの自然人には，就学介護福祉士候補者となる者も含まれ，また，ベトナム交換公文1の注釈による日本国政府の通報の対象にも，就学介護福祉士候補者に係るベトナム交換公文1(c)に規定する活動に係る情報も含まれる。

本号の活動の主体も，このベトナム交換公文公文書面により通報された者であり，本号の活動は，ベトナム交換公文書面により通報された者が，介護福祉士資格を取得することを目的として行う次の活動である。

① ベトナム交換公文研修機関により受け入れられて行う知識の修得をする活動

又は，

② ベトナム交換公文書面においてその者について指定された介護福祉士養成施設において介護福祉士として必要な知識及び技能を修得する活動

(第30号・第31号)

第30号は，ベトナム交換公文に基づく協定等看護師の配偶者及び子に関する規定であり，インドネシア協定に基づく協定等看護師の配偶者及び子に関する第18号と同様の規定である。

また，第31号は，ベトナム交換公文に基づく協定等介護福祉士の配偶者及び子に関する規定であり，インドネシア協定に基づく協定等介護福祉士の配偶者及び子に関する第19号と同様の規定である。

(第25号)

第25号及び第26号は，日本において医療を受ける者とその者の日常生活上の世話をする者に係る規定である。

これらの規定は，平成22年6月18日に閣議決定された新成長戦略に基づき国際医療交流の推進を目的として平成22年法務省告示第622号による特定活動の告示の改正によって新設された。[130)]

---

130) 平成22年6月18日に閣議決定された「新成長戦略～「元気な日本」復活のシナリオ～」において，「アジアで急増する医療ニーズに対し，最先端の機器による診断やがん・心疾患等の治療，滞在型の慢性疾患管理など日本の医療の強みを提供しながら，国際交流と更なる高度化につなげる。そのため，いわゆる「医療滞在ビザ」を設置し，査証・在留資格の取扱を明確化して渡航回数，期限等を弾力化する…などの規制緩和を行う。」(40頁) とされた。

なお，この改正の趣旨について，「平成23年版入管白書」には，「今回の改正は，この「新成長戦略」に基づき，我が国の医療機関に入院して医療を受けるため長期間在留しようとする外第25号は，従来は，わが国で医療を受けるため入国した外国人は，通常，「短期滞在」の在留資格で入国し在留していたが，在留できる期間が足りない場合があるということなどから新設された規定である。[131)]

本号の活動には，「病院又は診療所に入院し疾病又は傷害について医療を受ける活動」のほか，「当該入院の前後に当該疾病又は傷害について継続して医療を受ける活動」も含まれる。

（第26号）

第26号は第25条の活動を指定されて「特定活動」の在留資格をもって在留する外国人の日常生活上の世話をする者，いわゆる付添い人に関する規定である。

日常生活上の世話をする対象となる外国人は，親族等には限られない。

なお，括弧書の規定により，本号の活動には就労活動に該当する活動は含まれないので報酬を受けて本号の活動を行うことはできない。

（第32号・第35号）

第32号は外国人建設就労者，第35号は外国人造船就労者についての活動を，定めたもので，それぞれ，平成26年法務省告示第460号，平成27年法務省告示第62号による特定活動の告示の改正により新設されたものである。[132)] なお，

国人患者及びその付添人について，在留資格「特定活動」による入国・在留を可能とする措置等を講ずるためのものであり，外務省において新たに創設された「医療滞在ビザ」と合わせて」（64頁）行われたものである旨記載されている。

131）「平成23年版入管白書」には，「我が国で医療を受けようとする外国人は，従来，「短期査証（ビザ）」を取得し，在留資格「短期滞在」により入国するのが通例であったため，医療目的のビザがないため分かりにくいとか，長期間医療を受ける場合に日数が足りないといった指摘・要望があった。」（64頁）と記載されている。

132）「平成27年版入管白書」には，「建設・造船分野における緊急的・時限的措置」として，次のとおり記載されている（88頁）。

「復興事業の更なる加速化や2020年東京オリンピック・パラリンピック競技大会の関連施設整備等による当面の一時的な建設需要の増大に対応するため，建設分野における外国人材の活用に係る緊急措置を検討する閣僚会議（平成26年４月４日）において，国内での人材確保に最大限努めることを基本とした上で，当面の緊急措置として，特別な監理体制の下で，建設分野での技能実習を修了した外国人について，「特定活動」の在留資格により，原則として最大２年間（技能実習終了後，本国に１年以上帰国していた者は最大３年間），我が国で建設業務に従事することを認めることとした。

これを受けて，平成26年８月に本措置の具体的な内容を定める「外国人建設就労者受入事業に関する告示」（国土交通省告示）が公示され，27年１月から優良な監理団体等の認定事務を開始し，同年４月から本措置の対象となる外国人建設就労者の受入れを行っている。

施行日はいずれも平成27年4月1日である。

外国人建設就労者については，震災復興，東京オリンピック・パラリンピック競技大会に係る建設需要に的確に対応するため，緊急かつ時限的な措置として即戦力となる技能労働者の入国を認めるものである。外国人造船就労者については，建設業と人材の相互流動が大きい造船業において同様の措置を講じたものである。

それぞれ，外国人建設就労者受入事業に関する告示（平成26年国土交通省告示第822号）及び外国人造船就労者受入事業に関する告示（平成26年国土交通省告示第1099号）により，国土交通大臣が認定した適正監理計画に基づく特別の監理体制が講じられる。なお，建設就労者については特定監理団体による団体監理型のみであるのに対し，造船就労者については特定監理団体による団体監理型に加え，企業単独型も認められている。この場合は，国土交通大臣が認定した企業単独型適正監理計画に基づいて特別の監理体制が講じられる。

第32号の活動は，本邦の公私の機関が策定し，外国人建設就労者受入事業に関する告示に基づいて国土交通大臣が認定した適正監理計画に基づき，当該機関との雇用契約に基づいて建設業務に従事する活動である。

また，第35号の活動は，本邦の公私の機関が策定し，外国人造船就労者受入事業に関する告示に基づいて国土交通大臣が認定した適正監理計画又は企業単独型適正監理計画に基づき，当該機関との雇用契約に基づいて造船業務に従事する活動である。

これらの国土交通省告示はいずれも令和3年3月31日限りで効力を失っているところ，外国人建設就労者受入事業に関する告示の失効の際，現に国土交通大臣の認定を受けた適正監理計画に基づき就労を開始している外国人建設就労者については，外国人建設就労者受入事業に関する告示が，また，外

また，建設業との間で人材の相互流動が大きい造船業についても，「「日本再興戦略」改訂2014」において，建設業と同様の緊急かつ時限的措置を講じることとされたため，平成26年12月に本措置の具体的な内容を定める「外国人造船就労者受入事業に関する告示」（国土交通省告示）が公示され，27年1月から優良な監理団体等の認定事務を開始し，同年4月から本措置の対象となる外国人造船就労者の受入れを行っている。

なお，これらの受入事業は，平成32年度までの時限措置とされている。」

国人造船就労者受入事業に関する告示の失効の際，現に国土交通大臣の認定を受けた適正監理計画及び企業単独型適正監理計画に基づいて就労を開始している外国人造船就労者については，外国人造船就労者受入事業に関する告示が，平成35（令和５）年３月31日までの間は，なおその効力を有するものとされている（外国人建設就労者受入事業に関する告示の附則の第一の二，外国人造船就労者受入事業に関する告示の附則の第一の二）。

（第33号・第34号）

第33号及び第34号は，いずれも「高度専門職」の在留資格をもって在留する外国人に係る優遇措置の一つであり，当該在留資格の新設に併せて平成26年法務省告示第573号による特定活動の告示の改正により新設されたものである。「高度専門職」の在留資格をもって在留する外国人に係る優遇措置としては，他に，既に説明した家事使用人（第２号から第２号の３まで）がある。

第33号は，「高度専門職」の在留資格をもって在留する外国人のいわゆる就労する配偶者に係る活動であり，活動の内容は，特定活動の告示の別表第五に掲げるいずれかの活動であるが，当該配偶者が当該高度専門職外国人と同居するものであることが必要とされているほか，本邦の公私の機関との契約に基づいて行うこと及び日本人が従事する場合に受ける報酬と同等額以上の報酬を受けて行うことが要件とされている。

特定活動の告示の別表第五は，次のとおりである。

別表第五

一　研究を行う業務に従事する活動

二　本邦の小学校（義務教育学校の前期課程を含む。），中学校（義務教育学校の後期課程を含む。），高等学校，中等教育学校，特別支援学校，専修学校又は各種学校若しくは設備及び編制に関してこれに準ずる教育機関において語学教育その他の教育をする活動

三　自然科学若しくは人文科学の分野に属する技術若しくは知識を必要とする業務又は外国の文化に基盤を有する思考若しくは感受性を必要とする業務に従事する活動（法別表第一の二の表の研究の項，教育の項及び興行の項の下欄に掲げる活動を除く。）

四　興行に係る活動以外の芸能活動で次に掲げるもののいずれかに該当するもの

イ　商品又は事業の宣伝に係る活動

ロ　放送番組（有線放送番組を含む。）**又は映画の製作に係る活動**

ハ　商業用写真の撮影に係る活動

ニ　商業用のレコード，ビデオテープその他の記録媒体に録音又は録画を行う活動

このうち，第１号に定められている活動は「研究」の在留資格に対応する活動とほぼ同じであるが「研究」の在留資格に対応する活動に付されている括弧書き（一の表の教授の項の下欄に掲げる活動を除く。）が付されていないので，本邦の公私の機関との契約に基づいて日本人が従事する場合に受ける報酬と同等額以上の報酬を受けて行う研究を行う業務に従事する活動であれば，「教授」の在留資格に該当する活動であっても差し支えない。

第２号に定められている活動は，「教育」の在留資格に対応する活動と同様である。

第３号に定められている活動は，「技術・人文知識・国際業務」の在留資格に対応する活動とほぼ同じであるが，末尾の括弧書きの規定が「技術・人文知識・国際業務」の在留資格に対応する活動の場合とは異なる。「技術・人文知識・国際業務」に対応する活動の場合は，「教授」「芸術」「報道」「経営・管理」「法律・会計業務」「医療」「研究」「教育」「企業内転勤」「介護」「興行」の在留資格に対応する活動が除外されているが，第３号の括弧書きの規定により除外されている活動は，「研究」「教育」「興行」の在留資格に対応する活動だけである。「研究」「教育」の在留資格に対応する活動は，第１号及び第２号に定められており，「興行」の在留資格に対応する活動も，興行に係る活動及び第４号のイ，ロ，ハ，ニのいずれにも該当しないものを除いて第４号に定められていることから，自然科学若しくは人文科学の分野に属する技術若しくは知識を必要とする業務又は外国の文化に基盤を有する思考若しくは感受性を必要とする業務に従事する活動が，ほとんど全て，第

33号の活動に含まれることとなる。

第４号に定められている活動は，「興行」の在留資格に対応する活動のうち興行に係る活動以外の芸能活動で，「興行」の在留資格に係る基準に適合するものである。

したがって，別表第五に掲げられている活動は，一部を除いてほぼ全ての就労資格に対応する活動である。ただし，第33号に対応する活動を本邦において行おうとする活動として上陸許可を申請した外国人は，上陸のための条件として上陸許可基準に適合することは求められない（ただし，上記のとおり，興行に係る活動以外の芸能活動に従事する場合については，事実上，「興行」の在留資格に係る上陸許可基準に適合することが必要とされている。また，本邦の公私の機関との契約に基づいて日本人が受ける報酬と同等額以上の報酬を受けて行うことは，常に求められる。）。

高度専門職外国人の配偶者で当該高度専門職外国人と同居する者が，上陸許可基準の一部（学歴，経験等に係る基準）に適合していなくても，本邦の公私の機関との契約に基づいて，日本人が従事する場合に受ける報酬と同等額以上の報酬を受けて，時間制限なくフルタイムで就労することができることに実益がある。

なお，高度専門職外国人の扶養を受ける配偶者として行う日常的な活動は「家族滞在」の在留資格に該当し，このような活動を行う外国人は「家族滞在」の在留資格で在留することができ，さらに，「家族滞在」の在留資格をもって在留する配偶者が資格外活動許可を受け，当該許可の条件の下で就労することも妨げられない。

次に，第34号は，高度専門職外国人又はその配偶者の父母に係る活動である。

次の要件に適合する高度専門職外国人の父母又はその配偶者の父母が対象となるが，以下のことが必要である。

① 当該高度専門職外国人の申請の時点における世帯年収が800万円以上であること

② 本号の活動の指定を受けて在留する当該高度専門職外国人の父母又は

その配偶者の父母は当該高度専門職外国人と同居する者であること

③　当該高度専門職外国人の父母又はその配偶者の父母は，次のいずれかを行う者であること

(a)　当該高度専門職外国人と同居して当該高度専門職外国人又はその配偶者の7歳未満の子を養育すること

(b)　当該高度専門職外国人と同居して当該高度専門職外国人の妊娠中の配偶者又は妊娠中の当該高度専門職外国人に対し介助，家事その他の必要な支援をすること

第34号の活動は，上記③の(a)又は(b)を行う①の要件に適合する高度専門職外国人の②の要件に適合する父若しくは母又はその配偶者の父若しくは母として行う日常的活動である。

ただし，当該「高度専門職」の在留資格をもって在留する外国人又はその配偶者のいずれか一方の父又は母に限られ，当該「高度専門職」の在留資格をもって在留する外国人とその配偶者の双方の父又は母が，この規定により在留することはできない。

（第36号から第39号まで）

第36号から第38号までは，かつて構造改革特別区域において講じられてきた外国人研究者受入促進事業，外国人情報処理技術者受入促進事業を全国的に実施するための措置として平成18年法律第43号により「特定活動」の在留資格に対応する別表下欄のイからハまでとして規定されていたものである。1の（改正の経緯）の説明を参照。また，第39号はこれに伴う特定活動の告示第11号として規定されていたものである。

平成26年法律第74号による改正で「高度専門職」の在留資格が新設されたことにより，「特定活動」の在留資格に対応する別表第一の五の表の下欄のイ及びロは「高度専門職」に，同欄のハは「高度専門職」の在留資格に係る「家族滞在」の在留資格に，それぞれ実質的に吸収されることとなったが，地域再生法に基づく地域再生計画において活用されている事例もあることから，平成27年法務省告示第62号による特定活動の告示の改正により，特定活動の告示に引き続き規定することとされたものである。

第36号の活動は，本邦の公私の機関との契約に基づいて当該機関の施設において高度の専門的知識を必要とする特定の分野に関する研究，研究の指導若しくは教育をする活動（教育については，大学若しくはこれに準ずる機関又は高等専門学校においてするものに限られる。）又は当該活動と併せて当該特定の分野に関する研究，研究の指導若しくは教育と関連する事業を自ら経営する活動である。

ただし，本邦の公私の機関は，次の特定活動の告示の別表第六に定められている要件に該当する事業活動を行う機関であって，法務大臣が指定するものに限られる。

特定活動の告示の別表第六は，次のとおりである。

別表第六

一　高度な専門的知識を必要とする特定の分野に関する研究（以下「特定研究」という。）を目的とするものであること。

二　特定研究を行う本邦の公私の機関（以下「特定研究機関」という。）が，当該特定研究に必要な施設，設備その他の研究体制を整備して行うものであること。

三　特定研究の成果が，当該特定研究機関若しくはこれと連携する他の機関の行う特定研究若しくはこれに関連する産業に係る事業活動に現に利用され，又は当該利用が相当程度見込まれるものであること。

四　申請人の在留に係る十分な管理体制を整備して行うものであること。

第37号の活動は，本邦の公私の機関との契約に基づいて当該機関の事業所（当該機関から派遣労働者として他の機関に派遣される場合にあっては，当該他の機関の事業所）において自然科学又は人文科学の分野に属する技術又は知識を要する情報処理に係る業務に従事する活動である。

ただし，申請者は，次の特定活動の告示の別表第七に定められている要件のいずれにも該当する者であることを必要とするが，別表第七は，「技術・人文知識・国際業務」の在留資格に係る上陸許可基準のうち，外国の文化に基盤を有する思考又は感受性を必要とする業務に従事する活動に係る部分を除くものとほぼ同様である。

特定活動の告示の別表第七は，次のとおりである。

別表第七

一　従事する業務について，次のいずれかに該当し，これに必要な技術又は知識を修得していること。ただし，申請人が出入国管理及び難民認定法第七条第一項第二号の基準を定める省令の技術・人文知識・国際業務の在留資格に係る基準の特例を定める件（平成二十五年法務省告示第四百三十七号）**に定める試験に合格し又は資格を有している場合は，この限りでない。**

イ　当該技術若しくは知識に関連する科目を専攻して大学を卒業し，又はこれと同等以上の教育を受けたこと。

ロ　当該技術又は知識に関連する科目を専攻して本邦の専修学校の専門課程を修了（当該修了に関し出入国管理及び難民認定法第七条第一項第二号の基準を定める省令の専修学校の専門課程の修了に関する要件を定める件（平成二十三年法務省告示第三百三十号）の二のイ又はロのいずれかに該当する場合に限る。）**したこと。**

ハ　十年以上の実務経験（大学，高等専門学校，高等学校，中等教育学校の後期課程又は専修学校の専門課程において当該技術又は知識に関連する科目を専攻した期間を含む。）**を有すること。**

二　日本人が従事する場合に受ける報酬と同等額以上の報酬を受けること。

また，本邦の公私の機関は，次の特定活動の告示別表第八に定められている要件に該当する事業活動を行う機関であって，法務大臣が指定するものに限られる。

別表第八

一　情報処理に関する産業に属するもの（情報処理に係る業務について行う労働者派遣法第二条第三号に規定する労働者派遣事業に係るものを含む。以下「情報処理事業活動等」という。）**であること。**

二　情報処理事業活動等を行う本邦の公私の機関（以下「情報処理事業等機

関」という。）が，情報処理に関する外国人の技術又は知識を活用するために必要な施設，設備その他の事業体制を整備して行うもの（当該情報処理事業等機関が労働者派遣法第二十三条第一項に規定する派遣元事業主である場合にあっては，労働者派遣法第三十条の二第一項に規定する派遣先が当該事業体制を整備するように必要な措置を講じて行うもの）であること。

三　申請人の在留に係る十分な管理体制を整備して行うものであること。

第38号は，第36号又は第37号に掲げる活動を指定されて在留する者の扶養を受ける配偶者又は子として行う日常的な活動であり，「家族滞在」の在留資格と同様の活動である。

第39号は，第36号又は第37号に掲げる活動を指定されて在留する者と同居し，かつ，その者の扶養を受けるその者の父若しくは母又は配偶者の父若しくは母として行う日常的な活動であり，前述したとおり，平成27年告示第62号による改正前は第11号に規定されていた。

なお，第39号の対象となる第36号又は第37号の活動を指定されて在留する者の父若しくは母又は配偶者の父若しくは母は，外国において，当該第36号又は第37号の活動を指定されて在留する者と同居し，かつ，その扶養を受けていた者であって，当該第36号又は第37号の活動を指定されて在留する者と共に本邦に転居するものに限られる。

（第40号・第41号）

第40号及び第41号は，いわゆるロングステイに係るものであり，平成27年法務省告示第341号による特定活動の告示の改正により新設されたものである。[133)]

133）「平成27年版入管白書」には，「外国人富裕層の長期滞在を可能とするための措置」として，次のとおり記載されている（92頁）

「現在，観光や保養を目的として我が国を訪れる外国人は，在留資格「短期滞在」により入国することが可能であるが，同在留資格では原則として90日が滞在の上限とされている。しかし，近年の外国人投資家によるコンドミニアムの建設投資や，外国人の長期滞在に適した高級別荘型宿泊施設の開業予定など，外国人の長期滞在の受け皿となる取組が進行している状況にあり，「「日本再興戦略」改訂2014」においても海外富裕層を対象とした観光目的による長期滞在を可能とする制度を設けることとされた。これを受け，入国管理局では，以下の要件を満たす外国人について，平成27年６月23日から，観光，保養のために最長１年間「特定活動」の在留資格第40号の活動は，第40号のイからハまでに該当する18歳以上の者が本邦において1年を超えない期間滞在して行う観光，保養その他これらに類似する活動である。活動の内容は，滞在期間の点を除き，「短期滞在」の在留資格に対応する活動に含まれる活動である[134)]が，本号は，滞在期間を「1年を超えない期間」とすることにより「短期滞在」の在留資格に対応する活動の「短期間滞在して」の要件に適合しない者の入国・在留を可能とするものである。

なお，「短期滞在」の在留資格に対応する活動における「短期間」の意義については，短期滞在の（対象となる者）の解説を参照。

第40号の活動は，18歳以上の第40号のイからハまでのいずれにも該当する者が行うことが必要である。このうちイは，次のような要件である。

入管法第6条第1項は，本邦に上陸しようとする乗員以外の外国人は，有効な旅券で日本国領事官等（入管法第2条第4号により外国に駐在する日本国の大使，公使又は領事官をいう。）の査証を受けたものを所持しなければならないが，例外として，国際約束若しくは日本国政府が外国政府に対して行った通告により日本国領事官等の査証を必要としないこととされている外国人の旅券には日本国領事官等の査証を要しないこととしている。この規定を受けて，イは，わが国が，法令，国際約束又は日本国政府が外国政府に対して行った通告により，旅行形態を限定することなく，その国又は地域の国籍者等であって，その国又は地域の発行する一般旅券を所持し，観光その他の目的で本邦に短期間滞在しようとするものについて，日本国領事官等の査証を必要としない

により我が国に滞在することを可能とした。

① 在留資格「短期滞在」により入国しようとする者に対し我が国が査証免除措置をとっている国・地域の者（ただし，措置を停止している国，査証取得勧奨措置をとっている国を除く。）（注）

② 年齢18歳以上（同行する配偶者は除く。）

③ 預貯金が3,000万円以上（夫婦合算可）

④ 医療保険への加入

（注） 本制度により入国する場合には事前に在留資格「特定活動」に係る査証の取得が必要となる。（引用部分の（注）—筆者）」

134) ただし，「短期滞在」の在留資格に対応する活動のうちスポーツ，親族の訪問，見学，講習又は会合への参加その他これらに類似する活動は規定されていない。

こととしている国又は地域（その国又は地域の一般旅券を所持する者の全てについて査証の取得を勧奨する措置をとっている場合を除く。）のうち，別表第九に掲げる国又は地域の国籍者等であることを要件として定めたものである。別表第九は次のとおりである。

別表第九

アイスランド共和国，アイルランド，アメリカ合衆国，アラブ首長国連邦，アルゼンチン共和国，アンドラ公国，イスラエル国，イタリア共和国，インドネシア共和国，ウルグアイ東方共和国，エストニア共和国，エルサルバドル共和国，オーストラリア連邦，オーストリア共和国，オランダ王国，カナダ，キプロス共和国，ギリシャ共和国，グアテマラ共和国，グレートブリテン及び北アイルランド連合王国，クロアチア共和国，コスタリカ共和国，サンマリノ共和国，シンガポール共和国，スイス連邦，スウェーデン王国，スペイン，スリナム共和国，スロバキア共和国，スロベニア共和国，セルビア共和国，タイ王国，大韓民国，チェコ共和国，チュニジア共和国，チリ共和国，デンマーク王国，ドイツ連邦共和国，ドミニカ共和国，トルコ共和国，ニュージーランド，ノルウェー王国，バハマ国，バルバドス，ハンガリー，フィンランド共和国，フランス共和国，ブルガリア共和国，ブルネイ・ダルサラーム国，ベルギー王国，ポーランド共和国，ポルトガル共和国，ホンジュラス共和国，マケドニア旧ユーゴスラビア共和国，マルタ共和国，マレーシア，メキシコ合衆国，モーリシャス共和国，モナコ公国，ラトビア共和国，リトアニア共和国，リヒテンシュタイン公国，ルーマニア，ルクセンブルク大公国，レソト王国，台湾，香港，マカオ

「法令，国際約束又は日本国政府が外国政府に対して行った通告により」と規定されているのは，入管法第６条第１項本文の例外を定める「出入国管理及び難民認定法第二条第五号ロの旅券を所持する外国人の上陸申請の特例に関する法律」（平成17年法律第96号）及び同法施行令（平成17年政令第302号）に基づき台湾の権限のある機関の発行した入管法第２条第５号ロに該当する旅券を所持する台湾の居住者で本邦において「短期滞在」の在留資格に対応する活動を行おうとするものが本邦に上陸しようとする場合について，その旅券には日本国領事官等の査証を要しないこととされているからである。

入管法第２条第５号ロは，政令で定める地域の権限のある機関の発行した「日本国政府，日本国政府の承認した外国政府又は権限のある国際機関の発行した旅券又は難民旅行証明書その他当該旅券に代わる証明書（日本国領事官等の発行した渡航証明書を含む。）」に相当する文書を旅券とする規定である。

イにおける「地域」とは，入管法第２条第５号ロの地域及び国から旅券を発行する権限を付与されている行政区画をいうものとされ，「国籍者等」とは，国にあってはその国の国籍を有する者をいい，地域にあっては当該地域の居住者にのみ発行される旅券を所持する者をいうものとされている。

なお，イにおける「査証の取得を勧奨する措置」とは，法令，国際約束又は日本国政府が外国政府に対して行った通告により査証を要しないこととされている者について，査証の取得を勧奨する措置である。この措置の対象となっている者は，査証を取得しなければ日本への入国が認められなくなるわけではないが，査証を取得せずに入国した場合厳格な入国審査が行われることとなるのが通常である。

次に，ロは，申請の時点において，申請人及びその配偶者の預貯金の額の合計額が日本円に換算して3000万円以上（当該配偶者がこの号に掲げる活動を指定されて在留し又は在留しようとしている場合にあっては，6000万円以上）であることを要件として規定したものである。

次に，ハは，本邦における滞在中に死亡し，負傷し，又は疾病に罹患した場合における保険に加入していることを要件として規定したものである。

第41号は，第40号の新設にあわせて新設されたものである。

第41号の活動の内容は第40号の場合と同様，「本邦において１年を超えない期間滞在して行う観光，保養その他これらに類似する活動」であるが，活動の主体については，第40号の活動を指定活動として指定されて本邦に在留する者に同行する配偶者であって第40号のイ及びハのいずれにも該当するものが行うことが必要とされている。

（第42号）

本号は，製造業外国人従業員受入事業に係るものであり，製造業外国従業員受入事業に関する告示（平成28年経済産業省告示第41号）を受けて，平成28年法務省告示第140号による特定活動の告示の改正により新設されたものである。[135)]

製造業外国従業員受入事業は，わが国製造業の海外展開が加速している状況を踏まえ，本邦にある事業所を人材育成や技能継承等の機能を有する国内生産拠点として研究開発や設備投資を強化し，そこで確立された生産技術等を当該事業者の外国にある事業所に普及させることで，国内生産拠点と海外生産拠点の役割分担を図り，もってわが国製造業の国際競争力を強化するとともに，国内製造業の空洞化を押しとどめることを目的とする（製造業外国従業員受入事業に関する告示の第三）。

そして，製造業外国従業員受入事業とは，製造事業者が，当該事業者の外国にある事業所の職員への特定の専門技術の移転等を実施するための計画（以下「製造特定活動計画」という。）を作成し，同告示の第四の三に規定する経済産業大臣の認定を受けてその計画に基づいて当該職員を本邦にある事業所に期間を定めて転勤させ，特定の専門技術の移転等を実施する事業をいうものとされている（同告示第二の一）。

本号の活動内容は，本邦の公私の機関が策定し，製造業外国従業員受入れ事業に関する告示に基づいて経済産業大臣が認定した製造特定活動計画に基づき，当該機関の外国にある事業所の職員が，当該機関が当該国に設ける生産施設において中心的な役割を果たすための技術及び知識を身に付けるため，当該機関の本邦における生産拠点において製造業務に従事する活動である。

135）「平成28年版入管白書」には，「製造業における海外子会社等従業員の国内受入れ」として，次のとおり記載されている（75頁）。

「我が国製造業の海外展開が加速し，産業の空洞化が懸念される状況を踏まえ「「日本再興戦略」改訂2014」（平成26年６月24日閣議決定）において，国内拠点をマザー工場として海外拠点と役割分担する生産活動の実現及びこれを前提とした研究開発や設備投資を可能にするための制度を整備することとされたことを受け，経済産業大臣の認定を前提とした，製造業における海外子会社等従業員を国内に受け入れる制度を28年３月から開始し，最大で１年を超えない範囲での受入れを認めることとした。」

（第43号）

本号は，日系四世の受入れに係る規定であり，平成30年法務省告示第105号による特定活動の告示の改正により新設された。[136)]

日系四世の一部は，定住者の告示の第６号ハにより，「定住者」の在留資格の決定を受けて上陸することが可能である。

本号は，日系四世のうち一定の要件を満たすものについて，定住者の告示の第６号ハの規定により上陸許可を受けることができない場合でも，本邦において通算して５年を超えない期間，特定の個人又は団体から活動の円滑な遂行に必要な支援を無償で受けることができる環境の下で行う，日本文化及び日本国における一般的な生活様式の理解を目的とする活動（日本語を習得する活動を含む。）並びにこれらの活動を行うために必要な資金を補うため必要な範囲内の報酬を受ける活動（風俗営業活動を除く。）を規定したものである。

風俗営業活動については（第５号）の解説を参照。

活動内容は特定活動の告示第５号，第５号の２のワーキング・ホリデーに係る活動内容に類似するが，特定の個人又は団体から活動の円滑な遂行に必要な支援を無償で受けることができる環境の下で行うという要件が課されている。

対象となる者の要件は特定活動の告示の別表第十に，次のとおり規定されている。

---

136)「平成30年版入管白書」には，「日系四世の更なる受入れ」として，次のとおり記載されている。
「日系四世については，定住者の在留資格をもって在留する日系三世の扶養を受ける未成年で未婚の実子に限り日本への入国・在留が認められていたところ，国会における審議を受け，平成29年２月に，安倍内閣総理大臣から金田法務大臣（当時）に，日系四世の更なる受入れについて検討するように指示があった。これを受け検討を行った結果，日系四世の若者を受け入れ，日本文化を習得する活動等を通じて日本に対する理解や関心を深めてもらい，もって，日本と外国の日系社会との結び付きを強める架け橋になる人材を育成することを目的とした制度を創設することとし，平成30年７月から施行された。
この制度では，ワーキングホリデー制度と同様の入国要件を基本的に課しつつ，本制度独自の要件として，一定の日本語要件を入国時及び在留期間更新時に求めるほか，日系四世に対し入国・在留に係る支援を行う「日系四世受入れサポーター」の確保を必須としている。本制度で受け入れられた日系四世は，最長で通算５年間，日本語を含む日本文化等を理解するための活動に従事するとともに，当該活動を行うために必要な資金を補うために必要な範囲内の報酬を受ける活動（風営法関係の業務に従事する活動は除く。）を行うことが可能となる。」(77頁)

別表第十

一　次のイ又はロのいずれかに該当すること。

イ　日本人の子として出生した者の実子の実子（日本人の子として出生した者でかつて日本国民として本邦に本籍を有したことがあるものの実子の実子を除く。）

ロ　日本人の子として出生した者でかつて日本国民として本邦に本籍を有したことがあるものの実子の実子の実子（イに該当する者を除く。）

二　申請時の年齢が十八歳以上三十歳以下であること。

三　帰国のための旅行切符又は当該切符を購入するための十分な資金を所持していること。

四　申請の時点において，本邦における滞在中，独立の生計を営むことができると見込まれること。

五　健康であること。

六　素行が善良であること。

七　本邦における滞在中に死亡し，負傷し，又は疾病に罹患した場合における保険に加入していること。

八　次のいずれかに該当していること。ただし，申請人が特定活動の告示第四十三号に掲げる活動を指定されて，通算して三年を超えて本邦に在留することとなる場合は，日常的な場面で使われる日本語をある程度理解することができる能力を有していることを試験により証明され，かつ，当該活動を指定されて本邦に在留していたときの活動を通じて日本文化及び日本国における一般的な生活様式の理解が十分に深められていること。

イ　基本的な日本語を理解することができる能力を有していることを試験その他の方法により証明されていること。

ロ　基本的な日本語をある程度理解することができる能力を有していることを試験により証明されていること（申請人が特定活動の告示第四十三号に掲げる活動を指定されて，通算して一年を超えて本邦に在留することとなる場合を除く。）。

九　法第七条の二第一項の申請をした日が，特定活動の告示第四十三号に掲げる活動を指定されて交付された在留資格認定証明書の総数（当該申請のあった日の属する年の一月一日から十二月三十一日までの間における総数をいう。）が地域社会への影響等の観点から法務大臣が関係行政機関の長と協議して相当と認める数を超えたと認められる日の翌日までであること。

特定活動の告示別表第十の第８号は令和３年法務省告示第61号により改正されたものであり，平成30年法務省告示第105号による新設当初は「基本的な日本語を理解することができる能力を有していることを試験により証明されていること。ただし，申請人が本則第43号に掲げる活動を指定されて，通算して二年を超えて本邦に在留しようとする場合は，日常的な場面で使われる日本語をある程度理解することができる能力を有していることを試験により証明されていること。」という規定であったが，同改正により，日本語能力に係る要件が緩和された。

（第44号・第45号）

第44号は，外国人起業活動促進事業に係る活動であり，外国人起業活動促進事業に関する告示（平成30年経済産業省告示第256号）を受けた平成30年法務省告示第428号による特定活動の告示の改正により新設された。[137)]

外国人起業活動促進事業は，わが国の産業の国際競争力を強化するとともに，国際的な経済活動の拠点を形成することを目的として行うものであり

137)「2019年版入管白書」には，「外国人起業家の受入れの推進」として，次のとおり記載されている（102頁）。

「2018年６月に閣議決定された「未来投資戦略2018」において起業家の更なる受入れの拡大に向けた措置を講ずるとともに，起業活動実施状況の確認，相談体制の構築等の管理・支援施策を実施するなど，起業活動を支援するプログラムを2018年中に開始することとされた。

これを受けて，国及び地方公共団体の適正な管理・支援の下，最長１年間の起業活動のための入国・在留を認める制度として，経済産業省告示である「外国人起業活動促進事業に関する告示」により，地方公共団体が外国人起業活動促進事業を行うための手続や，受入れの対象となる外国人起業家の範囲等の具体的内容が定められ，これに基づいて法務省告示等の改正を行い，2018年12月28日に公布・施行された。

改正された法務省告示によって，経済産業省告示に従って地方公共団体から起業のための支援を受ける外国人起業家に対し，出入国在留管理手続上，１年を超えない期間で，「特定活動」の在留資格をもって入国・在留することが認められることとなった。」

（外国人起業促進事業に関する告示の第三），地方公共団体が，外国人起業活動支援計画を作成し，同告示第五に規定する経済産業大臣の認定を受けて，その計画に基づいて，外国人が起業準備活動を行うことを促進する事業をいう（外国人起業活動促進事業に関する告示第二の一）。

第44号の活動の内容は，外国人起業活動促進事業に関する告示に基づいて経済産業大臣が認定した外国人起業活動管理支援計画に基づき，起業準備活動計画の確認を受けた者が，１年を超えない期間で，本邦において当該起業準備活動計画に係る貿易その他の事業の経営を開始するために必要な事業所の確保その他の準備行為を行う活動及び当該活動に附随して行う報酬を受ける活動又は本邦において当該起業準備活動計画に係る貿易その他の事業の経営を開始した後引き続き当該事業の経営を行う活動（風俗営業活動を除く。）である。

風俗営業活動については，（第５号）の解説を参照。

なお，起業準備活動計画とは，外国人起業活動促進事業において，外国人起業活動管理支援計画に基づいて起業準備活動を行う者（以下「特定外国人起業家」という。）が行う起業準備活動に関する計画をいうものとされ，起業準備活動とは，特定外国人起業家が外国人起業促進実施団体（外国人起業活動促進事業を実施する地方公共団体をいう。）の管理又は支援の下で行う，指定活動をいう（外国人起業活動促進事業に関する告示第２の三，四，五，六）。

第45号は，第44号に掲げる活動を指定されて在留する者の扶養を受ける配偶者又は子として行う日常的な活動であり，「家族滞在」の在留資格に対応する活動に相当する。第44号の新設にあわせて新設されたものである。

（第46号・第47号）

第46号は，留学生の就職支援を目的とする本邦の大学卒業者等に係る活動であり，令和元年法務省告示第20号による特定活動の告示の改正により新設されたものである。[138)]

138）「2019年版入管白書」には，「留学生の就職支援」として，次のとおり記載されている（103頁）。
「2016年６月に閣議決定された「日本再興戦略2016」において，留学生の日本国内での就職率を現状の３割から５割に向上させることを目指すこととされ，また，2018年12月に関係閣僚会

対象となるのは特定活動の告示の別表第十一に掲げられている要件のいずれにも該当する者であり，活動の内容は，法務大臣が指定する本邦の公私の機関との契約に基づいて，当該機関の常勤の職員として行う当該機関の業務に従事する活動である。この活動には，日本語を用いた円滑な意思疎通を要する業務に従事するものが含まれるが，他方，風俗営業活動及び法律上資格を有する者が行うこととされている業務に従事するものは除かれる。

風俗営業活動については，（第５号）の解説を参照。

特定活動の告示別表第十一は，次のような規定である。

別表第十一

一　本邦の大学（短期大学を除く。以下同じ。）を卒業し又は大学院の課程を修了して学位を授与されたこと。

二　日本人が従事する場合に受ける報酬と同等額以上の報酬を受けること。

三　日常的な場面で使われる日本語に加え，論理的にやや複雑な日本語を含む幅広い場面で使われる日本語を理解することができる能力を有していることを試験その他の方法により証明されていること。

四　本邦の大学又は大学院において修得した広い知識及び応用的能力等を活用するものと認められること。

上記別表第十一では，本邦の大学（短期大学を除く。）を卒業し又は大学院の課程を修了して学位を授与されたこと等のほかに，本邦の大学又は大学院において修得した広い知識及び応用能力等を活用するものと認められることが要件とされているが，前述したように，従事する業務は，自然科学の分野若しくは人文科学の分野に属する技術若しくは知識又は外国の文化に基盤を

議で決定された「総合的対応策」においても，留学生の就職できる業種の幅を広げることとされた。

そこで，優秀な外国人材の定着促進を図り，我が国経済社会の活性化に資することが期待される留学生の日本国内における就職の機会を拡大するために，「特定活動」の在留資格に係る告示が改正され，2019年５月30日に公布・施行された。これにより，本邦の大学や大学院を卒業した留学生について，本邦の大学・大学院において修得した知識，応用的能力等を活用することが見込まれ，日本語能力を活かした業務に従事する場合には，日本語能力試験Ｎ１レベル等の高い日本語能力を有すること，常勤の職員であること，日本人と同等額以上の報酬を受けることなど，一定の条件の下で，その就労できる業務内容を幅広く認めることとした。」

有する思考若しくは感受性を必要とする業務であることは要件とされておらず，むしろ，前述したように，第46号の活動には日本語を用いた円滑な意思疎通を要する業務に従事する活動が含まれると規定されている。それ故，第46号の活動を指定されて「特定活動」の在留資格をもって在留する外国人は，「技術・人文知識・国際業務」の在留資格に対応する活動に該当しない活動，例えば，コンビニエンスストアにおける販売業務に従事することも可能と解される。

なお，「留学生の就職支援に係る「特定活動」（本邦大学卒業者）についてのガイドライン」（令和元年５月。令和２年２月改訂）が公表されており，別表第十一の第３号の日本語能力に関し，(a)日本語能力試験Ｎ１を有する者，(b)BJTビジネス日本語能力テストで480点以上を有する者，(c)大学又は大学院で日本語を専攻して卒業した者（外国の大学又は大学院において日本語を専攻した者も含まれるが，別表第十一の第１号及び第４号の要件に適合する必要があり，併せて日本の大学又は大学院を卒業又は修了していること等が必要となる。）が対象となるとしている。[139)]

また，同ガイドラインは，別表第十一第４号について，「従事しようとする業務内容に「技術・人文知識・国際業務」の在留資格の対象となる学術上の素養等を背景とする一定水準以上の業務が含まれていること又は今後当該業務に従事することが見込まれることを意味します。」としている。[140)]

第47号は，第46号に掲げる活動を指定されて在留する者の扶養を受ける配偶者又は子として行う日常的な活動であり，「家族滞在」の在留資格に対応する活動に相当する活動である。第46号の新設にあわせて新設されたものである。

（第48号・第49号）

第48号は，東京オリンピック・パラリンピック競技大会関係者の受入れのために定められたものであり，令和元年法務省告示第40号による特定活動の

139）出入国在留管理庁令和元年５月策定令和２年２月改定「留学生の就職支援に係る「特定活動」（本邦大学卒業者）についてのガイドライン」の２の(2)
140）同ガイドラインの４

告示の改正により新設されたものである。

(特定の催しに係る活動)

特定活動の告示には，特定の催しなどのために，時限的にその催し等に関係する活動を行う外国人を受け入れるための規定が過去にも定められている。

例えば，特定活動の告示の制定当初には，「平成二年に開催される国際花と緑の博覧会に参加する外国，外国の地方公共団体，国際機関又は国際園芸家協会の当該博覧会に係る事業に従事する活動」が定められ，その後も，「平成十七年に開催される二千五年日本国際博覧会（愛・地球博）における国際博覧会条約第一条三に定める国際博覧会の参加者の当該博覧会に係る事業に従事する活動」などが定められている。

このような特定の催しに係る活動の特徴は，当該催しが公共性の高いものであることなどを踏まえて，その催しに係る事業に従事する活動を包括的に規定していることであり，その催しの開催の準備のための活動等も含めてその催しに係る様々な活動が含まれ得るものとなっている。[141)]

第48号の活動の対象となるのは，東京オリンピック競技大会及び東京パラリンピック競技大会の関係者であって，公益財団法人東京オリンピック・パラリンピック競技大会組織委員会が適当と認めるものであり，活動の内容は当該大会に係る事業に従事する活動である。

---

141)「平成18年版入管白書」には，2005年日本国際博覧会（愛・地球博）の開催に係る対応について，「平成17年３月25日から同年９月25日までの間開催された「2005年日本国際博覧会（略称：愛・地球博）（以下「博覧会」という。)」の関係者については，参加国事務局の一般事務職員，建築技術者，博覧会会場内のアテンダント等様々な活動が想定され，これらの活動の中には現行の就労関係の在留資格や短期の商用活動のための「短期滞在」の在留資格では対応が困難な活動が含まれると考えられた。そこで，博覧会が公共性の高い国際博覧会であること，受入れ期間及び活動範囲が限定されていること等を踏まえ，関係者の円滑な受入れを実現するため，これらの関係者が当該博覧会の事業に従事する活動を包括的に規定することとし，16年６月30日，「特定活動」の在留資格に係る法務省告示を改正し（同日施行），開催準備の段階から関係者の円滑な受入れを可能とした。」（107頁）と記載されている。また，「平成４年版入管白書」には，国際花と緑の博覧会に関して，次のように記載されている。「今回の花博のみならず国際的な博覧会の関係者である外国人に対しては，従来から，当該博覧会に関わる事業に従事する活動を行うことができるよう，一定水準以上の専門的な技術，技能等を必要とする業務に従事する活動を行う場合でなくても入国・在留を許可している…花博に関わる就労活動を行うための入国・在留が認められた外国人としては，具体的には，例えば，花博事務局の臨時職員及び被傭者（一般事務職員，庭園内装技術者，受付ホステス，ガイド，守衛等）や営業関係者（花博会場内のレストラン，喫茶店，土産物店）等がある。」（129頁）

第49号は，第48号に掲げる活動を指定されて在留する者の扶養を受ける配偶者又は子として行う日常的な活動であり，「家族滞在」の在留資格に対応する活動に相当する活動である。第48号の新設にあわせて新設されたものである。

（第50号）

本号は，スキーの指導（スキーインストラクター）に係る活動であり，令和２年法務省告示第157号による特定活動の告示の改正により新設されたものである。

本号の活動は，次の特定活動の告示別表第十二に掲げられている要件のいずれにも該当する者が本邦の公私の機関との契約に基づいてスキーの指導に従事する活動である。

別表第十二

一　次のいずれかに該当すること。

イ　公益社団法人日本プロスキー教師協会（SIA）が認定する次に掲げるいずれかの資格を有していること。

⑴　アルペンスキー・ステージⅠ

⑵　アルペンスキー・ステージⅡ

⑶　アルペンスキー・ステージⅢ

⑷　アルペンスキー・ステージⅣ

ロ　公益社団法人日本プロスキー教師協会（SIA）がイに掲げるものと同等以上と認めるスキーの指導に関する資格を有していること。

二　日本人が従事する場合に受ける報酬と同等額以上の報酬を受けること。

三　十八歳以上であること。

スポーツの指導に係る活動は，「技能」の在留資格に該当し得る活動であり，「技能」の在留資格に係る基準の第８号では，スポーツの指導に係る技能を要する業務に従事する者が定められている。

しかしながら，「技能」の在留資格に該当する活動は，「産業上の特殊な分野に属する熟練した技能を要する業務に従事する」ものであることが必要である。

このため，「技能」の在留資格に係る基準の第８号では，スポーツの指導に係る技能について３年以上の実務経験（外国の教育機関において当該スポーツの指導に係る科目を専攻した期間及び報酬を受けて当該スポーツに従事していた期間を含む。）を有する者若しくはこれに準ずる者として法務大臣が告示をもって定める者であること又はスポーツの選手としてオリンピック大会，世界選手権大会その他の国際的な競技会に出場したことがある者であることが必要とされている。

なお，この法務大臣が告示をもって定める者については，「出入国管理及び難民認定法第七条第一項第二号の基準を定める省令の技能の在留資格に係る基準の規定に基づきスポーツの指導に係る技能について三年以上の実務経験を有する者に準ずる者を定める件」により，スキーの指導に係る技能について国際スキー教師連盟（ISIA）が発行するISIAカードの交付を受けている者とすると定められている。

これらの点については 技能 の２の（第８号）の解説を参照。

そこで,「技能」の在留資格には該当しない日本プロスキー教師協会（SIA）が認定するアルペンスキー資格又はこれと同等以上の資格を有する者が行うスキーの指導に従事する活動が，特定活動の告示第50号に定められたのである。[142)]

（在留期間）

「特定活動」の在留資格に伴う在留期間のうち，特定活動の告示で定める活動を指定される者の在留期間は，５年，３年，１年，６月又は３月である（入管法施行規則３条及び同規則別表第二の特定活動の項の下欄第１号）。

ただし，特定活動の告示で定める活動を指定される者のうち，本邦に在留

142）上陸許可基準は，我が国の産業及び国民生活に与える影響その他の事情を勘案して在留資格による受入れ範囲を限定することにより当該在留資格による外国人の受入れを調整するものであるが,「技能」の在留資格に係る上陸許可基準のように在留資格に該当する者のうち上陸のための条件に適合する者を限定的に列挙する場合，在留資格に該当する活動を行う者を明示する役割も果たす。ただし，この場合でも，列挙された者以外の者の行う活動が全て，在留資格該当性を有しないとは限らない点に注意する必要がある。

する外国人の扶養を受ける日常的な活動を特に指定される者その他当該外国人に随伴する者であって法務大臣が別に期間を指定する必要があると認めるものの在留期間は，出入国管理及び難民認定法施行規則別表第二の特定活動の項の下欄第１号の括弧書の規定により同号の適用の対象から除外され，同項の下欄第３号の適用を受けるので，５年を超えない範囲内で法務大臣が個々の外国人について指定する期間である（同規則３条及び同規則別表第二の特定活動の項の下欄第１号及び第３号）。

この同項の下欄第１号の括弧書の規定は，「特定活動」の在留資格をもって在留する者の家族の在留期間を当該「特定活動」の在留資格をもって在留する者の在留期間と合わせることを可能とするため令和３年法務省令第16号による同規則の改正で新設された。

３　高度人材告示

高度人材告示も，特定活動の告示と同様，入管法第７条第１項第２号の規定に基づいて同法別表第一の五の表の下欄に掲げる活動を法務大臣があらかじめ定める告示である。

第一条　この告示において，「高度人材外国人」とは，次条の表イの項からハの項までの下欄に掲げるいずれかの活動を指定されて在留する者又は法第二十条第三項の規定により特定活動の在留資格への変更の許可を受け，別表第一に掲げるいずれかの活動を指定されて在留する者をいう。

第二条　法第七条第一項第二号の規定に基づき同法別表第一の五の表の下欄に掲げる活動であらかじめ定めるものを，次の表のニの項からチの項までの上欄に掲げる区分に応じ，それぞれ同表の下欄に掲げるとおり定める。

活動を行おうとする者	あらかじめ定める活動
イ　有効な法別表第一の一の表又は二の表の上欄の在留資格（外交，公用及び技能実習を除く。）に係る法第七条の二第一項の証明書（本邦において申請に係る活動を行うため所属する本邦の公私	特定認定証明書により特定された本邦の公私の機関との契約に基づいて行う研究，研究の指導若しくは教育をする活

の機関が特定されているものに限る。以下「特定認定証明書」という。）を所持し，当該特定認定証明書において特定された本邦の公私の機関との契約に基づいて研究，研究の指導又は教育をする活動を行おうとする者であって，次条に定めるところにより計算した点数が七十以上のもの	動又は当該活動と併せて当該活動と関連する事業を自ら経営し若しくは当該機関以外の本邦の公私の機関との契約に基づいて研究，研究の指導若しくは教育をする活動
ロ　特定認定証明書を所持し，当該特定認定証明書において特定された本邦の公私の機関との契約に基づいて自然科学又は人文科学の分野に属する知識又は技術を要する業務に従事する活動を行おうとする者であって，次条に定めるところにより計算した点数が七十以上のもの	特定認定証明書により特定された本邦の公私の機関との契約に基づいて行う自然科学若しくは人文科学の分野に属する知識若しくは技術を要する業務に従事する活動又は当該活動と併せて当該活動と関連する事業を自ら経営する活動
ハ　特定認定証明書を所持し，当該特定認定証明書において特定された本邦の営利を目的とする法人又は法律上資格を有しなければ行うことができないこととされている法律若しくは会計に係る業務を行うための事務所（以下「法律・会計業務事務所」という。）の経営又は管理に従事する活動を行おうとする者であって，次条に定めるところにより計算した点数が七十以上のもの	特定認定証明書により特定された本邦の営利を目的とする法人若しくは法律・会計業務事務所の経営若しくは管理に従事する活動又は当該活動と併せて当該活動と関連する事業を自ら経営する活動
ニ　高度人材外国人（特定認定証明書を所持する者を含む。以下この項からチの項までの上欄において同じ。）の扶養を受けて在留しようとするその者の配偶者又は子	高度人材外国人の扶養を受ける配偶者又は子として行う日常的な活動
ホ　高度人材外国人の配偶者（本邦において当該高度人材外国人と同居する者に限る。）であって，有効な特定活動の在留資格に係る法第七条の二第一項の証明書（本邦において行おうとする活動がこの項の下欄に掲げる活動に該当するとして交付されたものに限る。）を所持し，当該証明書において特定された本邦の公私の機関との契約に	高度人材外国人の配偶者（当該高度人材外国人と同居する者に限る。）が法第七条の二第一項の証明書により特定された本邦の公私の機関との契約に基づいて行う別表第二に掲げるいずれかの活動

基づいて，従事しようとする活動に日本人が従事する場合に受ける報酬と同等額以上の報酬を受けて別表第二に掲げるいずれかの活動を行おうとするもの	
へ　高度人材外国人（当該外国人が受ける報酬の年額と，当該外国人の配偶者が受ける報酬の年額とを合算した額（以下この表において「世帯年収」という。）が千万円以上であり，申請人以外に家事使用人を雇用していないものに限る。）により，その者が使用する言語により日常会話を行うことができる個人的使用人として雇用され，月額二十万円以上の報酬を受けて，当該雇用した高度人材外国人の家事に従事しようとする十八歳以上の者（継続して一年以上当該高度人材外国人に個人的使用人として雇用されている者であって，当該高度人材外国人と共に本邦に転居し，かつ，その者の負担においてその者と共に本邦から出国（法第二十六条の規定により再入国許可を受けて出国する場合を除く。）することが予定されているものに限る。）	高度人材外国人（共に本邦に転居したものに限る。）に雇用され，月額二十万円以上の報酬を受けて，当該雇用した高度人材外国人の家事に従事する活動
ト　高度人材外国人（十三歳未満の子又は病気等により日常の家事に従事することができない配偶者を有し，世帯年収が千万円以上であり，かつ，申請人以外に家事使用人を雇用していないものに限る。）により，その者が使用する言語により日常会話を行うことができる個人的使用人として雇用され，月額二十万円以上の報酬を受けて，当該雇用した高度人材外国人の家事に従事しようとする十八歳以上の者	高度人材外国人に雇用され，月額二十万円以上の報酬を受けて，当該雇用した高度人材外国人の家事に従事する活動
チ　高度人材外国人（世帯年収が八百万円以上の者に限る。）の父若しくは母又は当該高度人材外国人の配偶者の父若しくは母であって，当該高度人材外国人と同居し，ニの項の下欄に掲げる活動を指定されて在留する当該高度人材外国人若しくはその配偶者の七歳未満の子の養育又は当該高度人材外国人の妊娠中の配偶	高度人材外国人と同居し，かつ，その者又はその者の配偶者の七歳未満の子を養育し，又は当該高度人材外国人の妊娠中の配偶者若しくは妊娠中の当該高度人材外国人に対し，介助，家事その他の必要な支

者若しくは妊娠中の当該高度人材外国人に対し，介助，家事その他の必要な支援を行おうとするもの。ただし，高度人材外国人の父又は母にあっては，この項の下欄に掲げる活動を指定されて在留し当該七歳未満の子を養育し，又は当該高度人材外国人の妊娠中の配偶者若しくは妊娠中の当該高度人材外国人に対し，介助，家事その他の必要な支援をする当該高度人材外国人の配偶者の父又は母がない場合に限り，高度人材外国人の配偶者の父又は母にあっては，この項の下欄に掲げる活動を指定されて在留し当該七歳未満の子を養育し，又は当該高度人材外国人の妊娠中の配偶者若しくは妊娠中の当該高度人材外国人に対し，介助，家事その他の必要な支援をする当該高度人材外国人の父又は母がない場合に限る。	援をする当該高度人材外国人の父若しくは母又は当該高度人材外国人の配偶者の父若しくは母として行う日常的な活動

第三条　（略）

（改正の経緯）

高度人材告示は，平成24年法務省告示第126号として制定されたものであるところ，制定された当初は，高度人材外国人の上陸のための条件となる活動を定めるとともに，その関係者（一定の範囲の家族，個人的使用人等）の上陸のための条件となる活動を定めていた。

その後平成26年法律第74号により「高度専門職」の在留資格が新設され，高度人材外国人としての活動は「高度専門職」の在留資格に該当することとなったことから，平成26年法務省告示第576号による高度人材告示の改正により，高度人材告示の適用の対象から除外された。

一方，「高度専門職」の在留資格をもって在留する外国人の関係者のうち，扶養を受ける配偶者及び子として行う日常的な活動は「家族滞在」の在留資格に該当することとなり，それ以外の関係者の活動（就労する配偶者，扶養を受ける親，個人的使用人）は特定活動の告示に規定された。

しかしながら，「高度専門職」の在留資格の新設前に高度人材告示に基づき，高度人材外国人として上陸し，「特定活動」の在留資格をもって在留している外国人の関係者が，上陸し在留することを可能とするため，引き続き高度人材告示にこれらの関係者の活動が，入管法第７条第１項第２号の規定に基づき法務大臣があらかじめ告示をもって定める活動として定められている。

（高度人材告示第１条）

第１条は，高度人材告示における「高度人材外国人」を定義する規定であり，「高度人材外国人」とは，高度人材告示第２条の表のイの項からハの項までの下欄に掲げるいずれかの活動を指定されて在留する者又は在留資格の変更の許可を受けて，同告示の別表第一の第１号から第３号までに掲げるいずれかの活動を指定されて在留する者をいうと定めている。

このうち，高度人材告示第２条の表のイの項からハの項までの下欄に掲げられている活動は新規入国者に対する上陸の許可に際して，また，同告示の別表第一に掲げられている活動は，本邦に在留中の外国人に対する「特定活動」の在留資格への在留資格の変更の許可に際して，指定される活動である。

なお，上記のとおり，「高度専門職」の在留資格の新設後は，高度専門職告示の第１条は，単に高度人材外国人の定義を定める目的を有するだけで，この規定により高度人材外国人が上陸許可を受けるということはなくなっている。

高度人材告示第２条の表のイの項からハの項までの下欄に掲げる活動は次のとおりである。

イの項：特定認定証明書により特定された本邦の公私の機関との契約に基づいて行う研究，研究の指導若しくは教育をする活動又は当該活動と併せて当該活動と関連する事業を自ら経営し若しくは当該機関以外の本邦の公私の機関との契約に基づいて研究，研究の指導若しくは教育をする活動（以下「高度学術研究活動」という。）

ロの項：特定認定証明書により特定された本邦の公私の機関との契約に基

づいて行う自然科学若しくは人文科学の分野に属する知識若しくは技術を要する業務に従事する活動又は当該活動と併せて当該活動と関連する事業を自ら経営する活動（以下「高度専門・技術活動」という。）

ハの項：特定認定証明書により特定された本邦の営利を目的とする法人若しくは法律・会計業務事務所の経営若しくは管理に従事する活動又は当該活動と併せて当該活動と関連する事業を自ら経営する活動（以下「高度経営・管理活動」という。）

また，同告示別表第一の第１号から第３号までに掲げられている活動は，それぞれ，上記同告示第２条の表のイの項，ロの項及びハの項の下欄に掲げる活動の冒頭の「特定認定証明書により特定された」の部分を除いたものである。

なお，外国人が「高度専門職」の在留資格の新設に伴う平成26年法務省告示第576号による改正前の高度人材告示の適用を受けて上陸するためには，まず，入管法別表第一の一の表又は二の表の在留資格（「外交」,「公用」及び「技能実習」を除く。）に係る在留資格認定証明書の交付を申請し，その交付が可能であることを前提にポイント制度の適用を希望し，所定の要件に適合すれば，当該外国人がその申請に係る活動を行うため所属する本邦の公私の機関が特定された，その活動が該当する入管法別表第一の一の表又は二の表の在留資格（「外交」,「公用」及び「技能実習」を除く。）に係る在留資格認定証明書が交付されるというものであった（以下，この当該外国人が本邦において申請に係る活動を行うため所属する本邦の公私の機関が特定された在留資格認定証明書を「特定認定証明書」という。）。

(高度人材告示第２条)

高度人材告示は，特定活動の告示と同様，入管法第７条第１項第２号の規定に基づき，「特定活動」の在留資格について「法務大臣があらかじめ告示をもって定める活動」を定める告示であるが，同告示第２条は，このあらかじめ定める活動を，第２号の「表のニの項からチの項までの上欄に掲げる区分に応じ，それぞれ同表の下欄に掲げるとおり定める」とし，同表の上欄に

「活動を行おうとする者」を，同表の下欄に「あらかじめ定める活動」を定めている。

この上欄の規定に相当する規定は，特定活動の告示には規定されていないが，法務大臣が，第７条第１項第２号の規定に基づき，告示をもって活動を定めるのは，入国審査官に当該活動を指定する権限を委ねるものであり，したがって，法務大臣は，告示をもって活動を定める場合に，入国審査官が当該活動を指定できる場合を限定することも可能である。高度人材告示第２条は，第２条の表の下欄のニの項からチの項までに掲げる活動を，入国審査官が指定できる活動として定めるとともに，入国審査官が当該活動を指定できる場合を，上陸の申請を行った外国人が同表の上欄に定められている者のニの項からチの項までに該当する場合に限定したものである。

(高度人材外国人の要件)

前述したように，第２条の表のイ，ロ及びハの項の下欄に掲げられている活動（高度学術研究活動，高度専門・技術活動及び高度経営・管理活動）はニの項からチの項までの適用の前提としての高度人材外国人について規定したものであり，高度人材告示に基づいてこれらの要件に該当する外国人が「特定活動」の在留資格の決定を受けることはできない。

なお，同表のイからハまでの項の上欄に定められている者に該当するための共通の要件は，特定認定証明書を所持すること及び同告示第３条に定めるところにより計算した点数（ポイント）が70以上であることである。これに加えて，イの項の上欄の場合は，当該特定認定証明書において特定された本邦の公私の機関との契約に基づいて研究，研究の指導又は教育をする活動を行おうとする者であることが，ロの項の上欄の場合は，特定認定証明書において特定された本邦の公私の機関との契約に基づいて自然科学又は人文科学の分野に属する知識又は技術を要する業務に従事する活動を行おうとする者であることが，ハの項の上欄の場合は，特定認定証明書において特定された本邦の営利を目的とする法人又は法律上資格を有しなければ行うことができないこととされている法律若しくは会計に係る業務を行うための事務所（以下「法律・会計業務事務所」という。）の経営又は管理に従事する活動を行おうとする者であることが，それぞれ，要件として定められている。

（高度人材外国人の配偶者及び子）

高度人材告示第２条の表のニの項からチの項までは，高度人材外国人の家族及び家事使用人に関する規定である。

このうち同表のニの項の下欄に掲げられている活動の指定を受けることができるのは，高度人材外国人の扶養を受けて在留しようとするその者の配偶者又は子であり，指定される活動は，「高度人材外国人の扶養を受ける配偶者又は子として行う日常的な活動」である。

なお，同表のニの項の上欄における「高度人材外国人」には特定認定証明書を所持する者を含むこととされているのは，本邦において高度人材外国人として在留するため特定認定証明書の交付を受けても，その交付を受けた外国人が高度人材外国人となるのは，上陸許可を受けて同表のイからハまでの項の下欄の活動のいずれかを指定されて在留することとなったときである。そこで，本邦において当該外国人の扶養を受けて在留する予定の当該外国人の配偶者又は子が，当該外国人と同時あるいは当該外国人よりも先に本邦に到着した場合に上陸許可を受けることができるようにしたものであるが，現在では，高度人材告示の適用を受けて高度人材外国人として上陸許可を受ける者はいないので，意味を失っている。同表のホからチまでの項の上欄の「高度人材外国人」についても特定認定証明書を所持する者を含むものとされているが同様である。

同表のニの項の下欄の「扶養を受ける配偶者又は子として行う日常的な活動」については，家族滞在の１の解説を参照。

次に，同表のホの項は，高度人材外国人の配偶者で本邦で就労しようとするものに係る規定である。高度専門職外国人の配偶者に係る特定活動の告示第33号と同趣旨である。

同表のホの項の下欄に掲げられている活動の指定を受けることができるのは，次の要件に適合する高度人材外国人の配偶者である。

①　本邦において高度人材外国人と同居すること

②　本邦において行おうとする活動が同表のホの項の下欄に掲げる活動に

該当するとして交付された有効な「特定活動」の在留資格に係る在留資格認定証明書を所持していること

③　当該在留資格認定証明書において特定された本邦の公私の機関との契約に基づいて，従事しようとする活動に日本人が従事する場合に受ける報酬と同等額以上の報酬を受けて高度人材告示別表第二に掲げるいずれかの活動を行おうとするものであること

「本邦の公私の機関」については第1章総論のⅣを，「契約に基づいて」については第1章総論のⅤを，「日本人が従事する場合に受ける報酬と同等額以上の報酬」については第1章総論のⅦを，それぞれ参照。

同表のホの項の下欄に掲げられている活動は，「高度人材外国人の配偶者（当該高度人材外国人と同居する者に限る。）が法第七条の二第一項の証明書により特定された本邦の公私の機関との契約に基づいて行う別表第二に掲げるいずれかの活動」である。

（高度人材外国人の家事使用人）

高度人材告示第2条の表のへの項及びトの項は，高度人材外国人の家事使用人に関する規定である。

このうち同表のへの項は，高度人材外国人と共に本邦に転居する家事使用人についての規定である。

同表のへの項の下欄に掲げる活動の指定を受けるためには，

①　申請人を雇用する高度人材外国人が受ける報酬の年額とその配偶者が受ける報酬の年額とを合算した額が1,000万円以上であること

②　当該高度人材外国人が申請人以外に家事使用人を雇用していないこと

のいずれにも該当し，かつ，申請人が，

③　当該高度人材外国人が使用する言語により日常会話を行うことができる個人的使用人として当該高度人材外国人に雇用され，月額20万円以上の報酬を受けて，当該高度人材外国人の家事に従事しようとするものであること

④　18歳以上であること

⑤　継続して1年以上当該高度人材外国人に個人的使用人として雇用され

ていること

⑥　当該高度人材外国人と共に本邦に転居し，かつ，当該高度人材外国人の負担において当該高度人材外国人と共に本邦から出国（再入国許可を受けて出国する場合を除く。）することが予定されていること

のいずれにも該当することが必要である。

同表のへの項の下欄に掲げられている活動は，「高度人材外国人（共に本邦に転居したものに限る。）に雇用され，月額二十万円以上の報酬を受けて，当該雇用した高度人材外国人の家事に従事する活動」である。

次に，同表のトの項は，高度人材外国人が，13歳未満の子又は病気等により日常の家事に従事することができない配偶者を有する場合に関する規定である。

同表のトの項の下欄に掲げる活動の指定を受けるための要件は，

①　申請人を雇用する高度人材外国人が13歳未満の子又は病気等により日常の家事に従事することができない配偶者を有していること

②　当該高度人材外国人が受ける報酬の年額とその配偶者が受ける報酬の年額とを合算した額が1,000万円以上であること

③　当該高度人材外国人が申請人以外に家事使用人を雇用していないこと

④　申請人が当該高度人材外国人が使用する言語により日常会話を行うことができる個人的使用人として当該高度人材外国人に雇用され，月額20万円以上の報酬を受けて，当該高度人材外国人の家事に従事しようとするものであること

⑤　申請人が18歳以上であること

「13歳未満の子」は，当該家事使用人が上陸許可を受ける時点において13歳未満であることを要する。

同表のトの項の下欄に掲げる活動は，「高度人材外国人に雇用され，月額二十万円以上の報酬を受けて，当該雇用した高度人材外国人の家事に従事する活動」である。

(高度人材外国人又はその配偶者の親)

同表のチの項は，高度人材外国人又はその配偶者の親に関する規定である。

同表のチの項の下欄に掲げる活動の指定を受けることができるのは，次のいずれにも該当する高度人材外国人の父若しくは母又は当該高度人材外国人の配偶者の父若しくは母である。

① 当該高度人材外国人が受ける報酬の年額とその配偶者が受ける報酬の年額とを合算した額が800万円以上であること

② 本邦において当該高度人材外国人と同居すること

③ 同表のニの項の下欄に掲げる活動を指定されて在留する当該高度人材外国人若しくはその配偶者の７歳未満の子の養育又は当該高度人材外国人の妊娠中の配偶者若しくは妊娠中の当該高度人材外国人に対し，介助，家事その他の必要な支援を行おうとするものであること

④ 高度人材外国人の父又は母にあっては，同表のチの項の下欄に掲げる活動を指定されて在留し当該７歳未満の子を養育し，又は当該高度人材外国人の妊娠中の配偶者若しくは妊娠中の当該高度人材外国人に対し，介助，家事その他の必要な支援をする当該高度人材外国人の配偶者の父又は母がいないこと

⑤ 高度人材外国人の配偶者の父又は母にあっては，同表のチの項の下欄に掲げる活動を指定されて在留し当該７歳未満の子を養育し，又は当該高度人材外国人の妊娠中の配偶者若しくは妊娠中の当該高度人材外国人に対し，介助，家事その他の必要な支援をする当該高度人材外国人の父又は母がいないこと

④及び⑤は，高度人材外国人の父母と高度人材外国人の配偶者の父母が，同じ目的のために同表のチの項の下欄に掲げられている活動の指定を受けて在留することができないこととしたものである。

同表のチの項の下欄に掲げられている活動は，「高度人材外国人と同居し，かつ，その者又はその者の配偶者の七歳未満の子を養育し，又は当該高度人材外国人の妊娠中の配偶者若しくは妊娠中の当該高度人材外国人に対し，介助，家事その他の必要な支援をする当該高度人材外国人の父若しくは母又は当該高度人材外国人の配偶者の父若しくは母として行う日常的な活動」である。

（高度人材告示第３条）

高度人材告示の第３条はポイントの計算に係る規定である。

（高度人材外国人等の在留手続）

高度人材外国人等の在留手続については，高度人材指針に定められている。

（在留期間）

高度人材の告示は，入管法第７条第１項第２号の規定に基づく告示であるので，高度人材告示の定める活動を指定される者の「特定活動」の在留資格に伴う在留期間は，原則として，５年，３年，１年，６月又は３月である（入管法施行規則３条及び同規則別表第二の特定活動の項の下欄第１号）。

ただし，本邦に在留する外国人の扶養を受ける日常的な活動を特に指定される者その他当該外国人に随伴する者であって法務大臣が別に期間を定めて指定する必要があると認めるものは，５年を超えない範囲内で法務大臣が個々の外国人について指定する期間である（入管法施行規則３条及び同規則別表第二の特定活動の項の下欄第１号及び第３号）。

この例外は，前述したように，令和３年法務省令第16号による改正により新設された。

この点については，２の（在留期間）の解説を参照。

４　告示で定められていない活動

（法務大臣の権限に属する処分における指定）

「特定活動」の在留資格は，法務大臣が，個々の外国人について一定の活動を指定して創設する在留資格であり，法務大臣が，個々の外国人からの申請に基づき，適切な活動を指定して「特定活動」の在留資格による在留を認めることができる。

特定活動の告示や高度人材告示で定められている活動は，指定活動の一部にすぎない。法務大臣の権限に属する上陸特別許可や，在留資格の変更の許可，在留資格の取得の許可，退去強制手続における在留特別許可及び難民認定手続における在留特別許可に際して，法務大臣が指定することができる活動は，これらの告示で定められているものに限られない。

告示に定められていない活動を指定して「特定活動」の在留資格が決定さ

れる場合としては，例えば，人道的な配慮に基づいて在留を認める場合，孫や親など「家族滞在」の在留資格の対象とならない親族の在留を特別に認める場合，難民認定を申請している者の申請手続中の在留を認める場合，難民認定を申請したが難民の要件に該当しないことから認定されなかった者の在留を特別に許可して庇護する場合，「留学」の在留資格をもって在留して大学等を卒業した外国人が卒業後に就職のための活動を継続して行う場合，一時的に他の在留資格に該当しない活動に従事する外国人を受け入れる場合などである。

なお，インドネシア協定，フィリピン協定又はベトナム交換公文に基づき在留する者のうち，協定等看護師及び協定等介護福祉士の活動も，特定活動の告示では定められていない。

（在留期間）

入管法施行規則別表第二の特定活動の項の下欄は，「特定活動」の在留資格に伴う在留期間を三つの号に分けて規定している。

このうち，同欄の第１号は，入管法第７条第１項第２号の規定に基づく告示で定める活動を行う者の在留期間を定めており，５年，３年，１年，６月又は３月と定めている。

ただし，前述したように，入管法第７条第１項第２号の告示で定める活動を指定される者のうち，本邦に在留する外国人の扶養を受ける日常的な活動を特に指定される者その他当該外国人に随伴する者であって法務大臣が別に期間を指定する必要があると認めるものについては，第１号の適用の対象から除外されている。

次に，同欄の第２号は，協定等看護師及び協定等介護福祉士の在留期間に関する規定で，３年又は１年と定めている。

最後に，同欄の第３号は，第１号及び第２号に掲げる者以外の者の在留期間を定めており，５年を超えない範囲内で法務大臣が個々の外国人について指定する期間と定めている。上記の入管法第７条第１項第２号の告示で定める活動を指定される者のうち，第１号の適用されない「本邦に在留する外国人の扶養を受ける日常的な活動を特に指定される者その他当該外国人に随伴する者であって法務大臣が別に期間を指定する必要があると認めるもの」の在留期間もこの第3号の適用を受ける。

なお，インドネシア協定，フィリピン協定及びベトナム交換公文に基づき入国・在留する者に係る在留期間については，それぞれ，インドネシア人看護師等に関する指針及びインドネシア人看護師等に関する指針の特例，フィリピン人看護師等に関する指針及びフィリピン人看護師等に関する指針の特例，ベトナム人看護師等に関する指針及びベトナム人看護師等に関する指針の特例に，具体的な運用方針が定められている。

5　総合特別区域法に基づくみなし告示活動

総合開発特別区域法及び国家戦略特別区域法（平成23年法律第81号）に基づく主務省令により規定された規制の特例措置として，「法務省関係総合特別区域法第五十三条に規定する政令等規制事業に係る告示の特例に関する措置を定める件」（平成25年内閣府・法務省告示第2号。以下「総合特区告示」という。）により，一定の活動を，入管法第7条第1項第2号の規定に基づき，同法別表第一の五の表の下欄に掲げる活動で法務大臣があらかじめ告示をもって定めるものとみなすことが定められている。

これらの活動は，事実上，特定活動の告示に加えられたのと同様になる。

(特定地域活性化事業)

総合特別区域法第53条は，指定地方公共団体[143)]が，同法第35条第2項第1号に規定する特定地域活性化事業として政令等規制事業（政令又は主務省令により規定された規制に係る事業をいう。）を定めた地域活性化総合特別区域計画について，内閣総理大臣の認定を申請し，その認定を受けたときは，当該政令等規制事業については，政令により規定された規制に係るものにあっては政令で，主務省令により規定された規制に係るものにあっては内閣府令・主務省令で，それぞれ定めるところにより，規制の特例措置を適用する旨定め

143）総合特別区域法第31条第1項は，内閣総理大臣は，内閣府令で定めるところにより，地方公共団体が単独で又は共同して行う申請に基づき，当該地方公共団体の区域内の区域であって同項各号に掲げる基準に適合するものについて，地域活性化総合特別区域として指定することができると定め，同条第9項は，同条第1項の規定による指定を受けた地方公共団体を「指定地方公共団体」というとしている。

ている。

この規定に基づいて総合特区告示第２条は，指定地方公共団体が，総合特別区域法第35条第２項第１号に規定する特定地域活性化事業として，特定伝統料理海外普及事業[144]を定めた地域活性化総合特別区域計画について内閣総理大臣の認定を受けたときは，当該認定の日以後は，総合特区告示第２条の各号いずれにも該当する外国人から後述する特定調理活動を行うものとして在留資格認定証明書の交付申請があった場合及び当該外国人が特定調理活動を指定された「特定活動」の在留資格に係る在留資格認定証明書を提出して入管法第６条第２項の上陸の申請をした場合には，特定調理活動を，入管法第７条第１項第２号の規定に基づき同法別表第一の五の表の下欄に掲げる活動で法務大臣があらかじめ告示をもって定めるものとみなすとする。

(特定調理活動)

「特定調理活動」とは，「本邦の公私の機関との契約に基づいて当該機関の地域活性化総合特別区域内に所在する入管法第七条の二第一項の証明書（在留資格認定証明書―筆者注）により特定された事業所において調理に関する技能を要する特定伝統料理の調理に係る業務に従事する活動をいう。」（総合特区告示２条）と定められている。

この特定調理活動は，単に外国人が本邦において特定伝統料理の調理に係る業務に従事するというのではなく，地域活性化総合特別区域内において特定伝統料理の提供に係る事業を営む者と連携してその特定伝統料理の海外への普及を図る事業として行われるものであり，そのため，調理に関して一定の技能を有する外国人を対象として，このような外国人が，わが国において特定伝統料理の調理に係る業務に従事することにより特定伝統料理を修得し，帰国後，当該特定伝統料理を世界に発信することを目的として行われる。この観点から，総合特区告示第２条は，本邦に上陸して特定調理活動を行おう

144)「特定伝統料理海外普及事業」とは，地域活性化総合特別区域における地域の活性化を図るため，当該地域活性化総合特別区域内において特定伝統料理の提供に係る事業を営む者と連携して行う当該特定伝統料理の海外への普及を図る事業をいい，「特定伝統料理」とは，当該地域活性化総合特別区域内において考案され広く提供されているわが国の伝統的な料理をいう（総合特区告示第２条)。

とする外国人についてその各号において次のような要件を定めている。

一　申請人が特定調理活動を行うため受け入れられる本邦の公私の機関が次のいずれにも該当していること。

イ　特定伝統料理に係る地域活性化総合特別区域内の産業の発展に資する取組を他の公私の機関と連携して行っていること。

ロ　次のいずれかに該当していること。

⑴　申請人が国籍又は住所を有する国において所属する公私の機関（以下「海外の所属機関」という。）との間で，次の事項について合意し，その内容を明らかにした書面を交換していること。

(i)　申請人が海外の所属機関の業務の一環として派遣されること。

(ii)　申請人が帰国後，海外の所属機関の業務に復職すること。

(iii)　本邦において従事する特定調理活動について本邦の公私の機関と申請人とが雇用契約を締結すること。

⑵　申請人が国籍又は住所を有する国において飲食店営業を営んでいる場合は，次の事項の内容を明らかにした特定伝統料理を修得するための計画書の提出を受け，本邦において従事する特定調理活動について当該申請人と雇用契約を締結していること。

(i)　申請人が営む飲食店営業の業務の一環として特定伝統料理を修得すること。

(ii)　申請人が帰国後，特定伝統料理等を提供する飲食店営業を営むこと。

⑶　申請人が「海外における日本料理の調理技能の認定に関するガイドライン」（平成二十八年四月一日付け二十七食産第六千九十四号農林水産省食料産業局長通知）に基づき「実務経験が概ね二年程度の者（ゴールド）」又は「日本料理学校等の卒業者又は実務経験が概ね一年程度の者（シルバー）」の認定を受けている場合は，次の事項の内容を明らかにした特定伝統料理を修得するための計画書の提出を受け，本邦において従事する特定調理活動について当該申請人と雇用契約を締結しているこ

と。

(i) 申請人が認定を受けた知識及び技能を活用して特定伝統料理を修得すること。

(ii) 申請人が帰国後，特定伝統料理を世界へ発信すること。

ハ　申請人が特定調理活動を行うための受入れ環境の整備等に関して指定地方公共団体が策定し法務大臣に報告した次の事項を含む実施要領を適正に実施することができるものとして当該指定地方公共団体に指定されていること。

(1) 特定伝統料理を修得するための計画及び施設に関する事項

(2) 特定伝統料理の修得状況の評価に関する事項

(3) 在留中の住居の確保に関する事項

(4) 長期休暇の取得に関する事項

(5) 特定伝統料理の指導員及び生活指導員の任命に関する事項

(6) 報酬及び労働・社会保険への加入等を担保する財産的基盤に関する事項

(7) 申請人との面接及び申請人からの相談への対応に関する事項

(8) 申請人の帰国旅費の確保その他の帰国担保措置（申請人が帰国旅費を支弁できない場合に指定地方公共団体が負担することを含む。）に関する事項

(9) 特定調理活動の継続が不可能となった場合の措置（特定調理活動の継続のために指定地方公共団体が新たな本邦の公私の機関の確保に努めることを含む。）に関する事項

ニ　特定伝統料理を修得するための期間を五年以内としていること。

ホ　特定調理活動を行う者の受入れ人数を一事業所当たり三人以内としていること。

ヘ　過去三年間に外国人の受入れ又は就労に係る不正行為を行ったことがないこと。

二　申請人が次のいずれにも該当していること。

イ　海外の所属機関又は調理に関する第三者機関の推薦又は説明により，調理における技能を有し，素行が善良であると認められること。

ロ　特定伝統料理を修得する意思及び帰国後，特定伝統料理を世界へ発信する意思を有すること。

ハ　特定調理活動に日本人が従事する場合に受ける報酬と同等額以上の報酬を受けること。

第１号は特定調理活動を行う外国人を受け入れる本邦の公私の機関（以下「本邦の所属機関」という。）に関する要件である。

本邦の所属機関が第１号のイからヘまでのいずれにも該当していることが必要である。

イは，本邦の所属機関が他の公私の機関と連携して特定伝統料理に係る地域活性化総合特別区域内の産業の発展に資する取組を行っていることを要件として定めている。

ロは，申請人に係る要件であり，申請人が(1)から(3)までのいずれかに該当することを要件として定めている。

(1)は，本邦の所属機関が，申請人が国籍又は住所を有する国において所属する公私の機関（以下「海外の所属機関」という。）との間で，(i)から(iii)までの事項について合意し，その内容を明らかにした書面を交換していることを要件として定めている。

(2)は，申請人が国籍又は住所を有する国において飲食店営業を営んでいる場合について，本邦の所属機関が(i)及び(ii)の事項の内容を明らかにした特定伝統料理を修得するための計画書の提出を受け，本邦において従事する特定調理活動について当該申請人と雇用契約を締結していることを要件として定めている。

(3)は，申請人が「海外における日本料理の調理技能の認定に関するガイドライン」に基づき，一定の認定を受けている場合は，本邦の所属機関が，申請人が認定を受けた知識及び技能を活用して特定伝統料理を修得すること及び申請人が帰国後，特定伝統料理を世界に発信することに係る内容を明らかにした特定伝統料理を修得するための計画書の提出を受け，本邦において従事する特定調理活動について当該申請人と雇用契約を締結していることを要件として定めている。

ハは，本邦の所属機関が，申請人が特定調理活動を行うための受入れ環境の整備等に関して指定地方公共団体が策定し法務大臣に報告した実施要領を適正に実施することができるものとして当該地方公共団体に指定されていることを要件として定めたものである。この実施要領は，(1)から(9)までの事項が含まれるものでなければならない。

ニは，本邦の所属機関が特定伝統料理を修得するための期間を５年以内としていることを，ホは本邦の所属機関が特定調理活動を行う者の受入れ人数を一事業所当たり３人以内としていることを，また，ヘは，本邦の所属機関が過去３年間に外国人の受入れ又は就労に係る不正行為を行ったことがないことを要件として定めたものである。

第２号は，特定調理活動を行うため上陸の申請を行った外国人に関する要件で，海外の所属機関又は調理に関する第三者機関の推薦又は説明により，調理における技能を有し，素行が善良であると認められること，特定伝統料理を修得する意思及び帰国後特定伝統料理を世界へ発信する意思を有すること，並びに特定調理活動に日本人が従事する場合における報酬と同等額以上の報酬を受けることを要件として定めたものである。なお，「日本人が従事する場合に受ける報酬と同等額以上の報酬を受けること」については，第1章総論のⅦを参照。

6　国家戦略特別区域法におけるみなし告示活動
(国家戦略特区に係る出入国管理及び難民認定法の特例)

国家戦略特別区域法（平成25年法律第107号）にも，一定の活動を入管法第７条第１項第２号に基づき法務大臣があらかじめ告示をもって定める同法別表第一の五の表の下欄に掲げる活動（「特定活動」の在留資格に対応する活動）とみなすことが定められている。

同法は，「我が国を取り巻く国際経済環境の変化その他の経済社会情勢の変化に対応して，我が国の経済社会の活力の向上及び持続的発展を図るためには，国が定めた国家戦略特別区域において，経済社会の構造改革を重点的に推進することにより，産業の国際競争力を強化するとともに，国際的な経済活動の拠点を形成することが重要であることに鑑み，国家戦略特別区域に関し，規制改革その他の施策を総合的かつ集中的に推進するために必要な事項を定め，もって国民経済の発展及び国民生活の向上に寄与することを目的とする。」（同法１条）

そして，同法は，その第４章（認定区域計画に基づく事業に対する規制の特例措置等）において第16条の４から第16条の７までの４か条において出入国管理及び難民認定法の特例を定めている。

このうち，国家戦略特別区域家事支援外国人受入事業について規定する第16条の４が特定家事支援活動を，国家戦略特別区域農業支援外国人受入事業について規定する第16条の５が，特定農業支援活動を入管法第７条第１項第２号に規定する同法別表第一の五の表の下欄に掲げる活動として法務大臣があらかじめ告示をもって定めるものとみなすものとしている。

特定家事支援活動に係る特例は平成27年法律第56号による国家戦略特別区域法の改正により，[145] 特定農業支援活動に係る特例は平成29年法律第71号に

145）石破国務大臣は，平成27年４月24日の衆議院本会議における平成27年法律第56号による国家戦略特別区域法の改正に係る趣旨説明において，「我が国が取り組むべき重要な課題は，成長戦略の着実な実行を図り，その効果を全国に波及させていくことにあります。そのためには，二〇一五年度までを集中取り組み期間としております国家戦略特区を活用し，国，地方公共団体，民間が一体となり，スピード感を持って規制改革を実行していくことが必要です。これまで，国家戦略特別区域諮問会議等において，特区ごとに設置する区域会議や全国の地方公共団体，民間からの提案も踏まえ，国家戦略特別区域に係る新たな規制の特例措置等について検討を行うとともに，構造改革特別区域推進本部において，全国からの提案募集を行い，構造改革特別区域に係る新たな規制の特例措置について検討を行ってまいりました。今般，これらの検討結果に基づき，経済社会の構造改革をさらに推進するため，この法律案を提出する次第であります。」と述べるとともに，法律案の要点として，「出入国管理及び難民認定法の特例として，家事支援サービスを提供する企業に雇用される外国人の入国，在留を可能と…することとしております。」と述べている（189回衆本20号２頁）。

また，「平成28年版入管白書」には，「家事支援人材」として，次のとおり記載されている（74頁）。

「国家戦略特別区域において家事支援活動を行う外国人について，国家戦略特別区域法及び構造改革特別区域法の一部を改正する法律（平成27年法律第56号）において，在留資格「特定活動」の告示に該当するものとみなす，「国家戦略特別区域家事支援外国人受入事業」が特例措置として規定された。

本事業は，国家戦略特別区域会議が本事業を区域計画に定め，当該区域計画が内閣総理大臣の認定を受けたとき，本事業実施区域の自治体及び関係府省（内閣府，法務省，厚生労働省，経済産業省）で構成される第三者管理協議会が適正な受入れの確保に関与する枠組み（特定機関の基準適合の確認，監査の実施等）の下で，特定機関との雇用契約を締結した外国人家事支援人材が，利用世帯において，炊事・洗濯・掃除・買い物等の家事一般に従事する特例である。」

よる国家戦略特別区域法の改正により,[146] それぞれ新設されたものである。

(特定家事支援活動)

国家戦略特別区域法第16条の４第１項は，特定家事支援活動を「特定機関との雇用契約に基づいて，国家戦略特別区域内に限って行う家事支援活動をいう」とし，家事支援活動を「炊事，洗濯その他の家事を代行し，又は補助する業務で政令で定めるものに従事する活動をいう」と定めている。そして，国家戦略特別区域法施行令第16条により，この「政令で定める業務」は，同条各号に掲げる家事を代行し，又は補助する業務とされている。

各号の規定の内容は次のとおりである。

一　炊事

二　洗濯

三　掃除

四　買物

五　児童の日常生活上の世話及び必要な保護（前各号又は次号に掲げるものと併せて実施されるものに限る。）

146）山本国務大臣は，平成29年４月19日の衆議院本会議における平成29年法律第71号による国家戦略特別区域法の改正に係る趣旨説明において，「今後，成長戦略をさらに着実に実行していくためには，平成二十九年度末までの集中改革強化期間において，残された規制改革を加速的に推進していくことが不可欠です。本法案は，特区の区域会議や全国の地方自治体，産業界からの提案を踏まえて，国家戦略特区諮問会議等において検討した結果に基づき，経済社会の構造改革をさらに推進するため，日本再興戦略二〇一六で定めた重点分野を初めとする新たな規制改革事項を盛り込んだものであります。」と述べるとともに，法律案の要点として，出入国管理及び難民認定法の特例として，農作業等に従事する外国人の入国，在留を可能と…することとしております。」と述べている（193回衆本20号８頁）。

また，「平成29年版入管白書」には，「農業支援人材」として，次のとおり記載されている（75-76頁）。

「農業分野における外国人材の活用を図ることにより，産地での多様な作物の生産等を推進し，経営規模の拡大などによる「強い農業」を実現するため，国家戦略特別区域法及び構造改革特別区域法の一部を改正する法律（平成29年法律第71号）において，国家戦略特別区域において農業支援活動を行う外国人について，在留資格「特定活動」の告示に該当するとみなす，「国家戦略特別区域農業支援外国人受入事業」が特例措置として規定された（平成29年９月22日施行）。

本事業は，国家戦略特別区域会議が本事業を区域計画に定め，当該区域計画が内閣総理大臣の認定を受けたとき，本事業実施区域の自治体及び関係府省（内閣府，法務省，厚生労働省，農林水産省）で構成される適正受入管理協議会が適正な受入れの確保に関与する枠組み（特定機関の基準適合の確認，監査・巡回指導の実施等）の下で，特定機関との雇用契約を締結した外国人農業支援人材が，特定機関と労働者派遣契約を締結した派遣先である農業経営体等において，農業支援活動（生産，製造，加工等）に従事する特例である。」

六　前各号に掲げるもののほか，家庭において日常生活を営むのに必要な行為

なお，特定機関とは，国家戦略特別区域内において家事支援活動を行う外国人を雇用契約に基づいて受け入れる本邦の公私の機関であり，国家戦略特別区域法第16条の４第３項の規定により，内閣総理大臣が作成する，国家戦略特別区域家事支援外国人受入事業に関して，受け入れる外国人に対する研修の実施及び情報の提供，関係行政機関との連携の確保その他のその適正かつ確実な実施を図るために特定機関が講ずべき措置を定めた指針に照らして必要な措置を講じていることその他の家事支援活動を行う外国人の受入れを適正かつ確実に行うために必要なものとして政令で定める基準に適合するものに限られる（同法同条１項）。

また，特定家事支援活動を行う主体となる外国人は，「年齢，家事の代行又は補助に関する職歴その他の政令で定める要件を満たすものに限る」（同法同条１項）とされ，この「政令で定める要件」は，国家戦略特別区域法施行令第17条により，同条各号のいずれにも該当するものであることとされている。

一　入管法第６条第２項の申請（上陸の申請）を行う日における年齢が満18歳以上であること。

二　家事を代行し，又は補助する業務に関し１年以上の実務経験を有し，かつ，家事支援活動を適切に行うために必要な知識及び技能を有する者であること。

三　家事支援活動を行うために必要な日本語の能力を有していること。

法務大臣は，本邦に上陸しようとする外国人から，特定家事支援活動を行うものとして，入管法第７条の２第１項の申請（在留資格認定証明書の交付申請）があった場合には，当該特定家事支援活動を入管法第７条第１項第２号に規定する入管法別表第一の五の表の下欄に掲げる活動として法務大臣があらかじめ告示をもって定めるものに該当するものとみなして，在留資格認定証明書を交付することができる（国家戦略特別区域法16条の４第１項）。また，外国人が，このようにして交付された在留資格認定証明書を提出して入管法第６条

第２項の申請（一般上陸の申請）をした場合における入管法第７条第１項第２号の規定の適用については，当該申請に係る特定家事支援活動を入管法別表第一の五の表の下欄に掲げる活動として法務大臣があらかじめ告示をもって定めるものに該当するものとみなす（同条２項）。

なお，特定家事支援活動に係る上記の特例は，国家戦略特別区域会議が，国家戦略特別区域家事支援外国人受入事業（国家戦略特別区域内において家事支援活動を行う外国人を，特定機関が雇用契約に基づいて受け入れる事業をいう。）を定めた区域計画について，内閣総理大臣の認定を申請し，その認定を受けた日以後に適用される。

（特定農業支援活動）

国家戦略特別区域法第16条の５第１項は，特定農業支援活動を「特定機関との雇用契約に基づいて，国家戦略特別区域内に限って行う農業支援活動をいう」とし，農業支援活動を「農作業に従事し，又は農作業及び農畜産物を原料若しくは材料として使用する製造若しくは加工の作業その他農業に付随する作業であって政令で定めるものに従事することにより，農業経営を行う者を支援する活動をいう。」と定めている。そして，国家戦略特別区域法施行令第19条は，この「政令で定めるもの」を次の同条各号に定める作業とする。同条各号は次のようなことを規定している。

一　農畜産物の生産に伴う副産物を原料又は材料として使用する製造又は加工の作業

二　農畜産物又は農畜産物若しくは農畜産物の生産に伴う副産物を原料若しくは材料として製造され，若しくは加工された物の運搬，陳列又は販売の作業

この場合の，特定機関は，国家戦略特別区域内において農業支援活動を行う外国人を雇用契約に基づいて受け入れる本邦の公私の機関であり，国家戦略特別区域法第16条の５第３項の規定により，内閣総理大臣が作成する，国家戦略特別区域農業支援外国人受入事業に関して，受け入れる外国人に対する研修の実施及び情報の提供，関係行政機関との連携の確保その他のその適正かつ確実な実施を図るために特定機関その他の関係者が講ずべき措置を定

めた指針に照らして必要な措置を講じていることその他の農業支援活動を行う外国人の受入れを適正かつ確実に行うために必要なものとして政令で定める基準に適合するものに限られる（同法同条1項）。

また，特定農業支援活動を行う主体となる外国人は，「農業に関する知識経験その他の事項について農業支援活動に従事するために必要なものとして政令で定める要件を満たすものに限る」（同法同条1項）とされ，この「政令で定める要件」は，国家戦略特別区域法施行令第20条により，次の同条各号のいずれにも該当するものであることとされている。

一　入管法第6条第2項の申請（上陸の申請）を行う日における年齢が満18歳以上であること。

二　農作業に関し1年以上の実務経験を有し，かつ，農業支援活動を適切に行うために必要な知識及び技能を有する者であること。

三　農業支援活動を行うために必要な日本語の能力を有していること。

法務大臣は，本邦に上陸しようとする外国人から，特定農業支援活動を行うものとして，入管法第7条の2第1項の申請があった場合には，当該特定農業支援活動を入管法第7条第1項第2号に規定する入管法別表第一の五の表の下欄に掲げる活動として法務大臣があらかじめ告示をもって定めるものに該当するものとみなして，在留資格認定証明書を交付することができる（国家戦略特別区域法16条の5第1項）。また，外国人が交付された在留資格認定証明書を提出して入管法第6条第2項の申請をした場合における入管法第7条第1項第2号の規定の適用については，当該申請に係る特定農業支援活動を入管法別表第一の五の表の下欄に掲げる活動として法務大臣があらかじめ告示をもって定めるものに該当するものとみなす（同条2項）。

特定農業支援活動は，国家戦略特別区域会議が，国家戦略特別区域農業支援外国人受入事業（外国人を，特定機関が雇用契約に基づいて受け入れる事業をいう。）を定めた区域計画について，内閣総理大臣の認定を申請し，その認定を受けた日以後に適用される。

別表第二

永住者

法務大臣が永住を認める者

(法務大臣が永住を認める者)

「法務大臣が永住を認める者」とは，永住許可[147)]を受けた者を意味する。なお，わが国における永住者としては，この他に，入管特例法に定める特別永住者があるが，特別永住者は，入管法第２条の２第１項の「他の法律に特別の規定がある場合」に該当するもので，「永住者」の在留資格に係る別表下欄の「法務大臣が永住を認める者」ではない。

(永住許可の要件)

永住許可の要件は，入管法第22条第２項が定めており，次の三つである。永住者の在留資格の取得の許可の場合も同一である（22条の２第４項，22条の３）。

① 法務大臣が，永住許可を申請した者の永住が日本国の利益に合すると認めたこと

② 永住許可を申請した者が，素行が善良であること

③ 永住許可を申請した者が，独立の生計を営むに足りる資産又は技能を有すること

ただし，永住許可を申請した者が，日本人，永住許可を受けている者又は特別永住者の配偶者又は子である場合は，②及び③の要件については適合することを要しない（22条２項ただし書）こと，また，永住許可を申請した者が難民の認定を受けている者である場合は③の要件に適合することを要しない

---

147) 永住許可には，入管法第22条第２項の規定による永住許可のほか，在留資格の取得の申請中永住者の在留資格の取得の申請について同法第22条の２第４項の規定により準用された同法第22条第２項の規定による永住許可及び第22条の３の規定により準用された第22条の２第４項の規定により準用された同法第22条第２項の規定による永住許可を含む。また，このほか，昭和56年法律第85号による入管法の改正で附則第７項から第10項まで（これらの規定は入管特例法により削られた。）において規定された永住許可の特例に係る永住許可も含まれる。

(61条の2の11) こととされている。

永住は，上記の要件に適合する場合に許可されるが，「永住許可に関するガイドライン（令和元年5月31日改定)」及びわが国への貢献があると認められる者への永住許可のガイドラインとして「「我が国への貢献」に関するガイドライン」(平成17年3月31日策定，平成18年3月31日改定，平成29年4月26日改定)が出入国在留管理庁のホームページにおいて公表されている。[148)]

永住許可の要件のうち②の「永住許可を申請した者が，素行が善良であること」とは，犯罪その他の違法行為をすることなく，社会的に問題のない日常生活を送っていることを意味する。この要件について「永住許可に関するガイドライン（令和元年5月31日改定)」は，1(1)で「法律を遵守し日常生活に

148)「「我が国への貢献」に関するガイドライン」について，「平成17年版入管白書」に，次のように記載されている。「総合規制改革会議の「規制改革の推進に関する第3次答申」(平成15年12月22日）において，「我が国への貢献が認められ5年以上の在留実績により永住許可された事例」をホームページで紹介するとともに，これらの事例を分析し，一定の基準を定め公開することにより，永住許可申請における「我が国への貢献」に関して明確化を図ることが決定されたほか，「規制改革・民間開放の推進に関する第1次答申」(平成16年12月24日）においても，「永住許可要件としての外交・社会・経済・文化等の分野において我が国への貢献が認められる者に関するガイドライン案について，各分野における専門家，有識者，外国人等からの意見を広く聴取しつつ策定すること」が決定された。また，第3次出入国管理基本計画においても永住許可要件の明確化・透明化を図っていくこととした。これらを受けて，永住許可の「我が国への貢献」に関する基準について可能な範囲で示すこととし，平成17年3月31日，具体的な受賞の経歴等のほか，外交，経済・産業，文化・芸術等の各分野において功績があったと評価される事項をガイドラインとして策定し，ホームページに公表した。」(126-127頁)

また，「平成18年版入管白書」には，「平成18年3月31日には，「永住許可に関するガイドライン」を新設して永住許可に係る一般的要件や，在留年数に係る基準を公表したほか，「我が国への貢献」に関するガイドラインについても，一部改定し，更なる許可要件の緩和，明確化・透明化を図った。」(114頁）と記載されている。

なお，永住許可のガイドライン化については，平成16年3月19日に閣議決定された「規制改革・民間開放推進3か年計画」において，「どのような外国人が入管法に定められている「日本国の利益に合する」のか，単なる事例紹介のみならず，速やかに永住許可に関する基準を明確化する措置を講じ，さらに，その基準を公開することにより，ガイドライン化を図る。」(同計画の3「分野別措置事項」の3エ①）とされている。

この永住許可のガイドラインは，数回改正されており，最近の改定は令和元年5月になされている，この改定について，「2019年版入管白書」には次のとおり記載されている（103頁)。

第197回国会（臨時会）において成立した入管法等改正法により，2019年4月1日，在留資格「特定技能」が新設されたことに伴い，「永住許可に関するガイドライン」において，同資格の取扱いについて明記するとともに，同ガイドラインの内容の明確化を図ることを目的として，2019年5月31日，「永住許可に関するガイドライン」が改定された。具体的には，居住要件として定めている10年以上の本邦在留期間のうち，就労資格又は居住資格により5年以上滞在したものとして認められる在留資格に，「技能実習」及び「特定技能1号」を含まないことや公的義務の内容について，納税，公的年金及び公的医療保険の保険料の納付並びに出入国管理及び難民認定法に定める届出等の義務を適正に履行していることを明記した。

おいても住民として社会的に非難されることのない生活を営んでいること」としている。

永住許可の要件の③の「永住許可を申請した者が独立の生計を営むに足りる資産又は技能を有すること」について，同ガイドラインは，1(2)で「日常生活において公共の負担にならず，その有する資産又は技能等から見て将来において安定した生活が見込まれること」としている。

入管法第22条第2項第2号の「独立の生計を営むに足りる資産又は技能を有すること」とは，必ずしも狭い意味の資産又は技能を有する場合には限られず，安定的に生計を維持する方策があることを要件としたものと解される。

次に，永住許可の要件の③の「法務大臣が，永住許可の申請をした者の永住が日本国の利益に合すると認めたこと」については，同ガイドラインは，1(3)で，アからエまでの事項を列挙している。これらのいずれにも該当する場合にその者の永住が日本国の利益に合すると認められる。アからエまでの内容は次のとおりである。

ア　原則として引き続き10年以上本邦に在留していること。ただし，この期間のうち，就労資格（「技能実習」及び「特定技能1号」を除く。）又は居住資格をもって引き続き5年以上在留していることを要する。

イ　罰金刑や懲役刑などを受けていないこと。公的義務（納税，公的年金及び公的医療保険の保険料の納付並びに出入国管理及び難民認定法に定める届出等の義務）を適正に履行していること。

ウ　現に有している在留資格について，出入国管理及び難民認定法施行規則別表第二に規定されている最長の在留期間をもって在留していること。

エ　公衆衛生上の観点から有害となるおそれがないこと。

ただし，ウの「最長の在留期間をもって在留していること」については，同ガイドラインの（注1）において「本ガイドラインについては，当面，在留期間「3年」を有する場合は，前記1(3)ウの「最長の在留期間をもって在留している」ものとして取り扱うこととする。」とされている。

（永住許可の要件の特例）

「永住許可に関するガイドライン」の1(3)アは，上記のとおり，永住許可を受けるためには，原則として引き続き10年以上本邦に在留していることが必要であることとしているが，例外が認められている。

同ガイドラインの2は，「原則10年在留に関する特例」として，(1)から(7)までの七つを特例として列挙している。(1)から(7)までの内容は次のとおりである。

(1)　日本人，永住者及び特別永住者の配偶者の場合，実体を伴った婚姻生活が3年以上継続し，かつ，引き続き1年以上本邦に在留していること。

その実子等の場合は1年以上本邦に継続して在留していること。

(2)「定住者」の在留資格で5年以上継続して本邦に在留していること。

(3)　難民の認定を受けた者の場合，認定後5年以上継続して本邦に在留していること。

(4)　外交，社会，経済，文化等の分野において我が国への貢献があると認められる者で，5年以上本邦に在留していること。

なお，この(4)については，前述したように，別に，「「我が国への貢献」に関するガイドライン」が公表されている。

(5)　地域再生法（平成17年法律第24号）第5条第16項に基づき認定された地域再生計画において明示された同計画の区域内に所在する公私の機関において，特定活動の告示第36号又は第37号のいずれかに該当する活動を行い，当該活動によって我が国への貢献があると認められる者の場合，3年以上継続して本邦に在留していること。

(6)　高度専門職省令に規定するポイント計算を行った場合に70点以上を有している者であって，次のいずれかに該当するもの

ア　「高度人材外国人」として3年以上継続して本邦に在留していること。

イ　3年以上継続して本邦に在留している者で，永住許可申請日から3年前の時点を基準として高度専門職省令に規定するポイント計算を行った場合に70点以上の点数を有していたことが認められること。

(7)　高度専門職省令に規定するポイント計算を行った場合に80点以上を有している者であって，次のいずれかに該当するもの

ア　「高度人材外国人」として１年以上継続して本邦に在留していること。

イ　１年以上継続して本邦に在留している者で，永住許可申請日から１年前の時点を基準として高度専門職省令に規定するポイント計算を行った場合に80点以上の点数を有していたことが認められること。

（在留期間）

「永住者」の在留資格に伴う在留期間は，無期限である（入管法施行規則３条及び同規則別表第二）。したがって，「永住者」の在留資格をもって在留する者が在留することができる期間には期限がなく，終身本邦に在留することができる。

日本人の配偶者等

日本人の配偶者若しくは特別養子又は日本人の子として出生した者

（対象となる者）

「日本人の配偶者等」の在留資格に対応する入管法別表の下欄に定められている「本邦において有する身分又は地位」は，

①　日本人の配偶者

②　日本人の特別養子

③　日本人の子として出生した者

であり，「日本人の配偶者等」の在留資格の決定を受けるためには，このような身分又は地位を有する者であることが必要である。

（日本人の配偶者）

「日本人の配偶者等」の在留資格を設け，当該在留資格に係る別表の下欄に「日本人の配偶者」の身分を定めているのは，配偶者である日本人との婚姻生活を本邦において営むために在留する外国人を受け入れるためである。

それゆえ，「日本人の配偶者等」の在留資格に該当するのは，現に日本人と婚姻している外国人である。外国人が日本人と婚姻した場合でも，その後当該日本人と離婚し又は当該日本人が死亡したときは，その外国人はここにいう日本人の配偶者には含まれない。なお，婚姻は法的に有効に成立していることが必要であり，内縁の配偶者は，「日本人の配偶者等」の在留資格に係る別表下欄の「日本人の配偶者」には含まれない。

また，「日本人の配偶者等」の在留資格の決定を受けるためには，日本人の配偶者という身分を有するだけではなく，本邦において行おうとする活動が日本人の配偶者の身分を有する者としての活動に該当することが必要である。

在留資格制度は，本邦に入国し在留しようとする外国人について，その者の有する身分，地位や能力などによって在留を認めるのではなく，本邦における在留活動により，その者に対する在留資格の決定の可否を決定するという考え方で構成されている。日本人の配偶者である外国人であっても，配偶者である日本人とは全く別に独立して活動を行うのであれば，日本人の配偶者の身分を有する者として本邦に在留するのではなく，当該活動を行う者として，すなわち，当該活動に係る在留資格をもって在留すべきであるというのが現行の入管法の考え方である。

（日本人の特別養子）

特別養子は，民法第817条の２の規定による特別養子をいうものとされており（22条の４第１項７号），日本人と特別養子縁組をしてその養子となった外国人が，日本人の特別養子である。特別養子縁組とは，実方の血族との親族関係が終了する縁組である（民法817条の２第１項）。

このような日本人の特別養子の身分を有する外国人が本邦において行う日本人の特別養子としての活動が「日本人の配偶者等」の在留資格に該当する。

（日本人の子として出生した者）

「日本人の子として出生した者」とは，その者の出生の時点においてその者の父母の少なくとも一方が日本国籍を有する者であった外国人である。

その外国人の出生前にその者の父が死亡した場合において，その父が死亡時に日本国籍を有していた場合にも，その者は，「日本人の子として出生した者」に該当する。

「日本人の子として出生した者」は日本人の子とは異なる。外国人の出生後にその父母又はそのいずれかが日本国籍を取得しても，その者が「日本人の子として出生した者」とはならない。逆に，その者の出生後に，日本国籍を有していた父母又は父若しくは母が日本国籍を失っても，その者は，日本人の子として出生した者である。

外国に移住し自己の志望により外国の国籍を取得して日本の国籍を失った者の日本の国籍を失う前に出生した子は，「日本人の子として出生した者」である。

日本人の子として出生した者の場合も，「日本人の配偶者等」の在留資格の決定を受けることができるのは，本邦において行おうとする活動が日本人の子として出生した者の身分を有する者としての活動に該当する場合である。

(扶　養)

「日本人の配偶者等」の在留資格の場合は，「家族滞在」の在留資格の場合とは異なり，扶養を受けることは要件とされていない。日本人である配偶者を扶養する外国人も対象となる。

ただし，日本で安定的に生活できることが必要である。

(在留期間)

「日本人の配偶者等」の在留資格に伴う在留期間は，５年，３年，１年又は６月である（入管法施行規則３条及び同規則別表第二）。

永住者の配偶者等

永住者等の配偶者又は永住者等の子として本邦で出生しその後引き続き本邦に在留している者

(対象となる者)

「永住者の配偶者等」の在留資格に対応する入管法別表の下欄に定められている「本邦において有する身分又は地位」は，

①　永住者等の配偶者

② 永住者等の子として本邦で出生しその後引き続き本邦に在留している者

である。

「永住者等」とは,「永住者の在留資格をもって在留する者又は特別永住者」をいう（19条の16第３号）。

（永住者等の配偶者）

「永住者等の配偶者」に該当するのは，永住者又は特別永住者と現に婚姻している外国人である。永住者等と婚姻した外国人であっても，その後当該永住者等と離婚し又は当該永住者等が死亡したときは，当該外国人はここにいう永住者等の配偶者には含まれない。また，婚姻は法的に有効に成立していることが必要であり，内縁の配偶者は含まれない。これらの点は,「日本人の配偶者等」の在留資格における日本人の配偶者の場合と同様である。

このような永住者等の配偶者である外国人が，本邦において行う永住者の配偶者の身分を有する者としての活動が「永住者の配偶者等」の在留資格に該当する。

（永住者等の子として出生した者）

「永住者等の子として」出生した者は,「日本人の配偶者等」の在留資格における「日本人の子として出生した者」と同様に，その者の出生の時点においてその者の父母の少なくとも一方が永住者等であったことを意味する。その外国人の出生前にその外国人の父が死亡した場合に，その父が死亡の時に永住者等であったときも，当該外国人は永住者等の子として出生した者に該当する。日本人の配偶者等の在留資格に関する解説を参照。

なお,「永住者等」とは永住者の在留資格をもって在留する者又は特別永住者をいう（19条の16第３号）ので，その外国人の出生の時点において父又は母の少なくとも一方が永住者等であるとは，父又は母の一方が「永住者」の在留資格をもって在留する者であるか又は特別永住者として在留している者であることを意味する。

ただし,「在留している」期間には，再入国許可を受けて出国している期間も含まれる。母が永住者等ではなく父が永住者等である場合に，その子の出生の時点において父が日本にいない場合でも，再入国許可を受けて出国しているのであれば，その子は永住者等の子として出生した者に該当する。ただし，再入国許可を受けている父が出国後，再入国をすることなく，当該再入国許可の有効期間が満了したときは，その時点で，その父は永住者等ではなくなるので，その後に出生した子は，永住者等の子として出生した者とはならない。結果的に父が再入国をしなかった場合でも，再入国をしなかったことによる在留の終了や在留資格等の消滅は再入国許可の有効期間の満了によって生じ，再入国許可の有効期間が満了するまでに出生した子は，永住者等の子として出生した者であると解される。

「日本人の配偶者等」の在留資格における「日本人の子として出生した者」の場合とは異なり，永住者等の子として出生した者が，「永住者の配偶者等」の在留資格に該当するためには，永住者等の子として出生しただけではなく，「本邦で出生しその後引き続き本邦に在留している者」であることが必要とされる。

永住者等の子として本邦で出生した外国人がその後引き続き本邦に在留している場合に，そのような者としての活動が「永住者の配偶者等」の在留資格に該当する。

したがって，永住者等の子として出生した者が「永住者の配偶者等」の在留資格を取得して本邦に在留していた場合でも，その後再入国許可を受けないで単純出国したときは，再度「永住者の配偶者等」の在留資格で上陸許可を受けることはできない。

なお，永住者等の子として本邦で出生しその後引き続いて本邦に在留している外国人が日本人の配偶者となった場合，理論的には，永住者等の子として本邦で出生しその後引き続いて本邦に在留している者としての活動を行うのが主たる在留の目的であれば「永住者の配偶者等」の在留資格に該当し，日本人の配偶者としての活動を行うことが主たる在留の目的であれば「日本人の配偶者等」の在留資格に該当するが，実際には，その外国人の申請によって決まるのが通常と思われる。

(在留期間)

「永住者の配偶者等」の在留資格に伴う在留期間は，５年，３年，１年又は６月である（入管法施行規則３条及び同規則別表第二）。

定住者

法務大臣が特別な理由を考慮し一定の在留期間を指定して居住を認める者

1　定住者の在留資格

(在留資格の決定)

「定住者」の在留資格は，別表第一における「特定活動」の在留資格に対応する別表第二の在留資格である。

「定住者」の在留資格に係る別表の下欄に掲げられている「本邦において有する身分又は地位」は，「法務大臣が特別な理由を考慮し一定の在留期間を指定して居住を認める者」であり，したがって，「定住者」の在留資格を決定するためには，法務大臣によってこのような地位が創設されることが必要である。このような地位の創設は，法務大臣が，個々の上陸許可又は在留の許可に際して行うのが原則であるが，「特定活動」の在留資格の場合と同様，第７条第１項第２号の規定に基づき法務大臣があらかじめ告示をもって定めたものについては，通常の一般上陸の許可に際しても行われる。

なお，第７条第１項第２号の規定に基づき法務大臣があらかじめ告示をもって定める地位は，「出入国管理及び難民認定法第七条第一項第二号の規定に基づき同法別表第二の定住者の項の下欄に掲げる地位を定める件」（平成２年法務省告示第132号，以下「定住者の告示」という。）によって定められている。

「定住者」の在留資格の場合，個々の外国人について活動の指定は行われず，第19条第１項も行ってはならない活動を定めていない。しかしながら，「定住者」の在留資格を決定する場合は，一定の在留期間が指定されることとされており，また，第２条の２第２項の規定により行うことができる活動は，法務大臣が特別な理由を考慮し一定の在留期間を指定して居住を認める者の地位を有する者としての活動である。したがって，指定された在留期間を超えて在留を継続するためには，その時点でも「特別な理由」が存在することが必要である。

この結果，「定住者」の在留資格をもって在留する外国人に係る在留管理は，主として在留期間によって行われる。[149)]もっとも，この点は，「日本人の配偶者等」又は「永住者の配偶者等」の在留資格をもって在留する者の場合も基本的には同様である。

「特別な理由を考慮し」と定められているのは，「定住者」の在留資格に係る別表下欄に掲げる地位は，個々の外国人に係る個人的事情その他の事情に基づき，法務大臣がその外国人の上陸又は在留を許可することを相当とする特別な理由があると認める場合に，その事情を考慮して創設することとするものである。

なお，入管法には，覊束的に「定住者」の在留資格の取得又は「定住者」の在留資格への変更を許可することが定められている場合がある。

法務大臣は，在留資格未取得外国人に対して難民の認定をする場合は，第61条の２の２第１項各号のいずれかに該当する場合を除き，「定住者」の在留資格の取得を一律に許可する（61条の２の２第１項）こととされ，難民の認定を受けている外国人（難民認定手続における在留特別許可により在留資格を取得した者を除く。）から「定住者」の在留資格への在留資格の変更の申請があったとき又は「定住者」の在留資格の取得の申請（一時庇護のための上陸の許可を受けた外国人からの申請を含む。）があったときも，第61条の２の２第１項第１号に該当する場合を除き，これを許可する（61条の２の３）こととされている。

（在留期間）

「定住者」の在留資格に伴う在留期間は，入管法第７条第１項第２号の規定に基づき法務大臣があらかじめ告示をもって定める地位（定住者の告示で定

149）「定住者」の在留資格の創設に関して，股野法務省入国管理局長は，平成元年12月７日の参議院法務委員会において，「定住者の在留資格につきまして，これは在留期間の制限というものはあるけれども在留活動上の制限はないというものがこれに当たることになります」と述べている（116回参法３号７頁）。

められている地位）を認められる者にあっては，５年，３年，１年又は６月，同告示で定める地位以外の地位を認められる者にあっては，５年を超えない範囲内で法務大臣が個々の外国人について指定する期間である（入管法施行規則３条及び同規則別表第二）。

２　定住者の告示

出入国管理及び難民認定法（昭和二十六年政令第三百十九号。以下「法」という。）**第七条第一項第二号の規定に基づき，同法別表第二の定住者の項の下欄に掲げる地位であらかじめ定めるものは，次のとおりとする。**

一　インド，インドネシア，カンボジア，シンガポール，スリランカ，タイ，大韓民国，中華人民共和国，ネパール，パキスタン，バングラデシュ，東ティモール，フィリピン，ブータン，ブルネイ，ベトナム，マレーシア，ミャンマー，モルディブ，モンゴル又はラオス国内に一時滞在している者であって，国際連合難民高等弁務官事務所が国際的な保護の必要なものと認め，我が国に対してその保護を推薦するもののうち，次のいずれかに該当するものに係るもの

イ　日本社会への適応能力がある者であって，生活を営むに足りる職に就くことが見込まれるもの，その配偶者又はこれらの者の子，父母若しくは未婚の兄弟姉妹

ロ　この号（イに係るものに限る。）**に掲げる地位を有する者として上陸の許可を受けて上陸しその後引き続き本邦に在留する者が当該許可を受けて上陸する直前まで一時滞在していた国に滞在する当該者の親族であって，親族間での相互扶助が可能であるもの**

二　削除

三　日本人の子として出生した者の実子（第一号又は第八号に該当する者を除く。）**であって素行が善良であるものに係るもの**

四　日本人の子として出生した者でかつて日本国民として本邦に本籍を有したことがあるものの実子の実子（第一号，第三号又は第八号に該当する者を除く。）**であって素行が善良であるものに係るもの**

五　次のいずれかに該当する者（第一号から前号まで又は第八号に該当する者を除く。）に係るもの

イ　日本人の配偶者等の在留資格をもって在留する者で日本人の子として出生したものの配偶者

ロ　一年以上の在留期間を指定されている定住者の在留資格をもって在留する者（第三号又は前号に掲げる地位を有する者として上陸の許可，在留資格の変更の許可又は在留資格の取得の許可を受けた者及びこの号に該当する者として上陸の許可を受けた者で当該在留期間中に離婚をしたものを除く。）の配偶者

ハ　第三号又は前号に掲げる地位を有する者として上陸の許可，在留資格の変更の許可又は在留資格の取得の許可を受けた者で一年以上の在留期間を指定されている定住者の在留資格をもって在留するもの（この号に該当する者として上陸の許可を受けた者で当該在留期間中に離婚をしたものを除く。）の配偶者であって素行が善良であるもの

六　次のいずれかに該当する者（第一号から第四号まで又は第八号に該当する者を除く。）に係るもの

イ　日本人，永住者の在留資格をもって在留する者又は日本国との平和条約に基づき日本の国籍を離脱した者等の出入国管理に関する特例法（平成三年法律第七十一号）に定める特別永住者（以下「特別永住者」という。）の扶養を受けて生活するこれらの者の未成年で未婚の実子

ロ　一年以上の在留期間を指定されている定住者の在留資格をもって在留する者（第三号，第四号又は前号ハに掲げる地位を有する者として上陸の許可，在留資格の変更の許可又は在留資格の取得の許可を受けた者を除く。）の扶養を受けて生活する当該者の未成年で未婚の実子

ハ　第三号，第四号又は前号ハに掲げる地位を有する者として上陸の許可，在留資格の変更の許可又は在留資格の取得の許可を受けた者で一年以上の在留期間を指定されている定住者の在留資格をもって在留するものの扶養を受けて生活するこれらの者の未成年で未婚の実子であって素行が善良であるもの

ニ　日本人，永住者の在留資格をもって在留する者，特別永住者又は一年

以上の在留期間を指定されている定住者の在留資格をもって在留する者の配偶者で日本人の配偶者等又は永住者の配偶者等の在留資格をもって在留するものの扶養を受けて生活するこれらの者の未成年で未婚の実子

七　次のいずれかに該当する者の扶養を受けて生活するこれらの者の六歳未満の養子（第一号から第四号まで，前号又は次号に該当する者を除く。）に係るもの

イ　日本人

ロ　永住者の在留資格をもって在留する者

ハ　一年以上の在留期間を指定されている定住者の在留資格をもって在留する者

ニ　特別永住者

八　次のいずれかに該当する者に係るもの

イ　中国の地域における昭和二十年八月九日以後の混乱等の状況の下で本邦に引き揚げることなく同年九月二日以前から引き続き中国の地域に居住している者であって同日において日本国民として本邦に本籍を有していたもの

ロ　前記イを両親として昭和二十年九月三日以後中国の地域で出生し，引き続き中国の地域に居住している者

ハ　中国残留邦人等の円滑な帰国の促進並びに永住帰国した中国残留邦人等及び特定配偶者の自立の支援に関する法律施行規則（平成六年厚生省令第六十三号）第一条第一号若しくは第二号又は第二条第一号若しくは第二号に該当する者

ニ　中国残留邦人等の円滑な帰国の促進並びに永住帰国した中国残留邦人等及び特定配偶者の自立の支援に関する法律（平成六年法律第三十号）第二条第一項に規定する中国残留邦人等であって同条第四項に規定する永住帰国により本邦に在留する者（以下「永住帰国中国残留邦人等」という。）と本邦で生活を共にするために本邦に入国する当該永住帰国中国残留邦人等の親族であって次のいずれかに該当するもの

(i)　配偶者

(ii) **二十歳未満の実子**（配偶者のないものに限る。）

(iii) **日常生活又は社会生活に相当程度の障害がある実子**（配偶者のないものに限る。）**であって当該永住帰国中国残留邦人等又はその配偶者の扶養を受けているもの**

(iv) **実子であって当該永住帰国中国残留邦人等**（五十五歳以上であるもの又は日常生活若しくは社会生活に相当程度の障害があるものに限る。）**の永住帰国後の早期の自立の促進及び生活の安定のために必要な扶養を行うため本邦で生活を共にすることが最も適当である者として当該永住帰国中国残留邦人等から申出のあったもの**

(v) **前記(iv)に規定する者の配偶者**

ホ　六歳に達する前から引き続き前記イからハまでのいずれかに該当する者と同居し（通学その他の理由により一時的にこれらの者と別居する場合を含む。以下同じ。）**，かつ，これらの者の扶養を受けている，又は六歳に達する前から婚姻若しくは就職するまでの間引き続きこれらの者と同居し，かつ，これらの者の扶養を受けていたこれらの者の養子又は配偶者の婚姻前の子**

（告示をもって定める地位）

上陸の申請を行った外国人の本邦において行おうとする活動が，法務大臣があらかじめ告示をもって定める地位を有する者としての活動に該当するときは，法務大臣の判断を経ることなく入国審査官（特別事務官を含む。）限りで「定住者」の在留資格を決定できることとされている（7条1項2号）。

（第１号）

本号は，いわゆる第三国定住難民に係る地位を定めている。[150)]

150）定住者の告示の制定当初は，第１号及び第２号は，それぞれ，閣議了解に基づき定住者として受け入れるインドシナ難民及びヴィエトナムから呼び寄せるその家族に係る地位が定められていた。平成22年法務省告示第37号による改正により，いわゆる第三国定住難民に係る地位が定められた際に，インドシナ難民に係る地位は削除された。

(第三国定住難民の受入れ)

出身国から避難して近隣の国の難民キャンプ等において一時的に庇護を受けている難民を，当該国から新たに受入れに合意した第三国に移動させる第三国定住による難民の受入れは，難民の恒久的解決策の一つとして位置付けられているものであり，また，難民に関する負担を国際社会において適正に分担するという観点から重視されている。

この観点から，わが国においても，「第三国定住による難民の受入れに関するパイロットケースの実施について」(平成20年12月16日閣議了解) に基づき，パイロットケースとして実施することとされた。[151)]

同閣議了解は，「関係行政機関は，相互に協力し，我が国における第三国定住による難民の受入れについて，平成22年度からパイロットケースとしての受入れを開始することとする。」[152)] と定め，また，関係行政機関は相互に協力し，この措置により受け入れる難民 (第三国定住難民) の「我が国への定着状況等について調査及び検証を行い，その結果を踏まえ，以後の受入れ体制等について検討することとする。」[153)] と定めた。

そして，この閣議了解を受け，「第三国定住による難民の受入れに関するパイロットケース実施の具体的措置について」(平成20年12月19日の難民対策連絡調整会議決定，平成24年３月29日一部改正，平成25年３月８日一部改正) は，「平成22年度から，年に１回のペースで，１回につき約30人 (家族単位) の受入れ

---

151) 同閣議了解は，第三国定住による難民の受入れについて，「国連難民高等弁務官事務所 (以下「UNHCR」という。) は，難民キャンプ等で一時的な庇護を受けた難民を，当初庇護を求めた国から新たに受入れに合意した第三国に移動させる第三国定住による難民の受入れを各国に推奨しているところである。第三国定住による難民の受入れは，難民の自発的帰還及び第一次庇護国への定住と並ぶ難民の恒久的解決策の一つとして位置づけられており，難民に関する負担を国際社会において適正に分担するという観点からも重視されている。このような国際的動向を踏まえつつ，我が国においても，アジア地域で発生している難民に関する諸問題に対処するため，次の措置を採るものとする。」と定めている。

152) 同閣議了解の１(1)

153) 同閣議了解の１(2)

を５年連続して行うこととする。」[154] と定めた。[155]

なお，パイロットケースとして受け入れる第三国定住難民の選考は，上記難民対策連絡調整会議決定の第１の４に基づいてUNHCRから候補者リストの提供を受けて行われるものとされた。[156]

その後，平成26年１月24日に新たな閣議了解「第三国定住による難民の受入れの実施について」が行われ，平成27年度から新たな措置をとるものとするとともに，「平成26年度までの第三国定住による難民の受入れについては，「第三国定住による難民の受入れに関するパイロットケースの実施について」（平成20年12月16日閣議了解）によることとし，平成26年度末をもって，パイロットケースによる受入れを終了することとする。」[157] と定めた。

また，上記閣議了解と同日の難民対策連絡調整会議決定「第三国定住による難民の受入れに関する具体的措置について」において，「平成26年度まで

154）同難民対策連絡調整会議決定第１の１⑴。なお，同難民対策連絡調整会議決定の第１の１⑴は，平成20年12月19日に同難民対策連絡調整会議決定が行われた当初は，「平成22年度から，年に１回のペースで，１回につき約30人（家族単位）の受入れを３年連続して行うことにより，３年間で合計約90人をパイロットケースとして受け入れることとする。」と定められたが，平成24年３月29日に改正された。

155）「平成25年版入管白書」には，「我が国においても，従来からインドシナ難民や難民条約上の難民と認定された者への定住支援策を講じてきたところであるが，アジア地域での難民に関する諸問題に対処するため，第三国定住制度の導入に関する閣議了解（平成20年12月16日「第三国定住による難民の受入れに関するパイロットケースの実施について」）を行った。この閣議了解及び「第三国定住による難民の受入れに関するパイロットケース実施の具体的措置について」（平成20年12月19日難民対策連絡調整会議決定）の内容に従い，関係行政機関は，相互に協力し，22年度から，パイロットケースとして，タイのメーラ・キャンプに滞在するミャンマー難民を毎年約30人受け入れ，定住支援を実施した後，様々な角度から調査・検証等を行い，その結果を踏まえて，今後の受入れ態勢等につき更なる検討を行うこととされた。22年度には第一陣として５家族27名が，23年度には４家族18名が来日した（24年度は３家族16名の来日が決定していたが，いずれも来日前に辞退した。）。また，難民対策連絡調整会議により，平成24年３月29日には，パイロットケースの２年間延長，対象キャンプ地の拡大（ヌポ・キャンプ，ウンピアム・キャンプを追加），定住支援の充実，有識者会議の開催等が，25年３月８日には，受入れ単位となる「家族」の概念の拡大，対象キャンプ地の拡大（メラマルアン・キャンプ，メラウウ・キャンプを追加）等が決定された。」（116-117頁）と記載されている。

156）同難民連絡調整会議決定の第１の４は，「⑴国連難民高等弁務官事務所（以下「UNHCR」という。）から候補者リストの提供を受け，書類選考により除外された者以外の全員について面接調査を行い，その結果に基づき，受入れ予定者を決定し，UNHCRに通知する。⑵書類選考により除外する者は，上陸拒否事由該当者のほか，テロリスト等我が国の治安維持上好ましくない者とする。⑶面接調査は，UNHCR及び国際移住機関（以下「IOM」という。）等の協力を得て，タイにおいて行う。」と定めている。

157）「第三国定住による難民の受入れの実施について」（平成26年１月24日閣議了解）の５

の第三国定住による難民の受入れについては,「第三国定住による難民の受入れに関するパイロットケース実施の具体的措置について」(平成20年12月19日決定,平成25年3月8日一部改正)によることとし,平成26年度末をもって,同決定を廃止する。また,同受入れ難民に対する平成27年度以降における定住支援策の具体的措置は本決定に基づき実施することとする。」とされた。[158)]

さらに,令和元年6月28日,前記閣議了解「第三国定住による難民の受入れの実施について」が一部変更され,これを受けて,難民対策連絡調整会議決定「第三国定住による難民の受入れに関する具体的措置について」も一部改正された。[159)]

令和元年6月28日の変更後の閣議了解「第三国定住による難民の受入れの実施について」は,令和2年4月1日から施行されたが,その前文において「難民をめぐる国際的動向及びこれまでの実績を踏まえ,我が国においては引き続き,アジア地域における難民に関する諸問題に対処するため,令和2年度の受入れから次の措置を採るものとする」とする。

そして,その「1第三国定住による難民の受入れ」において,「関係行政機関は,相互に協力し,我が国における第三国定住による難民の受入れを継

---

158)「平成26年版入管白書」には,次のように記載されている。「平成24年3月から25年12月まで,難民対策連絡調整会議の下で開催された「第三国定住に関する有識者会議」の結果を踏まえて,今後の方針について26年1月24日に閣議了解が行われ,27年度以降は,この閣議了解及び「第三国定住による難民の受入れに関する具体的措置について」(平成26年1月24日難民対策連絡調整会議決定)の内容に従い,マレーシアに一時滞在するミャンマー難民を受入れの対象とすることとされた。

入国管理局は,主に受入れ難民の選考手続を担当し,現地に職員を派遣し面接調査を行うなどしているが,今後も,関係機関と協力して,引き続き第三国定住難民の円滑な受入れに努めていくこととしている。」(121-122頁)

159)「2020年版入管白書」には,次のとおり,記載されている。

「2018年10月,引き続き第三国定住難民の受入れを実施していくに当たり,受入れ対象の拡大の要否,拡大する場合の範囲等についての検討を行うため,関係省庁及び有識者から成る検討会が設置され,同検討会による検討結果の取りまとめ内容を踏まえ,2019年6月28日,2014年1月の閣議了解を一部変更した。この変更等により,2020年度以降,第三国定住による難民の受入れ対象をアジア地域に一時滞在する難民(出身国・地域を問わない。)に拡大し,家族単位での受入れに加えて単身者も受け入れること,受入れ人数についても年に約60人(受入れ回数も年に1回から2回に変更)の範囲内に拡大すること,また,家族呼び寄せの対象を第三国定住により受け入れた難民の親族とすることなどの決定がなされたところ,出入国在留管理庁としては,これら政府方針を踏まえ,関係省庁と連携しつつ,引き続き適切に役割を果たし,同難民の円滑な受入れに努めることとしている。」(119-120頁)

続して実施する。」とした上で，「関係行政機関は，相互に協力し，次の２（第三国定住による難民に対する定住許可条件―筆者注）により受け入れる難民の我が国への定着状況等について調査及び検証を行い，その結果を踏まえ，以後の受入れ体制等について検討することとする。」と定めている。

次に「２第三国定住による難民に対する定住許可要件」では，定住を目的とする入国を許可することができるものとする者を「⑴アジア地域からの第三国定住による難民の受入れ」と「⑵家族呼び寄せ」に分けて定めているが，２により定住を目的とする入国を許可することができるものとされている者は，アジア地域に一時滞在している者で国連難民高等弁務官事務所が国際的な保護の必要な者と認め，我が国に対してその保護を推薦する者であって，次の①②のいずれかに該当する者である。

① 日本社会への適応能力がある者であって，生活を営むに足る職に就くことが見込まれるもの及びその家族

② 第三国定住による難民の受入れに関するパイロットケースの実施について（平成20年12月16日閣議了解）及び令和元年６月28日の変更後の閣議了解「第三国定住による難民の受入れの実施について」に基づき受け入れた第三国定住による難民の親族であって，相互扶助が可能と認められるもの

なお，令和元年６月28日の変更後の閣議了解「第三国定住による難民の受入れの実施について」は，その３において，第三国定住難民に対する定住の支援について，「関係行政機関は，相互に協力し，上記２（第三国定住による難民に対する定住許可条件―筆者注）により受け入れる者に対し，必要に応じ，日本語習得のための便宜供与，職業紹介，職業訓練又は生活支援を行う。」とし，さらに「関係行政機関は，上記２⑴（アジア地域からの第三国定住による難民の受入れ―筆者注）により受け入れる者の就労先の確保に努力するものとする。」と定めている。

（第１号の定める地位）

制定当時の定住者の告示の第１号は，アジア諸国に一時滞在しているインドシナ難民の受入れに係る規定であり，第２号は，家族との再会のため入国

を希望するベトナム在住のベトナム人に係る規定であったが，平成22年法務省告示第37号による定住者の告示の改正でタイ国内において一時的に庇護されているミャンマー難民の受入れに関する規定となり，第２号は削除された。

その後の平成27年法務省告示第357号による定住者の告示の改正で，第２号は，マレーシア国内に一時滞在しているミャンマー難民の受入れに関する規定とされたが，令和２年法務省告示第50号による定住者の告示の改正で，第１号は現行のように改正され，第２号は再び「削除」とされた。

第１号の定める地位は，インド，インドネシア，カンボジア，シンガポール，スリランカ，タイ，大韓民国，中華人民共和国，ネパール，パキスタン，バングラデシュ，東ティモール，フィリピン，ブータン，ブルネイ，ベトナム，マレーシア，ミャンマー，モルディブ，モンゴル又はラオス[160)]の国内に一時滞在している者で①及び②のａ，ｂのいずれかに該当するものに係る地位である。

①　国際連合難民高等弁務官事務所が国際的な保護の必要なものと認め，我が国に対してその保護を推薦するものであること。

②　次のいずれかに該当するものであること。

ａ　日本社会への適応能力がある者であって，生活を営むに足りる職に就くことが見込まれるもの，その配偶者又はこれらの者の子，父母若しくは未婚の兄弟姉妹

ｂ　ａに係る本号の地位を有する者として上陸の許可を受けて上陸しその後引き続き本邦に在留する者が当該許可を受けて上陸する直前まで一時滞在していた国に滞在する当該者の親族であって，親族間での相互扶助が可能であるもの

160）前述したように，令和元年６月28日の変更後の閣議了解「第三国定住による難民の受入れの実施について」においては，定住を目的とする入国を許可することができる者を一定の要件に適合する「アジア地域に一時滞在している者」としているが，平成26年１月24日の難民連絡調整会議決定（平成29年６月30日一部改正，令和元年６月28日一部改正）は，その第１の１において同閣議了解２⑴に基づき受け入れる第三国定住による難民について，受入れの対象を一定の要件に適合するアジア地域に一時滞在する者とした上で，「アジア地域」をこのようにすると定めている。

（第３号）

第３号及び第４号は日系人に係る地位を定めている。日系人は，「日本人の配偶者等」の在留資格に係る別表の下欄の「日本人の子として出生した者」と合わせて，３世までの受入れが可能となっている。

また，後述する第６号のハの規定により，４世についても，一定の要件の下に受入れが可能となっている。

さらに，４世のうち一定の要件を満たすものは，本邦において行おうとする活動が特定活動の告示第43号に該当する者として「特定活動」の在留資格による受入れが可能となっている。

「日本人の子として出生した者の実子」とは，「日本人の子として出生した者」すなわち，その者の出生の時点においてその者の父母の少なくとも一方が日本国籍を有する者であったものの実子である。

ただし，日本人の子として出生した者の実子であっても，その者の出生の時点において，当該「日本人の子として出生した者」が日本の国籍を有していた場合には，その実子は日本人の子として出生した者となる。したがって，本号の規定の適用の対象となる外国人は，当該外国人の親が「日本人の子として出生した者」であって，かつ，当該外国人出生の時点において日本国籍を有しない場合（元々日本国籍を有していない場合又は当該外国人が出生する前に日本国籍を失った場合のどちらでもよい。）である。

「第一号又は第八号に該当する者を除く。」との括弧書の規定は，日本人の子として出生した者の実子であっても，第１号又は第８号に該当する者については，本号ではなく，第１号又は第８号を適用することとするものである。

「素行が善良であるもの」との要件は，平成18年法務省告示第172号による定住者の告示の改正で追加されたものである。この改正は，「定住者」の在留資格をもって在留する外国人による犯罪の問題を背景として行われたものであり，[161] この改正で，第３号のほか，第４号，第５号ハ及び第６号ハに同

161）この改正について，「平成18年版入管白書」には，次のように記載されている。「警察庁発表（平成16年・17年）によると，刑法犯検挙人員のうち，「定住者」の在留資格を有する者が，２年連続で2000人前後となっている中，17年11月には，日系人として「定住者」の在留資格で入

様の要件が定められた。ごく軽微なものを除いて犯罪歴がある場合などにはこの要件に適合しないこととなる。

(第4号)

本号も，日系人に係る地位を定めている。

「日本人の子として出生した者でかつて日本国民として本邦に本籍を有したことがあるもの」とは，日本人の子として出生し，かつ，日本国籍を有していたことがある者でその後日本国籍を失ったものである。ただし，日本国との平和条約の規定に基づき同条約の最初の効力発生の日に日本の国籍を離脱した者は，これに含まれないと解される。

「実子の実子」とは，血縁のある孫である。「日本人の子として出生した者でかつて日本国民として本邦に本籍を有したことがあるものの実子の実子」であっても，その祖父にあたる「日本人の子として出生した者でかつて日本国民として本邦に本籍を有したことがあるもの」が，日本国籍を失う前に出生したその実子は，「日本国籍を有する者」であるか日本国籍を有しない「日本人の子として出生した者」であり，その実子の実子は，「日本人の子として出生した者」であるか第3号の「日本人の子として出生した者の実子」となる。したがって，第4号の適用の対象となるのは，日本人の子として出生し日本国籍を有していた者が日本国籍を失った後に出生したその者の実子で日本国籍を有しないものの実子である。

「第一号，第三号又は第八号に該当する者を除く。」との括弧書の規定は，第1号，第3号又は第8号に該当する者は，本号ではなく，第1号，第3号又は第8号を適用することとするものである。

「素行が善良であるもの」については，(第3号）の解説を参照。

国した外国人が，広島で女児を殺害するという事件も発生し，国民の不安が高まっていた。…そこで，在留資格「定住者」に係る告示を改正し，日系人及びその家族が定住者の在留資格を取得する要件に「素行が善良であること」を追加した。」(121頁)

なお，日系人については，平成18年3月31日に閣議決定された「規制改革・民間開放推進3か年計画（再改定）においても，「いわゆる日系2世，日系3世であれば，その他の要件を課すことなく入国を許可する現状を改める内容で法務省告示を改正する。」(203頁）とされた。

（第５号）

本号は，「日本人の配偶者等」又は「定住者」の在留資格をもって在留する外国人の配偶者に係る地位を定めている。同号のイからハまでのいずれかに該当する者に係る地位が，法務大臣があらかじめ告示をもって定める地位である。

ただし，括弧書の「第一号から前号まで又は第八号に該当する者を除く。」との規定により，イからハまでのいずれかに該当する者であっても，第１号，第３号，第４号又は第８号に該当する者は，本号ではなく，これらの号の規定を適用することとされている。

イは，「日本人の配偶者等」の在留資格をもって在留する外国人のうち日本人の子として出生したものの配偶者である。

ロは，「定住者」の在留資格をもって在留する外国人で指定されている在留期間が１年以上であるもの（以下「１年以上の在留期間を有する定住者」という。）の配偶者である。ただし，括弧書の規定により，次の者の配偶者は除くものとされている。

① 第３号又は第４号（日系人）に掲げられている地位を有する者として上陸の許可，在留資格の変更の許可又は在留資格の取得の許可を受けたもの

② 本号に該当する者として上陸の許可を受けた者で当該在留期間中に離婚したもの

①に該当する者の配偶者は，本号ロではなく本号ハの対象となり，素行が善良である者であることが要件として加わる。

②に該当する者は，１年以上の在留期間を有する定住者の配偶者として本号の規定により「定住者」の在留資格の決定を受けて上陸し，その者が現に有する在留期間中に当該１年以上の在留期間を有する定住者と離婚した者である。１年以上の在留期間を有する定住者の配偶者としての立場で本号の規定に基づき上陸を許可されていながら，その１年以上の在留期間を有する定住者と離婚し，同じ在留期間中に自らが１年以上の在留期間を有する定住者であるとして，本号の規定に基づいて新たな配偶者を呼び寄せることはでき

ないこととしたものである。

なお,「当該在留期間」とは，指定されている「一年以上の在留期間」，すなわち現に有する在留期間を意味し，在留期間の更新や在留資格の変更を受けている場合には，その更新又は変更前に有していた在留期間は含まれない。

ハは，第３号又は第４号（日系人）に掲げられている地位を有する者として上陸の許可，在留資格の変更の許可又は在留資格の取得の許可を受けた者で，１年以上の在留期間を有する定住者の配偶者である。「素行が善良であるもの」であることが必要である。また，括弧書の規定により，本号に該当する者として上陸の許可を受けた者で当該在留期間中に離婚したものの配偶者は除くこととされている。

「素行が善良であるもの」については，（第３号）の解説を参照。

(第６号)

本号は，日本人，特別永住者，入管法別表第二の在留資格をもって在留する外国人の扶養を受けて生活する未成年・未婚の実子に係る地位を定めている。本号のイからニまでのいずれかに該当する者に係る地位が，法務大臣があらかじめ告示をもって定める地位である。

ただし，括弧書の「第一号から第四号まで又は第八号に該当する者を除く。」との規定により，第１号，第３号，第４号又は第８号に該当する者は，本号ではなく，これらの号の規定の適用を受けることとされている。

イは，日本人,「永住者」の在留資格をもって在留する者又は特別永住者の実子である。日本人,「永住者」の在留資格をもって在留する者又は特別永住者の扶養を受けて生活することが要件とされているほか，未成年であること及び婚姻していないことが要件とされている。

ロは，１年以上の在留期間を有する定住者の実子である。

この場合も，当該１年以上の在留期間を有する定住者の扶養を受けて生活すること，未成年であること及び未婚であることが要件とされている。

ただし，括弧書の規定により，第３号，第４号又は第５号のハに掲げられている地位を有する者として上陸の許可，在留資格の変更の許可又は在留資格の取得の許可を受けた者は，ロの対象となる１年以上の在留期間を有する定住者から除かれている。このような１年以上の在留期間を有する定住者の扶養を受けて生活する，その未成年で未婚の実子は，本号ロではなく本号ハの適用の対象となり，素行が善良である者であることが要件として加わる。

ハは，第３号，第４号又は第５号のハに掲げられている地位を有する者として上陸の許可，在留資格の変更の許可又は在留資格の取得の許可を受けた１年以上の在留期間を有する定住者の実子である。この場合は，当該１年以上の在留期間を有する定住者の扶養を受けて生活すること，未成年であること及び未婚であることに加えて，素行が善良である者であることが要件とされている。

ニは，次のいずれにも該当する外国人の実子である。

① 日本人，「永住者」の在留資格をもって在留する者，特別永住者又は１年以上の在留期間を指定されている「定住者」の在留資格をもって在留する者の配偶者であること

② 「日本人の配偶者等」又は「永住者の配偶者等」の在留資格をもって在留すること

当該外国人の扶養を受けて生活すること，未成年であること及び未婚であることが必要である。

「日本人の配偶者等」又は「永住者の配偶者等」の在留資格をもって在留する者の子で，これらの在留資格をもって在留する者の現在の配偶者との間の子ではないため，当該配偶者との関係において本号のイ，ロ又はハのいずれにも該当しないものが，この規定により入国，在留することが可能となる。

「素行が善良であるもの」については，（第３号）の解説を参照。

（第７号）

本号は，６歳未満の養子に係る地位を定めている。日本人，「永住者」の在留資格をもって在留する者，１年以上の在留期間を有する定住者又は特別永住者の扶養を受けて生活するこれらの者の６歳未満の養子が対象となる。ただし，括弧書の規定により，第１号，第３号，第４号，第６号又は第８号に該当する者は，本号には該当しないこととされている。

(第8号)

本号は，中国残留邦人等及びその親族等に係る地位を定めている。

本号は，平成17年法務省告示第496号による定住者の告示の改正で加えられ，[162] その後，平成18年法務省告示第172号により改正された。本号は，このほか平成26年法務省告示第415号によっても一部改正されている。

3　告示で定められていない地位

定住者の告示は，特定活動の告示と同様，法務大臣があらかじめ告示で定めておくことによって，個別に法務大臣の判断を経ることなく，入国審査官（特別審理官を含む。）限りで一般上陸の許可に際して「定住者」の在留資格の決定を行うことができるようにするものである。

それゆえ，法務大臣（又はその権限の委任を受けた出入国在留管理庁長官，地方出入国在留管理局長）が行うこととされている上陸特別許可では，この定住者の告示で定められていない地位を創設して一般上陸の許可をすることができる。また，定住者の告示は上陸のための条件に係るものであり，法務大臣の権限に属する在留資格の変更や在留資格の取得の許可，退去強制手続又は難民認定手続における在留特別許可においては，定住者の告示に定められていない地位を創設して「定住者」の在留資格を決定することが可能であり，また，しばしば行われている。

例えば，「日本人の配偶者等」や「永住者の配偶者等」の在留資格をもって在留する外国人が，その身分関係の変動により当該在留資格に対応する身分を有しなくなったが，それまでの在留実績や生活状況などを考慮すると引き続き在留を認めることが相当であるというような場合に，「特別な理由」があるものとして，「定住者」の在留資格への在留資格の変更を許可され，引き続き「定住者」の在留資格をもって在留することが認められている。

---

162) この改正について，「平成18年版入管白書」には，次のように記載されている。「中国残留邦人の6歳以上の養子及び中国残留邦人の配偶者の成人又は既婚の実子については，告示に該当しないこととなっていたところ，中国残留邦人については，その歴史的経緯にかんがみ，実子と同様に幼少時から扶養している養子や配偶者の婚姻前の子についても，定住者告示に規定することとした。」（121頁）

著 者 紹 介

出入国管理法令研究会（2020年８月設立）

会長 多賀谷　一照（たがや　かずてる）

1948年３月14日生まれ
1971年３月　東京大学法学部卒，同大学院を経て
1978年４月　千葉大学専任講師，助教授，教授，評議員，副学長などを歴任
2011年４月　獨協大学法学部教授（2018年３月まで）
　　　　　　千葉大学名誉教授
（主たる公職） NHK経営委員（2006～2008年），総務省情報通信審議会委員（2001～2008年），情報通信・郵政行政審議会会長（2011～2020年），法務省出入国懇談会委員（2015年まで），行政書士試験研究センター理事長

（主要著書）
詳解　逐条解説港湾法（第一法規　2012年）
要説個人情報保護法（弘文堂　2005年）
情報ネットワークと法律実務（第一法規，加除式，編者代表）
行政情報化の理論（行政管理研究センター　2001年）
マルチメディアと情報通信法制（第一法規　1998年，共著）
行政とマルチメディアの法理論（弘文堂　1995年）
入管法大全ⅠⅡ（日本加除出版　2015年，共著）

副会長 髙宅　茂（たかや　しげる）

1951年２月12日生まれ
1977年３月　東京都立大学大学院社会科学研究科基礎法学専攻修士課程修了
1981年３月　東京都立大学大学院社会科学研究科基礎法学専攻博士課程単位取得退学
1981年４月　法務省入省。法務省入国管理局入国在留課長，同総務課長，福岡入国管理局長，法務省大臣官房審議官，東京入国管理局長などを歴任
2010年12月　法務省入国管理局長
2013年３月　法務省退官
2015年４月　日本大学総合科学研究所教授
2016年４月　日本大学危機管理学部教授
2021年３月　日本大学退職

(主要著書)
フランスにおける専門職同業団体（法律時報1981年４月号）
諸外国における外国人登録制度に関する研究（法務総合研究所，法務研究報告書73集第２号，1986年２月）
入管法大全ⅠⅡ（日本加除出版　2015年，共著）
高度人材ポイント制―高度専門職の資格と高度専門職外国人の生活―（日本加除出版　2016年）
外国人の受入れと日本社会（日本加除出版　2018年，共著）
入管法概説（有斐閣　2020年）

会員（他３名）　入管関係法有識者

第2版 入管関係法大全 2在留資格
立法経緯・判例・実務運用

2015年３月31日　初版発行
2021年10月22日　第２版発行

編　著　出入国管理法令研究会

発行者　和田　裕

発行所　日本加除出版株式会社
本　社　郵便番号 171-8516
東京都豊島区南長崎３丁目16番６号
TEL (03)3953-5757（代表）
(03)3952-5759（編集）
FAX (03)3953-5772
URL www.kajo.co.jp

営業部　郵便番号 171-8516
東京都豊島区南長崎３丁目16番６号
TEL (03)3953-5642
FAX (03)3953-2061
組版 ㈱郁文 ／ 印刷 ㈱精興社 ／ 製本 牧製本印刷㈱

落丁本・乱丁本は本社でお取替えいたします。
★定価はカバー等に表示してあります。

ISBN978-4-8178-4750-8